진인진

1919와 1949

21세기 한·중 '역사다시쓰기'와 '다른 세계'

백원담 엮음

진인진

1919와 1949: 21세기 한·중 '역사다시쓰기'와 '다른 세계'

초판 1쇄 발행 | 2021년 5월 30일

엮   음 | 백원담
지은이 | 백원담, 백승욱, 왕후이, 백지운, 옥창준, 이일영
편   집 | 배원일, 김민경
발행인 | 김태진
발행처 | 진인진
등   록 | 제25100-2005-000003호
주   소 | 경기도 과천시 별양상가 1로 18 614호(별양동 과천오피스텔)
전   화 | 02-507-3077-8
팩   스 | 02-507-3079
홈페이지 | http://www.zininzin.co.kr
이메일 | pub@zininzin.co.kr

ⓒ 성공회대 동아시아연구소 2021
ISBN 978-89-6347-468-7 93300

* 책값은 표지 뒤에 있습니다.

* 이 저서는 2018년 대한민국 교육부와 한국연구재단의 지원을 받아 수행된 연구임 (NRF-2018S1A6A3A01080743)

* This work was supported by the Ministry of Education of the Republic of Korea and the National Research Foundation of Korea (NRF-2018S1A6A3A01080743)

목차

머리말 한·중 '역사 다시쓰기'와 '다른 세계'[1]

백원담

2019년 3월1일 문재인 정부는 3·1운동과 임시정부 수립 100주년(4월 11일)을 건국 100년으로 규정하며 한국현대사의 정통론을 제기했다. 그해 8·15 경축사에서도 문재인대통령은 이번 "임시정부가 '대한민국'이라는 국호와 함께 '민주공화국'을 선포한 지 100년" 되었으며, "2045년 광복 100주년에는 평화와 통일로 하나된 나라One Korea로 세계 속에 우뚝 설

---

1 이 글은 원래 2019년 3·1운동과 중국의 5·4 운동 100주년을 맞아 한국과 중국이 타율적 근대의 어려움을 넘으며 각기 다른 체제이면서도 경제적으로 발전하면서 신형대국으로서 세계적으로 굴기한 가운데 국가 주도로 한 세기의 역사를 다시쓰기 하는 작업에 돌입하고 있다는 점에서 그 국가 주도의 국사쓰기와 역사학계를 비롯한 지식사회에서 역사 다시 쓰기의 경관을 펼쳐보면서 한국과 중국의 근현대 100년의 역정을 사상사적 맥락에서 짚어보고자 계간 『황해문화』의 특집주제로 담론장을 열어내면서 기획의 변으로 쓴 것이다. 그런데 코로나 팬데믹이라는 전지구적으로 창궐한 역병의 곤경 속에서 올해 2021년 중국 공산당 창당 100주년을 맞아 역사의 솔질을 통해 아시아적 근대의 역정을 돌이켜보고자 다시 불러오기 한 것이나.

수 있도록", '경제강국', '새로운 한반도'로 나아가자고 역설했다. 이는 분단체제라는 근대적 국민국가건설의 파행, 그 불행한 역사의 발본적 전환을 국가 정통성의 수립문제로부터 촉발하여 한반도 평화프로세스를 '신한반도 체제'로 추동하고 새로운 한반도를 열어나가는 데 있어서 국가주도성을 강화하겠다는 의지로 볼 수 있다.

여기에는 한반도 평화프로세스의 교착국면의 위기감을 미래지향적으로 풀어가고자 하는 국민적 동의의 필요성도 있고, 남북연합론이던 고려연방제이던 낮은 수준의 체제통합의 지향과 프로세스를 통해 이루어낼 미래 한반도의 통사적 기점을 고려한 측면도 있다. 그러나 국가주도로 정사/정통론을 확정하고, 광범위한 사회적 합의 없이 위로부터 경제강국을 통한 미래한반도의 세기를 열어간다는 기획과 천명은 문제적이지 않을 수 없다.

한편 3·1운동이 일어난 뒤 두달여 만에 중국에서 일어난 5·4 운동 또한 100주년을 맞았다. 5·4운동 이전에 1911년 신해혁명을 통해 중화민국이 선포되었고, 5·4운동이 반제국주의운동으로 궐기한 것이지만 1917년 신문화운동으로부터 추동되어왔다는 점에서 5·4 운동이 3·1운동의 파장으로서 추동되었다거나 중국식 근대의 기점으로 삼는 입장은 조금 논의가 필요한 것으로 보인다. 어쨌든 중국에서는 5·4 운동이라는 반근대성적 근대기획의 추동을 통해 중화인민공화국이 건설되었고, 1949년 사회주의인민공화국의 건국 70년에 이르렀다. 시진핑(習近平) 주석은 5·4운동을 반제국주의적이고 반봉건적인 위대한 애국적 혁명운동으로 의미화하며, '중화민족 5,000여 년의 문명사, 중국인민의 근대 이후 170년 투쟁사, 중국공산당 90년 분투의 역사 속에서 인식하고 파악할 것'을 역설하였다.[2]

---

2 중국 공산당 중앙위원회 정치국 제14차 집체 학습(中共中央政治局第十四

올해는 5·4 운동 100주년이다. 중앙 정치국의 집체 학습을 배치했는데, 그 목적은 100년 전 그 격정적으로 타올랐던 세월을 다시 재현하고 5·4 운동의 역사적 중요성과 가치에 대한 이해를 심화시키기 위함이다…100년 전에 일어난 5·4 운동은 선진적 젊은 지식인들과 대중의 참여로 완전히 반제국주의적이고 반봉건적인 위대한 애국적인 혁명운동으로… 우리 당은 5·4운동의 연구와 해석을 항상 중요하게 생각한다. 새로운 시대에는 5·4 운동 연구를 계속 강화해야 한다.

여기서 그 발화의 시공간이 중요한데 시진핑은 중국공산당 중앙위원회 집체학습에서 5·4를 중화민족 5,000여 년의 문명사 속에 자리매김한 것이다. 그리고 이러한 역사인식이 총집결된 5·4 연구 속에서 신시대 중국특색사회주의의 네 가지 자신감(道路自信, 理論自信, 制度自信, 文化自信)을 이끌어낼 것을 과제로서 제기했다. 따라서 5·4 기념과 연구의 국가주도성, 특히 최근 들어 중국정부의 모든 사업에서 중국공산당의 영도성이 강조되는 가운데 중국공산당의 사상사적 탈권(脫權)의 의미를 주목할 필요가 있다.

한국과 중국의 근대 100년을 돌이켜보면 구미와 일본의 제국주의적 강권침탈에 의한 타율적 근대화의 역정을 반제국주의 항쟁 속에서 함께 헤쳐나왔다. 그러나 이후 전개는 식민지와 반식민지라는 차이, 다른 분단의 양상 속에서 내전과 열전 그리고 냉전이라는 불행한 관계상을 이루어왔다. 그럼에도 불구하고 중요한 것은 양국이 3·1운동과 5·4운동을 타율적 근대 극복과 '반근대성적 근대' 기획의 중요한 기점으로 여긴다는 것이다. 3·1 운동과 5·4운동은 한국의 경우, 임정 수립과 무정부운동과 사회주의운동 등 다양한 반제 독립운동과 사회운동의 기폭

<hr>

次集體學習)에서 발언. "五四運動的歷史意義和時代價値", 2019.4.19.

제가 되었고, 중국의 경우 중국공산당 창당 및 사회주의 국가건설과 근대기획 추동의 경로를 열어간 지점이기 때문이다.

그런데 한중 양국의 한 세기 혹은 70년의 시간성을 한국과 중국의 근대기획의 동보적이지만 다른 경로로 통찰하면서 한반도 평화프로세스와 전후체제의 재편 등의 문제에 접근하고자 할 때, 이러한 국가 주도의 '정사/정통론'의 추동은 문제적이다. 그리고 이에 대한 한국과 중국의 지식사회가 각기 대응을 달리 한다는 점 또한 눈여겨볼 필요가 있다.

우선 한국 역사학계는 이에 대한 비판적 입장을 분명히했다. 역사학계는 이 문제를 주제화하여 관련한 다양한 학술회의를 개최하고 우려와 생산적 논의를 개진한 것이다. 거기서 '역사전쟁의 과잉정치화'(홍석률) 및 한반도 평화 프로세스에서 오히려 '남북대결의식을 고취하는 냉전논리의 강화'(이용기) 등의 우려가 표명되었다. 그리고 "국가는 앞으로도 끊임없이 정통론을 내세울 텐데", "시민·대중이 국가의 역사 정통론을 선호하는 이유는 역사를 자신의 정체성과 연관시키기 때문이므로 정통론에 의지하지 않으면서도 자존감을 주는 역사 서술은 어떻게 할 수 있을지", "민주적이고 개방적이며 다원적인 국가에서 '단일한' 역사서술, '올바른' 역사서술을 추구한다는 것 자체의 문제"를 어떻게 극복할 수 있을지 전망을 쟁론했다.[3]

---

3   역사문제연구소와 역사학연구소, 한국역사연구회 공동 주최 학술회의는 "국가 정통론의 동원과 '역사전쟁'의 함정"이라는 주제로 2019년 4월 14일 개최되었다. 공동학술회의 취지문은, 우파의 반공주의적 1948년 건국설과 문재인 정부 및 일부 '진보'학계의 '임시정부 법통론'에 기반을 둔 1919년 건국설 모두에 대해 "서로 다른 기원을 근거로 양자가 벌이는 정통성 경쟁은 국가주의를 강화하는 역사전쟁"이라고 비판했다. 또한 "우리는 임정 수립 100주년을 기점으로 '건국 백년'이 운위되는 것에 대해 큰 문제의식을 느낀다. 이는 학계를 포함해

한편 중국에서는 5·4운동 100주년이라는 매우 중요한 역사적 시점에서도 지식사회의 움직임이 거의 확인되지 않았다. 문학과 역사 분야에서 의례적인 학술회의가 전혀 없는 것은 아니었지만, 그조차 생산적인 논의의 장이라고 보기는 어렵다.[4] 이는 5·4운동이 1915년 「신청년(新靑年)」 주도의 신문화운동으로부터 반제반봉건 민족해방운동으로 전화되었고, 이후 그것이 5·4 정신으로서 근대 중국의 전개는 물론 오늘에 이르러서도 중요한 사상문화적 자원과 동력을 제공하고 새로운 정치적 주체성이 자라나는 정치적 생장점이었다는 점에서 아쉬움이 크다. 그리고 이러한 지식사회의 5·4 담론공간의 소거와 담론의 부재는 그 자체 하나의 역사적 사태라고 하지 않을 수 없다.

이런 시점에서 필요한 것은 5·4 역사 그 자체에 담지된 오래된 미래의 환기이다. 5·4 운동 직후 사회주의혁명(1917)에 성공한 소비에트 러시아를 거쳐 중국을 방문한 버트란드 러셀Bertrand Russel은 '젊은 중국'에 주목하며, 중국이 1차 세계 대전 전후의 절망 속에서 세계에 새로운 희망을 가져오기를 간절히 갈망했었다.

중국이 추구하는 목표는 중국뿐 아니라 세계를 위해서도 중요한 의

공론장의 충분한 논의에 기반을 둔 것이 아니라 정치적 선택의 결과인 것이 분명하다"는 입장을 제기했다. "진보 역사학계 "문재인 정부 '임정 정통론'은 냉전 의식 강화" 비판", 〈한겨레〉, 2019.4.14

4　중국에서 5·4 100주년을 기념한 학술회의는 中國魯迅硏究會와 北京魯迅博物館(北京新文化運動紀念館)이 공동주관한 "문학과 역사 사이에서 在文學與歷史之間" 그리고 中國社會科學院 近代史硏究所와 中國現代文學學會가 주관한 5·4운동 100주년 기념 학술회의(紀念五四运动100周年学术研讨会) 등 공식적이고 이례적인 학회로 한정되었다.

미를 가진다. 강대국들이 파괴 작전을 펼 수 없게 할 수만 있다면, 지금 중국에 존재하는 르네상스 정신에서 이제껏 알려지지 않았던 새로운 문화가 탄생할 수 있다. 젊은 중국이 품어야 할 목표는 바로 이것이다. 중국은 중국인 특유의 품위와 공손함, 솔직함과 침착함을 보전하고 서구의 과학지식을 습득하고 그것을 중국의 실제 문제에 적용해야 한다.... 만일 중국인이 서구의 인생철학을 받아들인다면, 외국 침략에 맞서 안전을 확보하게 된 순간 곧바로 자국의 이익을 위해 다른 나라를 침략할 것이다. 중국인은 중앙아시아에서 한나라와 당나라 때의 정복 활동을 되풀이하고, 일본을 침공했던 쿠빌라이 칸의 전철을 밟을지도 모른다. 중국인은 보유하고 있는 자원을 이용하여 안으로는 소수의 부호 정치가들을 만들어내고, 밖으로는 수백만 명을 굶주려 죽게 할 수도 있다. 이상의 결과는 서구가 과학을 이용하여 달성한 것과 똑같은 결과다. 만일 중국이 잔인한 권력에 유혹당해 잘못된 길에 들어서게 되면, 밖으로는 적을 격퇴할 수 있지만 안으로는 적에게 무릎을 꿇게 될 것이다. 현대세계의 거대한 군사 국가들은 날이 갈수록 과학적이고 파괴적인 면이 강해지는 전쟁을 자제하지 못해 자멸의 길로 접어들 것이다. 중국도 이런 광기에 가담하게 되면 나머지 나라처럼 멸망의 길을 걸을 것이다. 그러나 중국의 개혁가들이 중국이 자위 능력을 달성하는 시점에서 멈춰서는 자제력을 발휘하여 외국 정복의 단계로 넘어가지 않을 수 있다면, 또한 중국이 국내적인 안정을 얻는 순간 열강이 강요하는 물질주의적인 활동에서 눈을 돌려 그 자유로운 힘을 과학과 예술 그리고 경제 제도의 향상에 쏟을 수 있다면, 중국은 세계 속에서 마땅히 맡아야 할 역할을 할 것이고 가장 필요한 순간에 인류에게 완전히 새로운 희망을 안겨줄 것이다. 나는 이런 희망이 젊은 중국에 가득 흘러넘치기를 바란다..... 이 희망이 실현될 수 있다

는 점에서, 중국은 인류를 사랑하는 모든 사람들로부터 가장 존경받
을 만한 자격이 있는 나라다(버트런드 러셀 지음, 이순희 옮김, 2009:
306-308).

러셀은 소비에트혁명의 체감 속에서 그것이 갖는 문제를 인식하며
다시 젊은 중국에 인류의 희망을 걸었다. 물론 루쉰(魯迅)은 러셀이 찬
사했던 중국의 고유한 정신문명이라는 것이 기실 인육의 연회가 수천년
지속해온 표징에 불과하다는 점에서 그 '식인자들을 소탕하고 이 연회석
을 뒤집어 버리고 이 주방을 파괴하는 것이 바로 오늘날 청년들의 사명'
이라고 역설했다. 그러나 러셀도 루쉰도 그 젊은 중국에 중국과 세계의
명운을 걸었다는 점에서 5·4 100년 젊은 중국은 과연 건재한가를 성찰
하지 않을 수 없다. 무엇보다 그 '중국요인'이 오늘의 세계사적 전환에서
다시 관건적이기 때문이다.
　그렇다면 식민-제국-전지구화의 모순이 중첩된 21세기 포스트지
구화라는 현 시점에서 이러한 반제국과 근대적 국민국가 건설이라는 같
지만, 다른 경로가 전개되는 가운데 한국과 중국에서 국가 주도로 수행
되는 역사의 소환 혹은 역사 다시쓰기의 함의는 무엇인가. 그것은 최근
의 한반도 평화프로세스, 미중무역전쟁, 한·일 경제전쟁, 홍콩의 반송중
(反送中, 범죄인 중국송환반대) 항쟁 등 격동하는 한반도와 아시아의 전도에
어떤 힘으로 작동할 것인가. 한국과 중국, 그리고 아시아와 세계의 시침
(時針)은 과연 어떤 미래를 향해 나아가고 있는 것인가.

　이 책은 한국의 3·1운동 100주년과 중국의 5·4운동 100주년, 임시
정부 100주년과 중화인민공화국 건설 70주년에 즈음하여 그 한 세기 혹
은 70년의 시간성을 한국과 중국, 반근대적 근대성의 기획의 역상(逆像)

이지만, 동시에 함께 나아갈 수밖에 없었고, 없는 동보성(同步性)을 문제
화하여 양국의 경합과 절합의 관계동력이 아시아와 세계 전후체제의 전
환에 어떻게 작동할 것인지를 주목해보고자 하였다.

이 책은 원래 〈21세기 한·중 '역사 다시쓰기'와 '다른 세계'〉라는 제
하에 5개의 논제를 펼쳐보았다. 아시아적 근대 한 세기의 함의-3·1 운
동과 5·4 운동 100주년, '아시아 냉전과 두 개의 분단체제-한반도 분단
체제와 중국 양안체제', '전후 아시아 기획의 경합과 절합-비동맹운동
과 아시아반공연맹', '미국의 아·태경제무역(환태평양)구도와 중국의 일
대일로(동북아경제회랑)의 경합과 신한반도체제의 가능성', '인터-코리아,
인터-차이나, 인터-아시아'가 그것이다. 그러나 실제 주제글들에서는
좀더 구체적인 지점에서 문제가 부각되고 상호보완체계를 이룬다는 점
에서 의미를 둘 수 있다.

그런데 한중 역사 다시쓰기의 작업 중에서 중요한 지점이 바로 한
국전쟁이라는 점에서 왕후이(汪暉) 선생의 글을 넣으며 전체 구성을 바
꾸었다. 제1부와 2부로 나누고 제1부 〈한국과 중국의 역사 다시 쓰기〉에
서는 191년 3·1운동과 5·4 운동에 대한 한국과 중국에서의 역사다시쓰
기 문제를 쟁론적으로 접근하고자 하였다. 그리고 1949년 중화인민공화
국 건설의 역사적 함의에 대해서는 그것을 단지 일국적 맥락에서가 아
니라 신중국이 1년 뒤 한국전쟁에 참전하게 되면서 그 탈경계적 관계성
에서 구성되는 신중국의 전개가 항미원조전쟁(抗美援朝戰爭)의 참전을 계
기로 본래의 지향과 기획으로부터 다른 차원에서 이루어질 수밖에 없다
는 점에서 이에 대한 논의를 왕후이의 글을 통해 전개해보고자 하였다.

2부에서는 제2차 세계대전 전후 아시아는 다시 세계적인 냉전의 체
제로 편입되는 역정을 겪게 되는데 그런 점에서 동아시아 냉전의 전개
에 대한 문제와 다른 한편 그럼에도 불구하고 아시아가 세계적인 냉전

구조에 일방적으로 편입되는 것이 아니라 탈식민과 함께 탈냉전의 기획을 가시화한다는 점에서 그 기획의 정면과 반면을 역사적으로 계보화하는 작업들을 배치했다. 그리고 한반도 평화 프로세스가 현재화되고 있는 가운데 그것을 추동해온 사상적 기초들에 주안하여 그 문제의 중층적 맥락들을 짚어내는 작업 또한 포함했다. 한편 역사 다시 쓰기란 단지 역사의 연대기적 기술로 공허하고 동질적인 시간의 반복적 기술이 아니라 과거 어떤 정점의 순간을 상잡아 역사를 거슬러 새로운 술질을 하여 빛나는 현재성을 획득하게 만드는 작업에 다름아니다. 따라서 관계론적 시좌를 가지고 식민-냉전-전지구화의 모순이 중첩되는 아시아에서 하나의 역사적 사태라도 모순의 중층성을 담지하고 있으므로 그 문제의 실상을 드러내고 얽힌 실타래를 함께 풀어나가는 의미에서 문제의 공간화를 이루는 '역사/지리/유물론의 방법론'으로 접근해보고자 하는 글 또한 배치했다.

우선 백승욱의 「동아시아 단절의 담론구성체 형성의 맥락에서 살펴본 3·1운동의 사상사적 전환의 공백」는 한국에서의 3·1운동 연구사에 대한 정치한 분석과 질문의 확장을 통해 3·1운동과 5·4 운동의 백년 역사를 비교하면서 '반제국주의'의 동보성 속에서도 두 운동의 차이에 주목한다는 점에서 꼼꼼한 읽기가 필요하다. 백승욱은 3·1운동을 전후한 시기의 중국과 일본의 변동 그리고 일본과 중국에서 등장한 '단절의 역사 담론'과 비교하면서 19세기 말 이후 한국에서 전개된 사상사적 전환의 노력과 한계를 5가지 문제군으로 접근한다. ① 3·1운동과 중국 5·4운동의 비교. ② 20세기 초 동아시아가 겪은 국제질서의 독특성, 그리고 중국과 일본에서 등장한 '단절의 근대 담론'의 특징. ③ 3·1운동이 형성시킨 사상사적 질문. ④ 임시정부 법통의 질문이 사상사와 관련되어 제기되는 난점 등이 그것이다. 그리하여 이 글은 '3·1운동 패러다임'의 문제를 제기하는데, 그것은 '우리 민족'의 경계를 한민족과 이를 탄압하는 일본 제국주의로 구획하였지만, 우리 내부에서는 역사의 '단절'보다는 '연속'의 상상을 반복적으로 만들어내는 기능을 해옴으로써 20세기 한반도 혹은 한국에서 '사상사의 부재 또는 취약함'을 야기한 장본이기 때문이다. 백승욱은 그런 점에서 3·1운동 이후 다양한 사회운동 및 사상사적 전개를 중국의 신해혁명(辛亥革命, 1911)과 5·4, 그리고 쑨원(孫文)의 신삼민주의(新三民主義) 개진과 이후 세계 혁명과의 동조화과정으로 대비한다. 그것은 남한과 북한의 다른 경로, 중국과 대만·홍콩의 '그 혁명적 과거들'을 목적론적으로 총체화하는 것이 아니라 각기 다른 "그 '근대적 단절'의 의미를 토착화하기 위한 시도이다. 그리고 그 담론에 기반해 고유한 정치·경제적 제도를 만들어 낸" 과정을 하나의 정사로 수렴하기 보다 새로운 관계지향을 위한 사상자원화의 과정으로 의미화하기 위한 작업이다. 이 글의 목적은 과연 어떤 사상자원을 가지고 오늘의 한반도와 복수의 중국 지평에서 식민-냉전-전지구화의 중첩된 모순을 돌파할 수 있는 새로운 사상적 지평을 열어낼 수 있는가 하는 데 있다.

중국의 왕후이는 「20세기 중국역사의 시각에서 본 아시아 평화: 항미원조전쟁(6·25)을 다시 보며」에서 당시 중화인민공화국을 막 건설한 신중국의 입지에서 한국전쟁을 문제삼는다. 요컨대 당시 중국은 신중국을 건설하자마자 반혁명을 저지하고 신중국의 경제건설를 추동해나가야 하는 중요한 시점에서 격발된 한국전쟁에 지원군파견을 요청받았다. 따라서 마오쩌둥과 중국은 한국전쟁을 항미원조(抗美援朝) 전쟁으로 명명하며 그에 나아갈 수 있는 명분과 동력을 확보하는 것이 당대의 절대절명의 과제였다. 따라서 왕후이는 이 중차대한 과정의 추동이 가능했던 경로를 문제삼는다. 그것은 곧 중국혁명을 가능하게 했던 인민전쟁의 연속선상에서 그 추동을 통한 국내자원과 동력을 추수리는 과정으로 의미화하는 작업이다. 이 글은 원래 한국전쟁 정전 60주년을 맞아 진정한 아시아의 평화를 위해서는 한국전쟁에 대한 국민국가 중심의 일국적 시각 속에서 문제의 해결경로를 가져가기 보다는 탈경계적 시각 속에서 상호 이해를 도모하고 진정한 평화공존의 경로를 찾아간다는 의미에서 중국적 입지에서의 시각을 제기한 것이라고 할 수 있다. 이 글은 수정보완을 거쳐 2014년 『황해문화』 2014년 여름호 특집 '다시 동북아시아의 평화를 생각한다'에 게재된 바 있다. 그러나 시간이 다시 흐른 지금 이 시점에서 아직도 한반도 정전협정은 평화협정으로 바뀌지 않고 있고 종전선언과 한반도 평화프로세스가 제대로 이루어지지 않는 와중이다. 그리고 지난 해 한국전쟁 70주년 즈음에 중국에서 미중갈등이 첨예화되는 가운데 항미원조전쟁영화들이 대거 만들어진 바와 같이 중국적 입지에서 한국전쟁에 대한 역사다시쓰기의 맥락을 되짚어볼 필요가 충분히 있다는 점에서 이 책에 수록하게 되었다.

제2부 〈인터 코리아, 인터 차이나, 인터 아시아〉에는 4편의 글이 실려있다.

백지운은 「진먼섬 포격과 동아시아 냉전의 역설적 중층성」에서 제1, 2차 대만해협 위기 혹은 '진마(金馬) 위기'라 불리는 진먼섬(金門島)과 마주(馬祖島)섬을 둘러싼 사회주의 중국과 미국의 갈등과 견제의 정황을 선행연구 및 최근 해제된 기밀문서에 대한 재고를 통해 세계 냉전사에 재맥락화하고자 한다. 진마위기를 한국전쟁에 이어 세계사적인 냉전의 중심축이 미·소에서 미·중으로 옮겨가는 중요한 계기라고 보는 것이다. 진마 위기는 당시에는 핵공격의 언사가 오갈 정도로 심각한 사건이었음에도 불구하고 사건의 의도와 성격에 대해 오랫동안 명확히 규명되지 않은 채 모호하게 남아 있었지만 양안관계와 미중관계를 넘어 동아시아 냉전의 특수한 성격과 구조의 형성과 연관지어 사고해야 할 필요를 제기하는 것이다. 이 과정에서 한국전쟁과 중국의 참전이 양안 분단과 동아시아에 미친 파장, 그리고 마오저둥(毛澤東)의 독특한 군사·외교전술과 중·미 관계의 은은원원(恩恩怨怨)이 흥미롭게 제기된다. 국공내전으로부터 베트남전쟁까지의 갈등과 1971년 닉슨의 중국방문으로 인한 상하이 코뮤니케의 데탕트, 1979년 수교와 중국이 신자유주의 세계화에 스스로 편제되는 과정, 그리고 개혁개방 40년의 오늘 무역전쟁과 군사안보적 격돌국면이 동아시아냉전의 역사적 구성 속에 재현되는 맥락은 의미가 크다.

옥창준은 「남방정책의 계보학」에서 전후 한반도와 아시아에서 미국에 의한 일본의 소거와 냉전의 체제화과정에서 아시아들의 지역주의적 경합문제를 다룬다. 옥창준은 비동맹운동의 역사적 전개를 주목해온 연장선상에서 그 '남방'의 탈식민적 결집과 달리 아(亞)제국주의의 실제적 행로를 한국과 아세안 관계 30년 역사 속에서 톺아본다. 이 글은 문재인정부의 신남방정책에 대한 문제제기적 성격과 보완차원이 강하다. 그런 점에서 옥창준은 한국의 남방정책의 역사적 계보를 이승만정권의 아시아민족반공연맹과 박정희정권의 아시아태평양각료협의회로 일별하는 가운데 그 남방정책이 동아시아 전후/냉전 체제의 특성을 극명히 드러낸다는 점에서 성찰의 필요성을 제기한다. 한국의 역사적 남방정책은 반공아시아를 구도하고 미국의 대아시아전략의 보완구조 형성을 목표로 한 안보기구화를 목표로 했기 때문이다. 옥창준은 아세안이 '반둥 정신'의 흔적을 창조적으로 흡수한 조직으로 의미화하며 새로운 '신남방정책'이 2019년 11월 부산에서 열린 아세안 특별정상회의나 아세안의 다국적 관계 회의에서 '남방'이 오랫동안 구축해온 협력과 공존의 정신을 새롭게 배울 수 있는 출발점이 되기를 희구한다.

이일영은 「한반도경제론에서 본 남북연합」에서 2019년의 어려운 시점에서 한반도 평화프로세스의 바람직한 경로를 위해 시민참여, 체제혁신, 지역적 민족주의를 주요 구성요소로 하는 새로운 체제 구상으로서 남북연합론을 제기한다. 이일영은 남북연합 구상의 기원, 남북연합에서의 시민참여 역할을 톺아보고 남북연합론의 핵심이 한반도의 총체적 체제혁신이라는 점에서 박현채의 민족경제론을 재고하는 가운데 '미중간 갈등 관계에 적응하면서 남북 네트워크와 동아시아·태평양 네트워크를 복합화하는' 한반도 경제권 형성의 기본 전략을 제출한다. 남북연합의 진전은 한·미·일, 한·중·일, 북·중·미 관계와 병행하면서 새로운 지역적 민족주의의 공간을 확보하는 과정이라고 보기 때문이다. 그리하여 이일영은 문재인정부의 '신한반도체제' 구상이 평화질서와 평화경제의 두 축으로 구성되지만 그것이 한 덩어리로서의 체제론을 결여하고 있다는 점에서 비판한다. 무엇보다 이 글은 평화경제가 남북연합과 신남방정책을 연계해서 진행하는 것이므로 한일 협력관계를 필연으로 하며 그런 점에서 시민적 자유주의와 지역적 민족주의의 지향을 가다듬고 한일 분쟁을 남북일 협력의 틀로 전환할 필요성을 제기한다는 점에서 문제적이다.

백원담은 「인터 코리아, 인터 차이나, 인터 아시아」에서 3·1운동 100년 5·4 100년의 한반도와 중국의 역사적 오늘의 시공간에서 한반도 평화프로세스의 교착국면, 미·중무역전쟁의 가속화, 홍콩의 '반송중' 시위, 한일 경제전쟁 등 격동하는 국면을 포스트 지구화라는 식민-냉전-전지구화의 중층적 모순이 작동하는 시간 개념과 공간적으로는 인터적 관점, 상호참조체계 속에서 중층적 모순을 넘어 새로운 관계성을 구성해나가는 방법론으로 접근하고 전망한다. 이 글이 모순의 중첩 경관을 탈경계적 관계상 속에서 드러내는 것은 그것이 일국적으로 해결될 수도 없고 국가주도로 해결가능한 문제가 아니라는 문제인식에서 기인한다. 그런 점에서 이 글은 한반도 평화프로세스의 교착국면, 무엇보다 중국

의 일대일로 이니셔티브와 미국의 인도·태평양전략이 충돌하는 고점에
문재인정부의 전략적 선택이 가져올 파장을 주목하고 그 발본적 해결을
위해 문제의 성격이 미·일 중심의 전후체제의 해체와 환원불가능한 재
편에 있다는 점을 분명히한다. 그리고 그를 위해 아시아가 근현대 역정
을 거쳐오면서 축적해온 역사적 경험을 사상자원화하는 작업, 아울러 포
스트 지구화시대 아시아에서 부단히 연쇄되는 새로운 정치의 장소들에
주목한다. 인터 코리아, 인터 차이나, 인터 아시아적 견지에서 담론이나
이데올로기가 아니라 몸에 각인된 젊은 정동의 정치들이 3·1운동과 5·4
운동 100년의 육중한 역사과제를 총결하고 다른 아시아와 세계의 미래
를 열어가고 있는 와중이기 때문이다.

　　북미의 하노이회담 결렬에서 판문점 '벙개'에 이르기까지, 그리고
다시 한반도의 상공을 나르는 고공무기들의 위협과 한일 경제전쟁, 한
반도 프로세스의 교착상태는 한반도가 천형처럼 짊어지고 가야 할 근대
100년의 역사적 피해양상, 그리고 한반도 냉전분단체제의 강고한 구조
때문인 것만은 아니다. 오히려 매 역사의 중요한 맥락에서 그 이른바 전
략적 선택이라는 이름 하에 패권적 세계질서에 굴종적으로 순응하거나
아제국주의의 몽상으로 편승해왔던 반동적 역정의 아픈 귀결이기도 한
것이다.

　　따라서 한반도와 아시아라는 장역을 한 세기 넘게 역사적으로 가로
질러온 중층적 관계의 선들, 그 동력학의 정면과 반면의 작용들이 만들
어낸 역사적 오늘의 경관을 꼼꼼이 정시하고 식민-냉전-전지구화가 중
첩된 포스트 지구화 시대를 부단히 살아가는 한반도와 아시아의 대다수
사람들의 삶의 입지에서 새롭게 열리고 있는 다양한 정치의 장소들을
주목하며, 그것이 이제까지와는 다른 관계성의 미래를 열어갈 수 있도록

무엇보다 그 엄청난 교융(敎融)의 섬광같은 순간들을 사상사적으로 맥락화하고 사상자원화함으로써 새로운 관계적 행보를 일으킬 계기를 제대로 세워내야 할 시점이다.

우선 이 책을 엮어내는데 중요한 글들을 허락해주신 백승욱선생님, 이일영선생님, 백지운선생님, 옥창준선생님 등 필자 선생님들께 한없는 고마움을 전해드린다. 중국의 왕후이선생님 또한 선뜻 원고를 게재하게 하여 책을 빛내주셨다.

이 책은 중국 쟁점 기획의 연속 계열 첫 번째로 엮어내었다. 이는 계간『황해문화』지면에 특집주제로 발표된 것들을 중심으로 우선 편제하였다. 그리고 주제에 걸맞는 글들을 포함하는 형식으로 이루어졌다. 앞으로도 이 기획 계열출판은 여건이 허락하는 한 지속해보고자 한다. 이는 새얼문화재단과 계간『황해문화』라는 담론공간이 있기 때문에 가능한 일이다. 지용택 이사장님과 김명인 편집주간과 편집위원분들, 전성원편집장과 이강택팀장의 아낌없는 신뢰와 성원 그러나 예리한 비판은 언제나 새로운 행로를 가능하게 하는 든든한 힘이다. 보다 의미있는 기획과 의제의 사회화로 갚음하는 것이 최대의 보답이 아닌가 한다.

이 책은 성공회대 동아시아연구소의 인문한국사업(HK+2)의 연구의제 〈포스트 지구화의 정동(情動)정치와 아시아:기억·신체·정동〉의 기억클러스트에서의 공동연구를 통한 기본시각의 정립과 연구의 진행을 통해 가능할 수 있었다. 함께 자료를 찾고 조사·연구를 하고 세미나와 워크샵 등 참으로 많은 학술회의와 국내외 연구망의 조직을 통한 세부의제화와 집중연구를 통해 산생되었다고 해도 과언이 아니다. 그리고 한국중국현대문학학회, 한국문화연구학회, 한국냉전학회, 성균중국연구소와 『중국사회과학논총』, Inter-Asia Cultural Studies Society와 Inter Asia

Cultural Studies Journal, Consortium of IACS Institutions, 臺灣交通大學 社會與文化研究所와『人間思想』, 中國 上海大學 當代文化研究中心과『熱風學術』, 中國 淸華大學 人文與社會科學高等硏究所와『区域』, 베를린 자유대학 한국학연구소(Institut für Koreastudien der Freien Universität Berlin) 등은 그 중요한 장소들이다. 더우기 왕후이, 왕샤오밍(王曉明), 허꿰이메이(賀桂梅), 사카모토 히로코(坂元ひろ子) 등 중국과 일본의 오랜 친구들은 많은 국제회의 초대와 개별만남의 지속 속에서 사상문화대화와 지적 발전의 계기를 열어주었다. 이들은 모두 5·4운동과 중국현대사상사에 대한 각기의 담론을 가지고 다양한 논의를 전개해왔다. 특히 2009년 왕후이가 주관한 汪暉 5·4 90週年 国际会议〈20세기 중국역사 속의 문화와 정치 – 5·4를 장역으로 한 성찰 二十世紀中國歷史中的文化與政治 –以五四爲場域的反思〉(2008.10.27~29)은 나의 5·4연구 시좌가 열리는 중요한 계기였다. 나는 그 자리에서〈아시아 내셔럴리즘과 5·4〉라는 논문을 발표하였는데, 함께 참여한 27인의 세계에서 온 학자들이 중국어로 사흘동안 지속적으로 발표하고 다함께 토론한 경험은 평생 잊지못할 것이다. 또한 천광싱(陳光興) 선생은 아시아의 문화연구에 지평을 열어주고 인터 아시아의 시좌를 갖게 함으로써 함께 아시아에서 지식과 문화생산에 전력할 수 있었다. 내가 5·4운동을 비롯하여 각국의 현대사의 중요한 궤적들과 인물들을 인터 아시아적 시좌에서 재정위하고 재맥락화할 수 있었던 것은 전적으로 천콴싱의 배려와 비판적 논의에 의해서 가능했다고 해도 과언이 아니다. 또한 이남주, 백승욱, 김현미 교수, 로융성(羅永生), 이케카미 요시히코(池上善彦), Ashish Rajadhyaksha 등을 비롯하여 한국과 아시아의 여러 벗들은 중국학과 문화/사상 연구 분야에서 아시아의 지식과 문화를 공동으로 생산하고 새로운 실천적 아카데미즘의 지평을 열어가고 있다. 이분들은 숱한 국내외 회의들을 기획하고 발표와 토론을 요구할 때마다 변함없이 응해주고 풍부한 논의를 함께 하며 세계와 아시아의 학술담론구조의 불균형한 상태를 바로잡고 신자유주의 세계화시대에 모든 것이 경제주의원리로 작동하는 지금 이 시점에서 아시아에서의 공통의 지식생산을 해나갈 수 있는 동행이 기꺼이 되주셨다. 또한 성공회대학교 일반대학원 국제문화연구학과 차세대 동학들과 동아시아연구소 조교들의 공부열정과 연구지원에도 고마움을 전한다.

어려운 시기에 선뜻 출판을 맡아주신 진인진출판사의 김태진대표님과 배원일팀장님 등 편집진의 노고가 아니었다면 이 책은 빛을 보지 못했을 것이다.

이 책을 얼마 전 먼 길 떠나신 아버님 백기완 선생님의 참사랑에 바칩니다.

2021년 5월
노루목길에서 백원담

참고문헌

버트런드 러셀(2009), 『러셀, 북경에 가다』, 이순희 옮김, 천지인.

1919와 1949: 21세기 한·중 '역사다시쓰기'와 '다른 세계'

백승욱(白承旭)

중앙대학교 사회학과 교수. 서울대학교 사회학과, 동 대학 사회학과 박사. 한신대학교 중국지역학과 조교수 역임. 주요 저서 『생각하는 마르크스』(2017), 『중국문화대혁명과 정치의 아포리아』(2012), 『세계화의 경계에 선 중국』(2008), 『자본주의 역사강의』(2007)등. 최근 논문으로 「미국헤게모니 형성기 동아시아 국가간체계 질서의 변동: 월러스틴의 이론 자원으로 검토한 냉전 형성 과정과 중국 변수」, 「마르크스에게서 재생산 개념의 형성과 체계의 사고」, 「월러스틴의 근대세계체계 분석의 세 영역과 세 개의 사회주의」 등이 있다.

제1장 동아시아 단절의 담론구성체 형성의 맥락에서 살펴본 3·1운동의 사상사적 전환의 공백[1]

백승욱

1. 국제 정세 속의 3·1운동

동아시아 19세기말 20세기 전환기를 돌아보면, 각국이 주변 다른 국가들의 변화와 맞물려 변화했다는 점이 두드러진다. 중국을 예로 들자면, 1949년 중국공산당 주도로 신중국이 성립될 수 있던 가장 중요한 요인 중 하나는 '항일 전쟁'(중일전쟁)인데, 1937년부터 전개된 이 항일전쟁은 중국으로서도 일본으로서도 그 이전 시기 궤적의 필연적 귀결은 아니었다. 중국 공산당 스스로도 인정하듯이, 주변으로 밀려나 궤멸의 경계선까지 다가간 '게릴라 세력'이 다시 전열을 갖추고 진영을 재정비해 중원 전체로 세력을 확장할 수 있던 결정적 계기는 일본의 중국 침략이었다(楊奎松,

---

1 이 글은 2017년 대한민국 교육부와 한국연구재단의 지원을 받아 수행된 연구이다(NRF-2017S1A6A3A03079318).

2010). 또 그 반대 측에서 일본의 '근대'의 역사는 동아시아에서 19세기 말 이후 유럽 중심의 국가간체계 질서가 재편되는 기간 발생한 조선과 만주 대륙으로의 영토 확장과 뗄 수 없는 것이었고, 이는 일본 근대 국가의 구조 자체를 규정한 핵심 요인이 되었다(가토 요코, 2012; 나리타 류이치, 2011).

한국이 일본의 식민지가 되었다는 점에서 20세기 한국의 역사는 당연히 일본의 현대사와 뗄 수 없으며, 또한 독립운동의 확장된 공간이라는 의미에서 중국의 혁명과정과도 뗄 수 없다. 이 '뗄 수 없음'의 의미가 무엇인지를 이해해 보기 위해 우리는 역사 공간의 맞물림을 한-일과 한-중뿐 아니라 중-일까지 잇는 삼각 고리로 확장해 분석해 볼 필요성을 느낀다. 3·1운동을 전후한 역사적 전환기를 이해하기 위해서는 더더욱 그렇다. 3·1운동은 중국의 5·4운동과 맞물려 있고, 같은 시기 일본의 다이쇼 데모크라시는 신해혁명(辛亥革命, 1911) 및 5·4운동의 여파와 맞물리는 동시에 3·1운동 이후 조선의 문화통치로의 전환과도 연결되어 있다. 1930년대 장제스의 난징정부의 통합성 강화는 총력전체제로 전환해가는 일본의 정치·경제체제의 변화와 맞물린다. 일본의 '만주 구상'은 2차대전 후 동아시아 지역에 성립된 네 개의 정치체, 즉 남한, 북한, 중화인민공화국, 중화민국(타이완) 모두에 관련된 배경이기도 하다.[2]

---

2 이런 맥락에서 동아시아 각국에 잠재된 역사서술의 갈등 요소인 '만주' 문제가 제기된다. 중국에서도 '만주'가 '동북(東北)'으로 전환되는 과정에서 잠재적으로 억눌린 쟁점은 '혁명사'와 '건설사'의 갈등 속에 잠복되어 있다. 건국 후 중국은 1953년 '가오강(高崗) 사건'과 중소대립 정점인 1959년의 다칭(大慶) 유전의 발견, 대약진 시기 안강 헌법의 강조 등을 통해 '만주'의 그림자를 지우고 이 지역을 '동북'으로 사회주의 건설사에 편입시켰지만, 개혁개방기 동북지역 구조조정 문제는 다시 1930~40년대와 연계된 이 지역의 산업적 특성과 역사 궤적 문제를 부각시키게 된다. 동북의 군사공업의 자원을 누가 장악할 것인가는 이미

백주년을 맞는 3·1운동의 의미 탐구 또한 이런 맞물림 속에서 진행될 수 있을 것이다. 3·1운동은 시작 두 달만에 전국 220개군 중 218개군에서 시위가 일어나 2백만 명이 참여했을 만큼 빠르게 전국적으로 확대된(국사편찬위원회, 2003: 15) 거대한 민중운동의 출발점이었다. 3·1운동에 대한 연구들은 한편에서 그 당시 시점을 미래로 투사하는 동시에 현재의 관점을 그 시기로 역투사하는 방식으로 진행되었는데, 동아시아에서 19세기말 이래 진행되어 온 서로 다른 역사적 궤적들을 동시적으로 놓고 비교 설명해 보는 노력이 충분히 침윤되지는 않은 것으로 보인다. 동아시아에서 '근대'의 함의를 묻는 질문이 반복되지만, 3·1운동의 이면에 놓인 '곤경'을 좀 더 헤쳐보지 않는다면 '근대'의 질문에 대해 좀 더 심층적으로 파고드는 데도 한계가 있을 것으로 생각된다.

3·1운동 경험에 비추어 본 20세기 초반 한국의 역사 상황의 역설은 운동의 확산과 대비되는 '사상사의 부재 또는 취약함'이라고 할 수 있다. 민중이 참여한 운동은 전국적으로 그리고 때로 격렬하게 전개되었지만, 운동이 사상사를 거쳐 다시 피드백되는 되먹임 작용은 취약했다고 할 수 있다. '탈아입구'식 국가수립의 과정을 통한 근대적 길을 모색하며 형성된 일본의 사상사의 흐름이나 또는 신해혁명의 이론화라 할 '삼민주의'를 급진화하는 틀 속에서 혁명을 모색한 중국의 사상사의 흐름과 대

1947년부터 불거진 국민당과 공산당 사이의 전면적 내전에서 군사 세력이 역전되는 결정적인 출발점이었고, 만주문제는 냉전의 출발점이기도 하였으며, 전후 동아시아 발전주의(사회주의적 버전을 포함해)의 궤적과도 연관된 복잡한 질문을 제기한다(사사다 히로노리, 2014; 야마무로 신이치, 2009; 이대근, 2015; 한석정, 2016; 劉統, 2017; 石建國, 2016; 汪朝光, 2016, 2010; 楊奎松, 2010). 생산적 논의를 위해서는 이 문제를 일국사보다는 세계체계 헤게모니 교체기의 동아시아 지정학의 측면에서 논의할 필요가 있을 것이다.

비하자면, 한국에서 변화의 전환점이라 할 3·1운동의 결과를 어떤 사상
사의 틀로 해석해 내는 것이 적절할까.

　이 글은 3·1운동을 단지 '위대한 민족해방 운동'임을 재확인하는데
머물기 위해서가 아니라, 3·1운동을 재조명하고 더 나아가 19세기말 20
세기 초 동아시아에서 한국이 경험한 독특한 역사적 경험을 사상사라는
측면에서 재조명하기 위해 몇 가지 질문을 던져보는 것을 목적으로 한
다. 앞서도 이야기 했듯이, 이 글에서는 3·1운동 이면에 있는 곤경을 '사
상사의 부재 또는 취약함'이라는 질문으로 제기해 보려 하며, 3·1운동
의 함의를 좀 더 확대된 시공간 속에서 살펴보기 위해 3·1운동을 전후
한 시기의 한국의 상황을 같은 시기 중국과 일본의 변동 그리고 일본과
중국에서 등장한 '단절의 역사 담론'과 비교해 보고 한국에서 전개된 사
상사적 전환의 노력과 한계를 검토할 것이다. 지속적으로 회귀할 논쟁의
출발점 자체의 취약함 때문에 사상 요소와 사상의 계보 형성도 취약해
진다는 점에서 여기서는 질문을 '사상사의 부재'로 제기할 것이다.

　3·1운동 100주년을 맞으면서 3·1운동을 2016-2017년의 촛불항
쟁과 직접 연결시키려는 시도들도 등장하는데(김정인, 2019; 이남주, 2019)
이런 직접적 연결의 의욕은 어떤 공백을 보여주는 징후라고 해석될 수
있다. 흥미로운 것은 3·1운동 100주년을 기념하는 한국의 두드러진 분
위기와 달리 5·4운동 100주년을 맞는 중국의 대응은 조용함을 넘어 심
지어 침묵의 상황인데, 이 또한 한국의 경우와는 상이한 징후를 보여준
다고 할 수 있다.[3] 100년의 시간 차이를 두고 두 시점을 연결하려면 그
사이에 어떤 고리가 필요하고 그 고리는 때로는 부재하거나 과잉일 수 있

---

3 이를 시진핑 '신시대'에 등장하는 '역사 다시 쓰기'로 해석한 것으로 백승욱
(2019a)을 보라.

다. 3·1운동과 지금 우리 사이의 관계는 어떤 것인지 살펴보도록 하자.

2. 3·1운동 연구 성과와 제기되는 질문들

1) 3·1운동 연구사에 대한 개괄

3·1운동에 대한 포괄적 연구는 1970년대에서 1980년대를 거치면서 중요한 논점들이 정리된 것으로 보인다. 국사편찬위원회에서 활동한 윤병석은 1960년대의 성과를 정리한 1974년 저서에서 3·1운동 연구의 쟁점들을 포괄적으로 정리한 바 있고(윤병석, 2004),[4] 이 작업에 바탕하여 천관우는 이미 1974년에 폭력인가 비폭력인가의 문제를 지양해 민중운동이라는 더 큰 관점에서 3·1운동을 보아야 한다는 논점을 제기한 바 있다(천관우, 1974). 국사편찬위원회(1988)에서는 초점이 운동 전개과정에 주로 맞추어지고, 임시정부·해외 독립운동 등에 대한 소개는 소략하지만 3·1운동의 지역적 확산이나 운동 전 국외 동향에 대한 소개가 상당히 진행되었다.

이런 3·1운동 연구사에 기반한 종합적 분석은 1980년대 후반에 나온 대표적인 연구 성과들, 예를 들어 신용하(1986)나 한국역사연구회·역사문제연구소(1989)에서 잘 제시되었고, 중요한 논점들 대부분이 정리되었다고 할 수 있다. 정리된 논점으로는 ① 일본 무단통치에 대한 민중적 반발 ② 파리 강화회의를 중심으로 한 기회와 러시아혁명과 윌슨의

---

4 이 책은 1974년 발간된 것을 재발간한 것인데, 윤병석은 1964-69년 국사편찬위원회에서 『한국독립운동사』를 편찬하면서 3·1운동을 연구했다(윤병석, 2004: 1).

민족자결론 주장으로부터 획득된 기회 ③ 국내외에서 전개된 항일 운동의 전사로, 을미의병에서 시작해 신민회, 105인사건, 간도와 노령에서의 저항 조직의 형성, 상하이에서 동제사, 신한혁명당, 신한청년당의 결성 ④ 종교계와 학생들을 중심으로 한 독립선언 운동의 준비 과정 ⑤ 종교계 조직과 학생들을 중심으로 철도 연선의 도시지역으로 운동의 확산 ⑥ 전국 모든 지역에서 운동의 발발 ⑦ 남녀노소 신분을 넘어서 특히 농민과 노동자 민중층으로 운동 주체가 전환 ⑧ 해외로 소식의 확산과 운동의 발전 ⑨ 임시정부를 중심으로 공화제로 전환의 기점 등을 열거해 볼 수 있다.

특히 1980년대 성과에서는 3·1운동을 소수 지식인과 학생 중심의 운동이 아니라 전국적 민중운동으로 규정할 수 있다는 잠정적 합의가 이루어졌다고 할 수 있다. 다만 그 표현은 "민중운동으로서의 비약"(신용하, 1986: 278) 또는 "민중의 적극적 진출과 운동의 심화발전"으로서 "민족해방운동"(한국역사연구회·역사문제연구소, 1989: 244)으로, 입장에 따라 다소 다를 수 있고 또 운동의 '대표성'에 대한 해석을 놓고 그 이후 분기가 발생할 여지는 남아 있었다, 1980년대 후반 대체로 완수된 3·1운동에 대한 포괄적 분석의 방향은 이후에도 대체로 계승되어 국사편찬위원회(2003)나 이윤상(2009)의 공식적 역사서술에서도 세부적 부분의 정정을 제외하고는 큰 틀의 변화는 없다고 보인다.

지난 30여 년간 3·1운동 연구에서 진행된 성과는 이런 기본적 골격의 분석에 살을 입히는 구체적 분석의 누적 과정이었다고 할 수 있다. 가장 중요하게는 운동의 지역적 확대에 대한 구체적 연구가 집중적으로 이루어졌다. 중요한 연구는 독립운동사연구소 중심으로 진행되어, 김정인·이정은(2009)은 운동의 핵심지역인 중부지역과 북부지역을, 김진호·박이준·박철규(2009)는 남부지역으로 운동의 확산을 분석했다. 운동의 지역적 확산은 점점 더 세부적으로 다루어져서, 3월 1일 서울을 빼고

운동이 가장 두드러지게 전개된 북부지방을 다룬 연구들이 많고(김정인, 2019; 김진호, 2018; 이용철, 2018a; 이용철, 2018b), 가상 격렬한 민중적 저항과 그에 대한 반동으로 학살 또한 발생한 경기 지방 운동에 대한 분석도 많으며(김호일, 1998; 이계형, 2018; 이용창, 2018; 황인호, 2006), 그 이외 영남, 호남, 강원, 충청 지역으로 운동의 확산과 구체적 시위 내용을 다룬 연구들이 계속되고 있다(김도형, 2010; 김상기, 2010; 김진호, 2015; 남부희, 1997; 박찬승, 1995; 박철규, 2005; 정을경, 2016). 분석 대상이 국내에만 한정되지 않고 해외 지역으로 운동의 확산도 연구의 한 영역으로 다루어지고 있다(김도형, 2009; 반병률, 1999).

1980년대 연구의 중요한 전환인 민중운동으로서의 3·1운동의 재해석에 수반해, 운동의 양상, 전파의 매개체, 운동 참여의 방식 등에서도 다양한 연구가 진행되었는데, 이는 1980년대 이후 우리 사회의 사회운동의 전개에 따른 민중의 재등장에 따른 학문적 관심전환과도 밀접한 관계가 있다. 3·1운동 주도 세력의 다양하고 복잡한 특성, 특히 민중 주체의 다양한 구성(김진봉, 2000; 박헌호·류준필, 2009), 평화적 방식과 폭력이 공존하는 참여 방식의 다양한 형태(허영란, 2009), "농민봉기적 양상"(배성준, 2009), 필사와 삐라뿐 아니라 잘못된 소식 등 다양한 전파 매체(천정환, 2009), "축제와 폭동의 교차"로서 참여자들의 경험(허영란, 2009) 등 다양한 연구가 진행되고 있다. 100주년을 기념하는 2019년에는 특히 이 분야의 연구가 대대적으로 확장될 것으로 보인다.

3·1운동의 영향 하에 전개된 운동의 발전과 분화도 중요한 연구 영역인데, 국내외 사회운동의 다양한 발전과 이합집산(임경석, 2003; 전명혁, 1997; 전상숙, 2004), 해외 무장운동의 전개(홍성표·황인호, 2008), 임시 정부의 형성과 갈등 과정(고정휴 외, 2010; 윤대원, 2006) 등이 중요하게 연구되었다. 또한 3·1운동 조직화의 중요한 축이었던 종교계의 변화 또한 연

구의 관심이 되는데, 탄압 후 재편을 겪고 반공으로 나아가는 기독교계(김진호, 2019; 이진구, 2009), 개조와 후천개벽을 중심으로 재구성되는 천도교(김정인, 2992; 정혜정, 2018; 조규태, 1998; 황선희, 1996), 3·1운동에 적극 참여하지 않았으나 이후 황도유림과 혁신유림으로의 진행된 유림의 분화(류승완, 2010; 이황직, 2017; 정욱재, 2008) 등이 중요한 연구 결과들이다.

3·1운동의 결과로 수립된 대한민국임시정부의 공화제적 특징과 해방 후 헌법과의 관련성에 대한 논의도 새롭게 주목되고(김동택, 2009; 박진철, 2016; 이영록, 2017), 3·1운동 전후 시기의 동아시아의 국제질서의 변화 속의 조선의 위상에 대한 연구(나가타 아키후미, 2008; 2017)도 중요하게 거론될 수 있다.

2) 질문의 확장

이런 연구들이 공유하는 3·1운동에 대한 정의는 "외세에 대한 일련의 민족저항운동…이 민중에 의하여 집약화된 전민족적인 항일독립운동"(신용하, 1986: 207)일 것이다. 국사편찬위원회(2003)의 공식적 서술도 이런 틀을 따르고 있다.

그렇다 하더라도 이 정의 안에서 "민중"과 "전민족적"이라는 용어는 그에 대한 해석을 둘러싸고 이견과 대립이 표출될 가능성을 담고 있다. 실제로 해방공간에서 1946년과 1947년 3·1절 기념식 준비와 추진 과정에서 '3·1운동' 계승의 '대표성'을 둘러싼 대립은 정치적 충돌로 이어진 바 있다(공임순, 2011; 김민환, 2000; 박헌영, 1947; 지수걸, 1999). '민중'은 '유식자'인가 아니면 노동자·농민인가, '전민족'은 단독정부 수립에 찬성하는 모든 사람인가 아니면 반민중적 친일파를 배격한 새로운 정치체의 수립을 의미하는가? 이 대립은 지금까지도 반복되는 대립선이기도 한데, 그럼에도 이 대립은 3·1운동에 대한 기본 전제와 정의는 공유하면서 '누가 대표성을 지니는가'를 둘러싼 대립이라고 할 수 있다. 그렇지만 전제 자체를 의문시하는 질문이 제기되면 그 다음은 어떻게 되는가?

3·1운동에 대한 역사적 연구가 그 전후의 역사 시기의 쟁점들과 연결되어 좀 더 심도 있는 탐구의 계기가 되려면, 당연히 제기될 여러 가지 질문들에 대한 적절한 해석이 필요할 것이다. 필자의 관심을 중심으로 분석의 출발점이 될 네 가지 질문을 제기해 보도록 하자.

첫째, 운동은 왜 만세운동이었는가? 그 함의와 한계는 무엇인가? 33인 독립선언의 주도와 별개로, 독립만세운동은 전국적으로 확산되었다. 한편에서는 종교 조직과 학생들의 조직화를 통해, 다른 한편에서는 장날의 연계를 통해 확산되었으며, 이 확산을 거치면서 3·1운동은 〈독립선언〉의 직접적 영향에 한정할 수는 없는 '민중운동'의 성격을 띠게된다. 그런데 검속자에 대한 재판 기록 등을 통해 확인된 바에 따르면, 민중들이 독립 만세를 불렀던 이유는 "독립이 되었는 줄 알고 만세를 불렀다"는 것과 "만세를 불러야 독립이 될 것이라고 생각해서"라는 두 연관고리가 대세를 형성함이 확인된다(천정환, 2009; 권보드래, 2014; 배성준, 2009). 만세란 "황제폐하만세"의 경우처럼 실존자에 대한 찬양일 수밖에 없는 행동이어서, 만세를 통해 어떤 정치적 목표를 달성할 수 있는 것이라 보기는 어렵다. 그런 점에서 이 3·1운동의 계기를 '민란'과 연결 짓기도 하지만(허영란, 2009), 그렇다 하더라도 '외부세력'에 대한 반대에 초점이 맞추어지고 내부 통치자에 대한 문제가 잠복하는 민란이란, 매우 이례적이다.

둘째, 잘 알려져 있다시피, 3·1운동에서는 종교 조직의 영향력이 두드러진다(이덕주, 2017; 조한성, 2019; 황선희, 1996). 33인의 독립선언문이 천도교와 개신교계가 양대 주축이 되어 준비되었으며, 독립 선언 이후 운동이 전국적으로 확산되는 과정에서도 특정 종교의 영향력은 주목된다. 3·1운동 검속자 통계는 이를 잘 보여주는데, 3·1운동 피검자 중

기독교인이 3,426명(천주교 55명 포함)으로 17.6%을 차지한다. 천도교 피검자가 2,297명, 불교가 220명으로 기독교인 검속자수가 두드러짐이 확인된다. 당시 인구 중 개신교 비율은 1.5%에 불과했음에 비교하면, 유독 기독교인 피검자수가 많다는 점은 많이 지적되었다(신용하, 1986: 283; 이진구, 2009: 537; 장석민, 2009: 196). 이와 달리 피기소자 비율을 보면 천도교인 수가 기독교파 중 장로교와 비슷해지는데(장석민, 2009: 197), 이를 33인으로 대표로 참여한 인물들을 포함해 천도교가 기독교에 비해 교단 차원에서 매우 조직적으로 움직인 결과로 해석할 수도 있으며(김정인, 2002: 163), 이는 당시 대중 속에서 천도교가 지닌 독특한 위상과 관련된다. 이런 특징을 '사상사'적 측면과 두 종교의 이후 행보와 연관지어 질문을 제기해 보자. 개신교계는 3·1운동 시기 과잉대표됨으로써 상당한 탄압을 받지만, 이 과잉대표성이 이후 한국 사회에서 개신교의 영향력을 확장하는 데 중요한 기반이 되었던 것으로 보이며, 이는 특히 '학병세대' 이후 서북을 중심으로 하는 기독교 사상의 영향력의 확장 차원에서 검토될 수 있다(김건우, 2017; 김진호, 2019). 그에 비해 천도교는 조선에 저항해 봉기한 민중의 기층 사상을 대변하는 동시에 그들의 의지처였는데(황선희, 1996), 3·1운동을 거치며 '후천개벽'의 문명개조론으로 나아가면서 퇴조의 길로 나아가고 사상적으로 영향력은 축소된다(조규태, 1998). 그렇다면 사상사적 변화는 3·1운동 시점에 한정된 것이 아니라 그보다 훨씬 앞선 19세기 말로부터 시작해 3·1운동의 영향이 지속되는 20세기 중후반까지 확장해서 검토되어야 하는 것이 아닐까.

셋째, 3·1운동 전체를 관통하는 이념과 사상은 무엇이었는가라는 질문이 제기된다. 3·1운동을 복벽주의의 시대가 끝나고 민주공화제의 요구가 개시되는 계기로 이해하는 경우가 많다(김동택, 2009). 임시정부(임정)의 수립 또한 이런 맥락에서 이해될 텐데, 그런데 여기서 이 공화주의의 함의가 무엇인지는 상당히 모호하다. 3·1운동을 '반(反)봉건적 권리들'이라는 측면에서 건국이념을 구체화하고 특히 '민권'이라는 측면에서 분명한 대립점을 형성했는지가 문제이다. 3·1운동이 사상적으로 보자면 개화사상이 애국계몽운동을 거친 이후, 천도교의 개벽사상, 개화파의 민권의식, 그리고 척화사상에서 항일투쟁의식으로 발전한 흐름들이 한 데 모이는 계기였다는 해석도 가능하겠지만(황선희, 1996: 233-231), 여기서 등장한 공화제의 함의는 무엇인가? 질문의 요점은 3·1운동이 단일한 이념을 제기했는가 여부가 아니라, 3·1운동을 전후해 군주제와 단절되며 식민주의와도 단절하는 새로운 체제 이념을 구성하기 위한 본격적 논쟁이 있었는가 하는 문제이다. 그렇지만 현실을 보면 논쟁이 잘 정착되었다고 보기는 어렵다. 식민지 통치 때문이겠지만, 국내 공간에서 논쟁은 미약했고 오히려 해외 운동의 논의 공간을 빌어서 급진 운동 내에서의 비판적 논쟁이 전개되었다는 점이 두드러진다(李恭忠, 2018). 이는 3·1운동 결과의 사상적 전유 노력이 없었던 것은 아니지만 대중적으로 착근되기에 취약했다는 것을 보여준다. 전국적 저항이 있었고 그 유산이 지속된다는 것과, 이 운동을 계기로 중대한 사상적 전환이 발생해 이로부터 새로운 담론의 지형이 형성된다는 것은 다른 이야기이다.

넷째, 3·1운동이 전개된 배경인 식민지 조선은 어떤 식민지였고, 이 운동이 전개된 20세기 초반 동아시아는 어떤 상황이었는가? 한국, 중국, 일본이 맞물려 변화하는 이 20세기 초반의 상황은 동아시아 '자본주의'와 '국가간체계'에 어떤 대변동이 일어나고, 그와 맞물려 '사상적으로' 상호적으로 영향을 끼치는 어떤 변화가 관찰이 되고, 그것이 다시 또 어떤 정치·경제적 변화로 귀결된 것으로 보아야 할까? 동아시아의 독특한 지정학 속에서 일본은 메이지유신으로부터 다이쇼데모크라시까지, 중국은 신해혁명에서 5·4운동까지 각기 특유한 단절의 근대담론을 구성했다고 할 수 있는데, 그럼 그 사이 한국은 이 독특한 지정학적 정세 위에서 어떤 고유한 혁명적 단절 담론을 구성해 냈던 것일까?

이런 질문들을 풀어가기 위해서 이 글에서는 네 가지 관찰점을 제시해보고자 한다. 첫째, 20세기 초 동아시아가 겪은 국제질서의 독특성은 무엇이며 여기서 중국과 일본에서 등장한 '단절의 근대 담론'은 무엇이고 어떻게 달랐는가? 한국의 상황은 또 어떠하였는가? 둘째, 3·1운동은 같은 시기 중국에서 일어난 5·4운동과 같은 성격인가? 셋째, 3·1운동은 어떤 사상사적 질문을 낳았는가? 혹은 낳는데 실패했는가? 넷째, 임시정부 법통의 질문은 사상사와 관련해 어떤 난점을 보여주는가? 네 가지 관찰점은 동아시아 지역 전체로 관점을 확대해 앞서의 3·1운동에 대한 질문들을 심화시켜 가보기 위한 길잡이가 될 수 있을 것이다.

3. 동아시아의 세계경제 편입의 특수성과 고유의 '단절 담론 형성'

1) 동아시아 '자본주의' 출현의 시공간적 독특성과 단절의 근대 담론의 형성

3·1운동을 계기로 한 사상사의 형성의 난점을 살펴보기 위해 당시의 상황을 동아시아 내에서 일본 및 중국의 경우와 간략히 비교해 보는 것이 좋을 것이다. 19세기 말~20세기 초 세계체계 속에서 동아시아는 매우 특이한 '국가간체계'의 상황에 놓여 있었고, 이런 배경에서 이 지역에 고유한 '단절의 근대 담론'이라 할 만한 것이 출현했다고 할 수 있기 때문이다.

동아시아를 향한 유럽의 자본주의의 외연적 영토 팽창은 19세기 말 실질적으로 중단되었으며(유일하게 영토적으로 그 팽창을 지속할 수 있던 것은 러시아뿐), 19세기 말에서 20세기 초 동아시아에는 이 때문에 유럽 중심 세계경제의 직접적 관할 하에 편입이 진행되는 것이 아니라 동아시아 자체의 '발원지'를 형성하는 방식으로 세계경제에 편입이 이루어지는 구도가 등장한다. 이처럼 세계체계는 확대되지만 유럽의 팽창은 중단된 독특한 공간이 일본의 부상과 팽창의 조건이 되었다. 이 상황에서 동아시아에서 유럽의 이권경합과 상호 견제는 치열해졌지만, 유럽 어느 나라도 중국(은 물론 동아시아 지역에 대해)을 단독으로 식민화할 기획을 전개할 수 없다는 점에서도 확인되듯, 독특한 세력 '공백'의 정세가 등장한다. 이런 특이한 동아시아적 조건은 일본의 근대국가형성과 근대적 민족경제 형성에 매우 특수한 역사적 시공간을 제공하였다. 동아시아적 맥락에서 보자면 일본으로서는, 아직 근대적 국가간체계의 틀 속에 들어서지 못한 하나의 경쟁자(청조)가 있었고, 또한 팽창 중이긴 하지만 자국의 중심지로부터 너무 멀리 떨어져 있는데다가 내적 붕괴에 직면해 있던 또 다른 경쟁자(러시아)가 있었다는 상당히 우호적 조건을 지니고 있었다(이와나미 신서 편집부, 2013; 하라다 게이이치, 2013). 이 때문에 일본은 동아시아 공간에서 오랫동안 시행착오의 유리한 조건을 확보할 수 있었다. 일본은 역내 팽창과정에서 재정과 통치의 위기를 두 차례 겪지만 "1890년대의 내정의 위기('초기의회')는 아시아와의 전쟁으로 이겨내고, 1910년대의 위기는 유럽이나 아시아 등 세계의 희생으로 넘겼다"(이와나미 신서 편집부, 2013: 91).

일본이 '탈아입구'를 내세워, 한편에서 유럽을 모방하고 다른 한편 유럽에 대결적으로 진입하고자 하였을 때, 모방하고자 한 것은 먼 곳에 있는 영국이나 부차적으로 독일이라는 유럽의 나라였지만, 그 유럽과 현실적으로 '국가간체계' 안에서 대결하고 경합하는 것은 아니었다. 유일한 예외가 러시아였고, 러시아의 남하는 일본이 현실적으로 직면해야 하는 거의 유일한 유럽의 현실적 위협이었다. 러시아(이후 소련)의 잠재적·

현실적 위협은 러일전쟁에서 중일전쟁까지 지속된 일본의 경계이자 관심이었다(가토 요코, 2012).[5] 이런 맥락 속에서 조선식민지의 위상 또한 지정학적 고려의 우위 하에 지경학geo-economy이 '발명'되어가는 과정으로 진행되게 된다. 조선식민지 형성의 우선적 고려는 후일 '재벌'로 상징되는 일본의 자본의 직접적 요구로부터 나온다기보다는 '육군'으로 상징되는 지정학적 전략으로부터 출현한다고 볼 수 있을 것이다(가토 요코, 2012; 사사다 히로노리, 2014; ピーティー, 1996). 조선 식민지의 경제적 위상은 식민화에 앞서서 이미 발견되었다기보다는 식민화 이후 '발명'되거나 '발견'된 것에 더 가깝다고 할 수 있다. 이런 이유 때문에 조선총독부의 독특한 위상은 조선총독부, 만주국, 일본정부라는 삼각 구도의 형성으로 이어졌고(조정우, 2014), 군사력 동원을 수월하게 하기 위해 총독이 행정·입법권 외에 군통수권까지 독점(1920년대에는 달라짐)하는 체제가 형성되었으며(국사편찬위원회, 2003: 111), 일본 본토와 관계맺는 방식의 변화에 따라 조선 식민지의 경제적 성격은 시기별로 매우 상이한 변동을 보인다(조정우, 2018).

유럽 팽창의 직접적 외연으로서가 아닌, 그 충격 하에 분기하여 발생하는 동아시아 지역의 고유한 '자본주의적 근대'가 여기서 문제이며, 특히 거기에 동반해 스스로 과거와 현재를 '단절'하는 담론의 형성이 이 글의 관심이다. 일본의 궤적을 좀 더 살펴보면, '삿초(사쓰마-조슈벌)연합'

---

5 일본 해군 군벌이 남진론을 주장한 데 비해 대륙침략은 육군 군벌 중 조슈벌(長州閥)이 주도했다. 조슈벌 쇠퇴 이후 육군 내에 파시스트적 통제파가 극우적 황도파에 대립에서 승리하였다(국사편찬위원회, 2003: 113). 1930년대 이후 일본은 소련의 육상병력과 미국의 해상병력을 잠재적 적국으로 설정하였고 이는 태평양전쟁 시기까지도 계속되어 일본 육군과 해군 사이의 상이한 대응을 낳았다(가토 요코, 2012; 요시다 유타카, 2012).

에 기반해 메이지유신 체제를 형성한 '번벌(藩閥)체제'의 길은 1920년대
까지도 그 불완전함 때문에 동요하고 있었고, 이는 늘 '내치'의 위기를
'외치'를 통해 해결하면서 새로운 '내치 체제'를 형성하는 길로 진전되
어왔음이 확인된다. 메이지 정부는 처음부터 명확한 국가 구상을 세우
고 거기에 따라 구축된 것이 아니라 도쿠가와 막부를 넘어뜨린 각 세력
들이 모여서 만든 것이었고(마키하라 노리오, 2012: 54), 여기서 '단절'도 '근
대'도 그 함의가 모호했다. '번벌통치'는 러일전쟁 시기 이미 동요하고
있었고 1920년대 되면 붕괴하게 된다(하라다 게이이치, 2013; 사이토 오사무,
2013). 모순이 두드러지게 나타난 것은 이 과정에서 1910년대~1920년대
의 다이쇼 데모크라시 하에서였고, 메이지정부 대 민권운동 대 민중('단
나슈'와 하층민의 기묘한 결합)이라는 삼각구도의 대립 속에서 비로소 '근대
국가의 건설'과 '민중의 국민화'라는 탈-번벌주의의 길을 걷게 된다(마키
하라 노리오, 2012: 48-51). '단절'을 동반한 '혁명' 담론이 형성과 동시에 배
제를 동반하는 것은 외치와 연계된 내치의 통치성이 확립되는 과정이었
다고 할 수 있다.

> 민본주의의 역사적 평가가 엇갈리는 것은 국내적으로는 자유주의를
> 주장했지만, 그것이 국권주의와 결부되어 대외적으로는 식민지 영유
> 와 팽창주의 등을 용인하여 제국과는 확실히 다른 태도를 보이기 어
> 려웠기 때문이다. 이러한 측면에서 민본주의는 일국의 데모크라시라
> 고 말할 수 있지만, 그것이야말로 바로 제국의 데모크라시의 모습이
> 기도 했다(나리타 류이치, 2011: 54).

그 귀결이 1925년 등장한 '보통선거-치안유지법체제'이고, 이는 1차
대전 이후에 통치기구가 재편성된 귀결점이었다. 정당은 이제 '국가의지

결정의 중심'으로 등장하고 민중은 '국민'으로 호명되어 국가와 일체화를 요구받게 되었다(나리타 류이치, 2011: 267-269). 그로부터 만주사변으로 나아가는 길은 "일본 사회 내부의 대립을 첨예화시키면서도 대립과 대항의 존재를 해소하고 소거시켜 버리는" 길이며(나리타 류이치, 2011: 287), 만주 진출은 이시하라 간지의 주장처럼 세계공황 하에서 "군사비를 필요로 하지 않는 전쟁"으로 자리잡아(가토 요코, 2012: 124) 내치와 외치의 두 마리 토끼를 동시에 잡는 길처럼 보일 수 있었다.

중국의 경우에 단절로서 근대의 담론 구성체의 형성을 간략하게 살펴보자(더 자세한 분석은 다음 절에서). 청일전쟁에서 패한 이후 중국은 양무변법-신정을 거치며 일관되게 일본을 모방하는 길을 걷는다. 특히 신정 시기 일본에 군사교육 목적과 지식습득 목적 하에 집중적으로 정부 주도로 일본에 파견교육을 받는 '유력'이 등장하는데(상빙, 2013), 청조 말기 일본 유학생은 1905, 1906년 무렵 이미 8천여 명에 달했다(하라다 게이이치, 2013: 8). 중국에서 단절의 담론이 본격 등장하는 것은 신해혁명의 여파가 5·4운동으로 이어지는 과정에서였다. 뒤에서 살펴보겠지만, 여기서 논의의 출발점으로 삼을 수 있는 것은 쑨원의 삼민주의의 '민족' 개념이다. 이 개념은 민족의 연속성 대신 완전한 단절성을 상정하고 있으며 그런 점에서 매우 '근대적' 개념이라 할 수 있다. 한편에서 이는 만주족 대 한족이라는 두 집단의 '인종투쟁'적 구도를 상정하지만, 다른 한편 쑨원은 중국에서 가족과 종족, 그리고 천하 외에 '민족'이 존재하지 않음을 강조하면서 민족을 '형성'해야 함을 강조한다. 그리고 이 민족 형성의 내포를 이루는 것을 민권과 민생이라는 방향으로 본다(쑨원, 2000). 3·1운동의 민족개념이 '단절'보다는 '연속'을 강조하는 것임을 고려한다면, 쑨원이 5·4를 거치며 제기한 삼민주의의 민족개념의 '단절성'은 두드러진다. 이는 다이쇼 데모크라시 시기 일본의 '국민'의 형성과정에서도 확인되는 단절성이다.

신해혁명은 5·4운동을 겪으면서 신해혁명 자체를 기점으로 그에 앞선 시기와 단절을 구획하는 담론을 생산하는 과정으로 좀 더 분명히 재정립된다. 신해혁명의 출발 과정은 그에 앞서 일본의 메이지 유신 이후 일본에서 스스로 '근대'와 그 이전의 사실상 단절을 구획하는 담론을 모방하는 과정에서 분기해 나왔다는 점을 지적해둘 필요가 있다. 그리고 사실상 '유신' 이전과 단절이 모호한 채로 '번벌주의'에 사로잡힌 상황에 있던 메이지 유신 이후 일본은 역설적으로 신해혁명의 영향을 받으면서 다시 자신의 근대의 단절 관념을 구체화하게 된다. 중국과 일본의 서로 다르지만 긴밀하게 맞물려 있는 이 '근대'의 전환은 또한 서양적 근대세계체계의 일부로서 변동하지만 별도의 '발원지'처럼 작동하는 동아시아의 지정학적 특수성 때문에, 이로부터 '근대'를 그 전 시기와 단절시키는 나름의 독특한 담론을 형성하고 분기시킨다. 이 담론은 서구와 연결되면서도 서구로 완전히 편입되지 않는 차이점을 보인다. 한국의 사회운동은 이 두 가지 '단절 담론들' 사이에서 자신의 영역을 확보하려 노려하지만, 둘 사이를 배회하거나 또는 거기에 추가해 서구적 단절의 담론까지 포함한 셋 사이를 배회해 온 것으로 보이기 때문에, 당시의 동아시아의 구도를 이해하는 것은 한국의 '사상사적 부재'를 설명하는 데 도움이 된다.

중일전쟁은 동아시아 내에서 모방, 수렴, 분기를 거친 '근대' 담론들이 충돌·폭발하는 계기였는데, 그럼에도 이 전쟁에서 중국 전체에 대한 일본의 식민지 구도의 청사진이 뚜렷하게 존재했다고 보기는 어렵고, 이 전쟁으로부터의 출구가 무엇인지도 확인하기 어렵다는 문제가 처음부터 제기되었다(가토 요코, 2012). 1930년대 일본의 총력전 체제는 19세기 말부터 준비되어온 필연적 결과라기보다는 1930년대 대불황이 초래한 위기상황에서, 일본이 보유하고 있던 모든 조건들을 결합해서 나올 수 있는 예외적이지만, 그 정세 속에서 필연적인 결과였다고 볼 수 있을 텐데(가토 요코, 2012; 요시다 유타카, 2012; 川島眞·服部龍二, 2007), 이를 같은 시기 분열된 중국영토의 통일로 나아가는 중국의 난징정부의 체계적 수립과정(楊奎松, 2013; 卓遵宏·姜良芹·劉文賓·劉慧宇, 2013)과 떼어서 설명하기 어렵다.[6] 만주지역 전체를 장악하고 화북 일부를 만주에 대한 방어막으로 확보한 일본으로서는 한시적 전쟁을 통해 상하이-난징-베이징의 장악을 통해서 난징정부를 지역 세력 수준으로 축소하고, 중국을 다시 과거의 분할된 '몇 개의 개방된 항구' 시대로 돌려놓을 수 있다는 판단이 있었을지 모르지만, 현실은 일본 육군 통제파의 의도대로 진행되지 않았다. 일본이 중일전쟁을 개시할 때 크게 고려하지 못한 변수 중 하나는 역설적으로 중국공산당이었다(이승휘, 1989; 손준식, 2019). 이렇게 보면, 단절로서의 근대 담론의 형성과 전환이 현실 제도와 정치의 변화와 어떻게 맞물려 변화했는지를 좀 더 다른 시각에서 이해해 볼 수 있을 것이다.

이상에서 간략히 검토하면서 알 수 있었듯이, 일본의 20세기 국가형성과 대외팽창에는 중국변수가 매우 중요하게 작용했다고 할 수 있는데, 이를 두 시기로 나누어 특징을 대비해보면 다음과 같다.

---

6 이 쟁점은 중국 혁명사의 해석과도 관련되는데, 중국의 20세기 현대사를 관통하는 핵심 서술 중 하나는 반식민지·반봉건 사회로서 관료자본주의론이었고, 이에 기반해 마오쩌둥의 신민주주의 혁명론이 수립되었다. 지난 20여 년 간 중국역사학계는 이 테제에 대한 수정주의적 해석을 제기해왔고 이는 '관료자본'을 '국가자본'으로 재명명해 현재적 긍정성을 부여하려는 방향으로 진행되고 있다(백승욱, 2019a). 여기서도 쟁점은 일면적 비교를 넘어서는 지역적 변동에 대한 인식의 필요성이다.

1) 일본본토에서 남아시아까지 이어지는 자유무역 제국주의가 구상된 시기: 분열된 중국, 유럽 국가간체계 영향의 미약한 확장, 국가간체계의 동아시아 하위체계가 아직 불충분하게 작동하고 있으며. 러시아가 일본의 유일한 유럽의 위협이고, 여타 유럽의 우호적 협조가 가능한 시기(베르너, 2009; 스기하라 카오루, 2002; 사사다 히로노리, 2014).

2) 일본 제국주의의 좀 더 영토주의적 팽창과 총력전 체제에 의존한 시기: 중국 통일이 본격화, 국가간체계의 영향력 속에 동아시아가 좀더 확실히 편입되고, 국가간체계의 동아시아 하위체계의 동학의 성격이 분명해진 시기. 미국과 소련이 일본의 잠재적 위협으로 분명하게 부상하고. 일본의 본격적 영토주의적 팽창이 분명해지지만, 중국의 식민화가 실질적으로 불가능함이 판명나는 시기(가토 요코, 2012; 요시다 유타카, 2012).

이렇게 보면, 1930년대 일본이 외연적인 영토팽창을 통해 위기를 돌파하려한 데 비해, 중국은 영토 통일을 통해 내포적 확장의 길로 나가면서 양자의 분기가 두드러지는 동시에 충돌이 벌어지는 역사적 맥락을 이해해 볼 수 있다. 이렇게 해서 두 개의 '단절적 혁명 담론'은 상호참조적으로 출현하면서도 분기하였다. 이 시기 중국은 일본만큼이나 '전시통제경제'가 두드러졌고, 그것이 '장제스 독재'를 초래하였지만, 그 귀결은 국가독점자본주의적이긴 하지만 외연적 영토팽창으로 나타나지는 않았다. 중국으로서는 분할된 과거 영토의 부분적 통일, 그리고 그것을 운영할 민족경제 건설이 우선적 과제였기 때문이다. 장제스가 항일보다 공산당에 대한 초공전을 계속 우위에 두었던 것은 정치적 고려만은 아니었다고 할 수 있을 것이다. 단절의 근대 담론은 단절의 서사를 유지하면서도 언제든 보수적 통치성의 길로 전환될 수 있었다.

중국의 '단절 담론'이 5·4운동을 계기로 급진화하고 또한 그 귀결로 두 가지 경로로 분화함에 비해, 일본의 경우에 모호한 출발점을 보인 '단절의 근대' 담론은 내용을 갖추어가는 과정에서 더 보수적 경로를 걷고 내적 분기의 가능성은 더 봉쇄되었다고 할 수 있다. 중국 신해혁명에서 5·4운동으로 가는 과정에서 '군벌체제' 의존으로부터 민중에 대한 의존으로 전환이 발생하였다면, 이 신해혁명의 영향을 역으로 받은 다이쇼 데모크라시 시기 일본에서도 유사한 전환이 관찰된다고 할 수 있다(나리타 류이치, 2011). 이렇게 등장한 서로 다른 '단절의 근대 담론'은 '회귀하는 출발점 담론'을 이루게 된다는 점에서 중요한데, 그에 대한 더 비판적 도전과 그에 대한 더 극우-팽창주의적 지향 사이의 대립조차 일정한 자장 속에 가두는 향후의 논의에 '단절적 담론의 출발점' 효과를 낳게 된다.

이 두 경로 사이에서 당시 한국은 독자적인 단절의 담론구성체를 형성시키기 매우 힘든 상황이었다. 식민지라는 조건 때문에 일본의 제국형성을 통한 '국민형성'의 하위 범주화가 진행되고, 여기서는 단절의 역사적 시기구분과 그에 수반하는 대립하는 둘 이상의 내적으로 서로 대립하는 집단의 구도에 기반한 단절의 담론구성체가 형성되기 어렵고, 분절된 저항의 담론들이 단지 병렬될 수밖에 없었다. 이렇게 보았을 때, 우리는 20세기 동아시아의 상황에서 '혁명적 담론 구성체'의 등장 과정을 단지 '서구적 근대'를 이식한 방식과는 상이하게, 서구적 근대를 참조하면서도 그 '근대적 단절'의 의미를 토착화하기 위한 시도이자 그 담론에 기반해 고유한 정치·경제적 제도를 만들어 내는 시도로 해석해 볼 수 있다.

2) 단절의 담론구성체

이 논점을 조금 더 분명하게 하기 위해, 푸코의 주권권력의 위기 하에 등장한 '인종투쟁' 담론구성체라는 관점을 빌어올 수 있다. 뒤에서 다시 설

명하겠지만, 일차적으로 이 단절의 담론구성체가 형성된 조건 하에서 이
차적으로 그 내용을 둘러싼 헤게모니-이데올로기 투쟁의 분기가 발생
한다고 볼 수 있기 때문이다. 푸코의 논의는 이 '단절'의 담론의 방향성
을 묻기 이전에, 주권권력으로부터의 단절을 시도하는 담론구성체가 어
떻게 형성되고 여기에 무엇이 담기는지 잘 보여준다는 이점이 있다. 푸
코는 주권권력의 위기가 새로운 주권의 회복으로 해결되지 못하는 '근대
정치체제' 위기의 특성을 '인종투쟁' 또는 '인종전쟁'의 등장으로 개념화
하고 이를 "서로 동거함에도 불구하고 특권, 관습, 권리들, 부의 분배와
권력의 행사방식에서 기인하는 차이, 비대칭, 장벽 때문에 서로 뒤섞이
지 못한 두 집단이 있을 때 두 인종이 존재한다고 말해지는 것입니다"(푸
코, 2015: 102)라고 말한다. 여기서 '인종'이란 군주 대 신민의 이분법으로
구획되지 못하는 갈등상황의 출현을 말한다. 이를 '근대'라는 담론이 스
스로 이분법적 단절의 담론을 계속 재생산하면서 근대정치를 출현시키
는 방식을 보여주는 것으로 해석할 수 있다. 푸코의 사고를 잘 보여주는
구절을 인용해 보자.

> 이제 **인종투쟁** 담론이 보여줄 것은, 바로 고전기로 간주되게 될 어떤
> 것을 다른 세계로 밀쳐내버릴 종류의 **단절**입니다... 이런 한에서, 인종
> 전쟁 담론의 출현을 유럽의 의식, 실천, 정치 그 자체에 있어서 시간
> 의 완전히 다른 조직화라고 규정할 수 있습니다... 저는 이 인종투쟁
> 담론이 당연히 전면적이고 총체적으로 피억압자에게만 속해 있으며,
> 적어도 그 기원에 있어서는 본질적으로 예속된 자들의 담론, 인민의
> 담론, 인민이 요구하는 말한 역사라고 생각하는 것은 잘못이라고 강
> 조하고 싶습니다... 이 '인종'이라는 말 자체는 하나의 안정된 생물학
> 적 의미로 고정되지 않았다는 점입니다... **혁명**이라는 이념은 그 기원

에서나 내용에서나 결국 강력한 수수께끼 같은 것입니다만, 이런 대
항역사의 실천의 출현과 존재로부터 분리될 수 없다고 저는 생각합니
다... 이렇게 혁명적 유형의 대항역사가 형성되던 바로 그 순간에 또
다른 대항역사가 형성되고 있었습니다. 그러나 이때의 대항역사는 이
담론 속에 늘 현존했던 역사적 차원을 생물학적·의학적 관점 속에서
말살하는 한에서의 대항역사였죠. 이로써 바로 **인종주의**가 될 어떤
것이 등장합니다... 인종투쟁의 담론이 혁명의 담론으로 변형됐던 그
순간에, 인종주의는 인종투쟁의 담론이라는 동일한 뿌리에서 출발해
다른 방향으로 역전된 혁명적 사상·기획·예언이었습니다. 인종주의
는 말 그대로 혁명적 담론입니다만, 뒤집힌 형태로 그러합니다.(푸코,
2015: 100-107. 강조-인용자)

푸코의 이 분석 전략이 중요한 이유는 이 전략이 대부분의 마르크
스주의적 접근보다 마르크스적 분석구도의 요체를 훨씬 잘 드러내줄 수
있기 때문이다. 푸코는 『광기의 역사』 이후의 자신의 작업이 마르크스주
의자와의 대화 시도라는 뉘앙스를 담아 이야기를 하기도 했다(푸코·돗치
오 뜨롬바도리, 2004: 78-82). 이런 푸코의 입장을 여러 가지 의미로 해석할
수 있는데, 유럽의 근대 세계체계 형성과정에서 관찰되는 '총체화 효과'
와 '전지구성(globality)'이 작동하는 체계를 마르크스가 '세계경제'의 관
점에서 분석했다면 푸코는 그것을 '국가간체계'의 관점에서 분석한 것으
로 보완적으로 이해하는 것이 지금 논점과 관련해 의미가 있을 것이다
(백승욱, 2019b). 푸코의 모든 분석이 그렇듯, 이 담론구성체의 등장 또한
유럽적 근대와 관련된 것이지만, 앞서 우리는 19세기말~20세기초 동아
시아 지역의 독특성을 살펴보면서 왜 이 지역이 또한 단절적 근대 담론
의 '자생적' 발원지가 될 수 있는지 맥락을 이해해 본 바 있기 때문에 이

분석 전략을 동아시아로 가져와 적용해 볼 수 있을 것이다. 근대 세계체계의 '국가간체계' 질서에 들어설 때 '전지구성'의 효과는 상이한 지역에 상이한 방식으로 이 '단절의 인종투쟁 담론구성체'를 출현시킬 수 있기 때문이다.

이 독특한 동아시아 20세기초 상황에서 근대(현대) 담론이 어떻게 문제가 되는지 살펴보자. 이 '담론 구성체'를 강조하는 이유는, 이것이 그 전까지 사회 최상부 엘리트에게 좁게 한정되어 있던 담론 정치(담론의 주도권을 완전히 독점적으로 장악하여 현실 제도에 대한 통제력을 행사하기 때문에 피통치 대중과 관련해서는 사실 담론정치는 불가능함)의 영역을 개방해, 불가피하게 민중을 담론 속에 담아내야 하는 정치로 이행하기 때문이다. 푸코는 이를 주권권력의 위기와 그에 대한 대응 경로의 분기로 설명하고 그로부터 주권권력의 중심이 부재하는 권력의 통치술로서 새로운 규율권력과 통치성의 형성을 설명한 바 있다(푸코, 2011; 2015). 바로 이렇게 등장한 새로운 '근대적' 담론 구성체가 헤게모니 투쟁(안토니오 그람시)과 이데올로기 투쟁(루이 알튀세르)이 전개되는 대립의 장소이자 소재가 된다고 해석할 수 있다. 시간적·구조적·인종적으로 '우리'와 '저들'을 구획하는 '단절'이 필수적으로 요구되는 이 담론 구성체의 등장 없이 근대정치 공간의 이데올로기-헤게모니 투쟁은 성립되기 어려울 것이기 때문이다.[7]

좀 더 세부적으로 살펴보면 이 단절의 혁명 담론의 출현에 동반해 동아시아 상황에서는 아래와 같은 구획의 요소들이 형성되며, 이는 세계

---

[7] 이 과정이 전지구적인 자본주의 세계체계로의 편입과정에서 국가간체계의 동아시아 하위체계에서 지역적으로 발현된 특성이라는 관점을 다시 확인해 둘 필요가 있다. 인식의 필요성이다.

사에 대한 '동조화'와 '독특성'을 동시에 보여준다.

① 과거와 현재의 시대를 구획하는 '단절'의 서사. 이는 과정의 피드백의 출발점으로 작동하여, '혁명 운동'과 '민중과 민족의 구성'에서 누가 우리인지를 계속 구획해간다.

② 그와 함께 진행하는 '우리'로서의 '민족'의 구성. 이 '민족' 담론은 내부적 이질성이 중요해지는데, 그 구성요소가 과거와 연속성을 지니더라도 구성 원리는 달라져야 한다. 그것은 다시 과거와 단절의 선을 정당화하는 것이어야 하기 때문이다. 과거와 현재의 사회성격을 둘러싼 논쟁이 지속되는 이유도 이와 연관된다.

③ 민족의 구성의 중심으로서 '민중': 국민되기의 경우도 그렇지만 항의 주체들의 경우도 이질성이 두드러지는데(1910년대 일본의 '단나슈'와 '하층민', 그리고 중국혁명기 회당과 노동자·농민, 그리고 국민당과 공산당 등), 이를 재구성된 '민족'으로 묶는 방식은 '권리들', 즉 과거에 없던 것들을 '우리' 안에 포함되는 사람들의 어떤 권리로 만들어내는 것이 되고, 그 자체가 체제 논쟁이 된다. 중국에서는 신민주주의의 핵심으로 토지개혁이 중요한 쟁점으로 등장하며, 일본에서는 다이쇼 데모크라시의 선거권 확대와 정당내각 체제의 형성이 '국민'의 포섭 전략으로 중요하게 등장한다. 푸코의 표현을 빌자면 그 '혁명'의 담론에서 벌어지는 대립이 '인종주의'로 귀결될 것인지가 통치성의 쟁점이 될 것이다.

④ 생활의 방식에 대한 근본적 전환의 질문: 이는 문명 또는 문화의 질문으로 제기되는데(신문화운동. 문명개화론과 민족문화론으로 이어지는), 이는 언어의 '번역'과 '문화 창신'이라는 작업을 동반한다. '서구'는 자명하게 수용될 수 있는 대상이 아니며, 자신의 맥락 하에서 '번역' 되어야 한다. 학문적 번역, 시찰단, 번역통일 기구의 수립, 교육의 제도화 등이 수반되고, 이로부터 그 '신문화'의 공유자와 반대자를 다시 위에서 언급한

'민족'과 '민중'의 범주의 재확인을 통해 구분하는 반복작업이 수행되며, 이를 새로운 문화로 착근하고자 한다. 그러기 위해서는 이것이 '대중적 문화' 또는 '대중적 무의식'이 되어야 하는 '사상운동'의 측면을 지니는데, 이 때문에 단절의 '담론구성체'가 형성되었는지의 여부가 중요하다. 되돌릴 수 없는 불귀의 점이 무엇인지를 전제한 상태에서 '근대'의 의미를 둘러싼 새로운 논쟁이 전개되는 것으로 보아야 하기 때문이다.

이렇게 본다면 한국에서는 3·1운동의 결과로 등장한 '3·1운동 패러다임'이라고 부를 만한 것의 문제가 분명해지는데, 이 패러다임은 '우리'의 경계를 한민족과 이를 탄압하는 일본 제국주의로 구획하는 대신, 우리 내부에서는 역사의 '단절'보다는 '연속'의 상상을 반복적으로 만들어내는 기능을 한다. 이 패러다임은 강렬한 전투성을 지닐 수 있지만, 그 전투성이 위정척사론에서 출발한 한말 의병의 전투성으로부터 전진해 얼마나 '사상적'으로 단절했는가의 문제를 남긴다. 위에서 검토한 네 가지 잠정적 기준에 비추어보면, 3·1운동은 이 단절의 담론 구성체가 형성되는 계기로서 중요했으나, 동시에 '3·1운동 패러다임'의 지배 하에 그 시도가 추진되면서 단절은 다시 연속성에 의해 무화될 수 있다. 민족은 연속성의 틀에 의존해 상상되고, 그 '민족' 내에서 사회성격 전환에 대한 논쟁과 민중의 갈등적 구성은 보류되며, 문명-문화적 질문은 단절과 연속 사이를 배회하게 된다.

4. 5·4운동과 3·1운동: 사상사적 전환의 역사적 차이

1) 5·4와 3·1의 연관성

3·1운동 전후의 한국에시 '단절의 혁명담론'의 상황을 이해하기 위해

이 절에서는 같은 시기 중국에서 전개된 5·4운동을 전후한 사상 조건을 살펴보고 그로부터 한국 상황에 대한 함의를 끌어내보려 한다. 1919년 연이어 벌어진 3·1운동과 5·4운동은 많이 비교된다. 3·1운동에 대한 중국인들의 반응을 포함해 3·1운동이 5·4에 영향을 주었는지에 대해 국내에서 적지 않은 논의가 있었다. 논점은 이 두 운동을 '반제국주의 민족운동'의 공통지점에서 이해하고서, '3·1 → 5·4'로의 인과성을 찾고자 하는 것이었다. '3·1운동의 세계사적 의의'라는 논의가 요점을 잘 보여준다. 대표적으로 신용하는 3·1운동이 "중국의 5·4운동의 발발에 큰 영향을 끼쳤"으며, "인도에서는 3·1운동에 고취되고 그 영향으로 국민회의파의 비폭력 독립 운동이 급속히 고조되었"고, "3·1운동의 영향은 당시의 인도지나반도와 필리핀과 아랍의 일부 지역에까지 파급되어 이 지역의 독립 운동에도 영향을 끼쳤"고 말한다(신용하, 1986: 368-382). 이런 관점은 2천년대 이후의 국사편찬위원회의 공식 역사서술에도 확인되어, "한국의 비무장 민중에 의한 3·1운동은 세계 피압박 민족에게는 새로운 자극과 용기를 주어 이후 중국의 5·4운동, 인도와 이집트·인도차이나·필리핀의 독립운동에도 커다란 각성과 영향을 주었"고 서술하고 있다(국사편찬위원회, 2003: 411).

그러나 이에 대해 최근 한승훈은 이 논의가 사료적으로 뒷받침되기 어렵다고 보면서, "학계에서는 시간적 순서라는 단순한 논리로 무장한 '3·1운동의 세계사적 의의'의 논리적 취약성을 제기하였지만 '3·1운동의 세계사적 의의'가 교과서 본문에 서술되는 상황을 막을 수 없었"다고 비판한다. 1979년 토론회와 1989년 토론회에서 시간의 선후를 역사인과성으로 오해하는 것은 잘못이라는 논지의 반론이 분명히 제기되었음에도 '세계사적 의의'의 주장이 공식 역사서술에 계속 들어가고 있다는 것이다(한승훈, 2018: 229-233).

이 '3·1운동의 세계사적 의의' 테제에 대해서는 한국에 초청되어 논문을 발표한 중국학자들도 유보적인 분석을 내어놓았는데, 3·1운동 소식이 5·4운동 과정에서 중국 인민에 대한 '계몽'과 '선전'으로서 의미가 있었고, 그 과정에서 두 운동 사이의 유사한 특징이 발견된다는 서술 이상의 견해를 제시하지 않았음을 알 수 있다(강수옥, 2016; 육가평, 2000; 宋成有, 2000; 李恭忠, 2018). 베이징 대학의 쏭청여우는 "3·1운동은 5·4운동정신영향의 원인 중 하나이다. 다시 말해서... **5·4운동... 중 중요한 요인이지 결코 유일한 요인은 아니다**"(宋成有, 2000: 104)라고 분명하게 말한다. 이 과도한 인과성 연결에 대해서는 오히려 반대의 인과성에 대한 강조가 비판으로 제기될 수 있다. 임형택은 3·1운동 90주년을 맞아 다음과 같이 말한다.

> 중국은 5·4 이전에 이미 1915년부터 신문화운동으로 힘차게 진군했던 데 비해 한국에선 3·1 이전에는 사상문화의 개조를 위한 움직임이 크게 포착되지 않고 있다. 3·1 운동으로 촉발되어 문화운동이 일어난 그런 형세였다. 3·1 이후의 신문화운동 또한 상대적으로 중국보다 역동성이 떨어져 보인다. 중국만큼 사상투쟁이 격렬하지 못했고 따라서 신문학운동은 사회적 관심을 폭넓게 불러일으키지 못했다(임형택, 2009: 36).

1910년대에 한국에서는 대립전선이 오히려 분명하지 않고 조급증세와 망각증세가 더 두드러졌다는 비판이다(임형택, 2009: 42).

5·4와 3·1의 관련성을 좀 더 살펴보려면, 1919년을 전후한 시기에 대한 두 가지 논점이 좀 더 설명되어야 할 것이다. 첫째는 1910년대 중국에서 활동하던 한국의 지식인 활동가들 사이에 신해혁명의 충격이 매

우 컸으며, 이로부터 '공화주의'로의 전환이 도모되고 있었다는 점이다 (권보드래, 2015: 62; 국사편찬위원회, 2003: 12). 그뿐 아니라 신해혁명은 메이지유신을 거치며 동아시아의 선두주자로 앞서가고 있다고 생각한 일본에도 역으로 영향을 끼쳤고(권보드래, 2015: 62-65; 나리타 류이치, 2011: 62-63; 한정선, 2013), 이는 다시 도일 한국 지식인들에게 영향을 끼쳤다(국사편찬위원회, 2003: 276-298). 영향관계는 상호적으로 복잡한 것이었다.

둘째, 19세기의 아편전쟁에서 20세기 초 신해혁명기까지 중국의 '반제국주의'의 초점은 주로 유럽제국주의에 대한 반대였고 일본은 오히려 신속한 근대건설을 위한 모방대상이었다. 1차대전과 파리평화회의를 계기로(일본의 산둥출병과 22개조 요구) 반제국주의를 통한 민족형성의 주 타겟이 일본으로 전환하게 되었는데, 아래서 다시 이야기하겠지만 여기서 쑨원의 '삼민주의' 중 '민족'의 형성의 의미가 부각되고 중국인에 대한 3·1운동의 '계몽적 효과'가 중요해진다(원인은 아니었더라도).

2) 민권 논의의 심도: '삼민주의'를 비교점으로 한 검토

5·4운동과 3·1운동의 차이를 잘 보여주는 것은 그 운동의 성과를 귀결시키는 정치적 지향성이다. 5·4운동의 귀결을 잘 보여주는 것이 쑨원의 『삼민주의』, 그리고 그에 기반한 국민당의 '개조(改組)'이다. 『삼민주의』는 쑨원 사망 한 해 전, 그리고 역사적인 '국공합작'이 수립되던 1924년의 강의록이다. 쑨원의 삼민주의는 1911년 신해혁명의 사상적 기반이지만, 러시아혁명의 성공과 중국 공산당 영향력 증가 이후 저술된 이 『삼민주의』는 '연소(聯蘇)', '연공(聯共)', '농공부조(農工扶助)'가 핵심 강령으로 포함되어 '신삼민주의'라고 지칭될 만큼 앞선 사상의 급진화라 할 수 있다. 사상사적으로 이 급진화는 중요한데, 앞선 신해혁명 시기의 쑨원의 구상이 민중은 배제한 채, 군사세력(군벌), 신정(新政)세력, 회당(會堂),

열강 등의 힘을 적절히 결합·활용해 혁명을 구상한 것이라면, 5·4를 계기로 삼민주의가 급진화하면서 쑨원이 민중적 지향성을 갖게 되고, 이로부터 국민당의 '개진(改進)', '개조(改組)'의 방향이 잡히고 이를 통해 국민당 좌우파와 공산당을 결합하고 대중운동을 바탕으로 삼는 국가건설론이 나오기 때문이다(나현수, 1989; 민두기, 1989; 1994). 신해혁명에 이어 5·4를 거치면서 쑨원에게는 5·4를 가능하게 했던 세계정세에 대한 '사상적 동조화'가 분명해지고, 이것이 사상의 급진화를 동반한 '중국화'로 나타나게 된다. 민두기는 "1903년에서 1913년에 이르는 공화혁명 과정이 공화제의 외형 건설을 위한 제1차혁명이라면 민주화를 목표로 한 5·4운동은 그 내실을 찾는 제2차혁명이었던 것이다"라고 규정한 바 있다(민두기, 1994: 301). 쑨원 중심 혁명파는 신해혁명 단계에서는 혁명이 나가야 할 역사적 지향성을 찾지 못하고 있었고, 이는 5·4운동을 겪으며 '민중'적 '사상'을 발견하고 사회주의적 지향에 대한 관심이 커지면서 해결되고 쑨원은 상징적 대표성을 얻게 되었다는 것이다(민두기, 1989: 109-113). 이처럼 신해혁명에서 5·4로 이어지는 급진화 과정에 주목하면서, 삼민주의의 세 구호를 통해 그 급진화의 지향성을 검토해 보자(쑨원, 2000).

첫째, '민족'. 쑨원은 중국 기존 정치구도에는 한편에서 천하(天下), 그리고 다른 한편에서 가족(家族)과 종족(宗族)만 있고 그 사이에 '민족'(民族)의 자리가 없었다고 보고 그 자리를 마련하고자 한다. 천하, 가족, 종족을 대체하는 민족을 개인을 중심으로 세운다는 구상이 아니라는 점이 여기서 핵심이며, 또 여기서 민족의 핵심 구호인 '반 만주족'(신해혁명기에는 '驅除猺虜'라고 표현한) 구호는 민족담론에 연속성이 아닌 강한 단절의 요소로 작동하고 있다는 점에 주목할 필요가 있다.

둘째, 민권. 민권주의의 요체는 '서구의 혁명 이후'라는 점이다. 쑨원은 민권주의의 참조점으로 영국혁명, 미국혁명, 프랑스혁명, 러시아혁명을 검토하고 또 비스마르크의 '수동혁명'도 참조한 이후, 이 모든 혁명 이후 사상으로서 '민권'을 제기한다. 이 민권 관념은 '민본'이라는 오래 된 전통 위에서 출발하지만 쑨원은 동시대적 변화의 물결에 올라타 그 것을 현대화하고자 하는데, 그 현대화하는 방향성은 왜 모든 혁명은 실 패했으며, 중국 혁명은 어떻게 일보 전진할 수 있는가라는 질문 위에서 제시된다.

셋째, 민생. 쑨원은 단적으로 이렇게 말한다.

> 민생주의라고 하는 것은 곧 사회주의를 의미하는 것으로 또한 공산주 의라고도 불리워지며 이것은 곧 대동주의인 것입니다....나는 오늘 공 산주의와 민생주의의 구별을 언급함에 있어 공산주의란 민생주의의 이상이며, 민생주의란 공산주의의 실행이라고 말해도 문제 없으리라 생각합니다. 따라서 두 주의에는 큰 구별이 없는 것입니다. 여기서 구 별할 필요가 있는 것은 그 방법에 관한 것입니다(쑨원, 2000: 283, 321).

공산주의를 포용하는 민생 담론은 국민당 개조의 핵심 사상이 되며, 쑨원이 국공합작을 제안한 것은 단지 정세적 편의를 위한 전술적 조치 만은 아니었다.

마오쩌둥은 1930년대 후반 제2차국공합작 시기 '신민주주의론'을 제기하며 스스로를 신삼민주의자로 자처한다. 이는 근거가 없는 것이 아 니며, 마오쩌둥의 신민주주의 혁명론은 이후 '반제·반봉건·반관료자본' 혁명으로 제시된다(마오쩌둥, 2008). 자세히 보면 여기서 우리는 민족=반 제, 민권=반봉건, 민생=반관료자본으로 연결되는 등식관계를 발견할 수 있다. 쑨원의 급진화는 이후 국민당과 공산당의 분기뿐 아니라 국민당 내의 분기를 촉발하고 내전의 상황을 복잡화하는 사상적 기초로 작동한다. 그런 점에서 이는 '단절'을 '근대'의 사실로 기정사실화하고, 그 단절의 내용을 채우고 대립선을 구획하는 것을 둘러싼 대립의 길을 개방하는 담론이라고 할 수 있다.

쑨원의 이런 혁명 구상이 중요한 이유는, 쑨원은 "다른 세계에서 온 방문자, 혹은 옛 질서를 파괴하고 새로운 질서를 창조하는 트릭스터가 출현한 것과도 같았다"(후카마치 히데오, 2018: 151)고 할 만큼 자기 고유의 세력을 갖지 않은 지도자로서 정치적 목적을 관철하기 위해 회당, 군벌, 외세, 민중운동을 활용하다가, 5·4 이후 급진화하면서 본격적으로 민중운동과 결합한 정치조직을 결성하고 거기에 사상적 힘을 부여하는 동시에 조직적 역량도 집중시켰다는 사실 때문이다. 신해혁명기에 쑨원은 고유한 자기 조직을 가지지 못했고(동맹회 시기조차), 1912년 송쟈오런(宋敎仁)이 설립한 국민당도 사실 쑨원이 중심에 선 조직은 아니었다. 그렇지만 5·4운동을 계기로 쑨원은 코민테른의 도움을 받아 국민당을 자기 방식으로 '개진'하고 '개조'하고, 쑨원 자신이 직접 영향력을 행사할 수 있는 '국민당 좌파 세력' 중심으로 이 과정을 주도한다(김형종, 1989: 139; 나현수, 1989: 60-61).

국민당 개조의 요체는 군벌로 대표되는 국민당 우파(리종런, 옌시산, 펑위샹 등)와 일본 유학 지식인들로 대표되는 국민당 좌파(왕징웨이, 후한민, 랴오중카이, 주즈신, 그리고 이 시기에는 장제스까지), 그리고 거기에 공산당까지 통합한 정세적 결합체를 구성하는 것이었다. 이는 쑨원이 중심이 되어 권력을 잡기 위해 나머지를 숙정하는 모델(장제스가 채택한)이라기보다는, 쑨원이 '이념'으로서 '삼민주의'를 실행하기 위해 계속 상이한 정치세력의 이합집산을 추동해가는 모델이었다고 할 수 있다. 이런 상황은 신중국 성립 이전까지 중국공산당의 경우에도 유사하게 존재했다고 할 수 있다.

3) 3·1운동의 사상사적 전환?

3·1운동을 5·4운동과 비교해보려면, 우선 그 '공화주의적 전환'을 간략히 살펴볼 필요가 있다. 3·1운동이 복벽주의가 불가하고 민주공화제로 나아갈 수밖에 없게 된 계기였다고 하더라도, 민주공화제 구상의 구체적 내용이 갖추어지지는 않은 상태였다(김동택, 2009: 518; 국사편찬위원회, 2003). 물론 3·1운동 이후에도 복벽주의가 한동안 지속되었던 만큼(박현모, 2007), 당시의 '공화주의 합의'의 의미가 가벼운 것은 아니었다.

이 공화주의 방향은 1919년 4월 11일 상해 임시정부가 제정한 〈대한민국 임시헌장〉에 나타나며, 이 〈임시헌장〉은 조소앙의 사상(이후 '삼균주의'로 체계화 되는)에 바탕하고 있다는 것은 잘 알려져있다(서희경, 2010: 190; 신용하, 2005). 그렇지만 이 시기의 논의에서 공화제 사상은 아직 ① 추상적이고 소략하며, ②조문의 당위성으로만 삽입되어 있고 이념의 전반 구상과 관련성은 취약하고, ③동시대 세계적 흐름과의 관계가 분명히 나타나지 않고 있고, ④한국사회의 앞선 시대와 단절의 함의가 무엇인지도 분명하지 않다. 물론 짧은 준비기간을 거쳐 등장한 것이다 보니 내용이 소략할 수밖에 없겠고 그 내용이 좀 더 체계화하는 것은 1941년 〈대한민국 건국강령〉의 시기이겠지만,[8] 이 모호한 상황이 3·1운동 직후의 운동과 사상의 모호함을 반영해 주고 있다고 할 수 있다.[9]

---

[8] 1941년 시기에 조소앙의 '삼균주의'는 내용이 더 풍성해지고, 좌우 합작 통일을 시도하면서 토지와 대규모 생산설비의 국유화 강령도 포함되며, 이 과정에 쑨원의 삼민주의에 대한 일정한 참조도 있는 것으로 평가될 수 있는데, 이는 민족주의와 사회주의 세력의 '통일과 연합'의 정책 강령이었기 때문이라고 할 수 있다(신용하, 2005).

[9] 조소앙은 성균관 재학 중 국비유학생으로 선발되어 일본의 메이지대학에 유학을 하게 되는데, 이 시기 한국 유학생의 대표로서 중국 유학생 및 일본의 진보

5·4를 3·1과 비교하는 이유는 비슷한 정세 조건 하에 전개되는 상이한 사회운동 경로의 차이를 찾아보기 위해서이다. 1차대선 종결의 방식과 민족자결주의의 부상, 그리고 러시아혁명 등 국제적 조건들이 공통적으로 3·1운동과 5·4운동에 준 영향은 중요하다. 그렇지만 그에 못지않게 중요한 점은 3·1운동과 5·4운동이 전개되는 방식의 차이이다. 이는 단지 식민지와 '반식민지'라는 차이로만 귀결되는 것은 아닐 것이다. 혁명적 세계의 흐름에 대한 '동조화'에서 차이가 관찰된다고 할 수 있는데, 몇 가지 두드러지는 차이점들을 열거해 보자.

첫째, 5·4는 그에 앞선 신해혁명의 후속 혁명의 성격을 지닌다. 그런 점에서 1903년부터 1919년까지를 연속된 한 과정으로서 '공화혁명' 시기로 규정하는 것이 타당하다(민두기, 1994). 더 확장해서 이를 신해혁명의 모호함이 신민주주의로서 나가는 신삼민주의 형성을 통해 해결되고 구체화하는 과정으로 볼 수도 있다. 그에 비해 3·1운동은 그에 앞선 신해혁명에 해당하는 사건이 없었고 그에 후속하는 신민주주의 성립과 정도 취약했다. 이 차이는 그 운동이 지향하는 목표 또는 '이념'의 차이에서도 확인된다.

둘째, 3·1운동의 질문이 집중적으로 '민족'을 향해 있었고 그 '민족'이 연속성에 기반해 규정되었다면, 5·4운동은 '민족'(그러나 과거와 단절된 '민족')과 동시에, 또는 그 민족이 어떤 민족인가의 내용으로서 '민권'과

적 인사들과 교류를 주도하게 된다(김기승, 2003: 66-72). 당시 중국 유학생 대표가 다이지타오(戴季陶)였기 때문에, 조소앙이 이후 상하이에서 활동하던 시기 국민당의 좌파인사들과 교류가 많았을 것으로 추측되지만, 삼균주의가 삼민주의로부터 직접 영향을 받았다는 증거는 없으며, 오히려 그가 유럽 방문시 참석한 제2인터내셔널의 사민주의의 영향을 받았을 것이라는 추정이 많다(배경한, 2007: 223-226).

‘민생’을 향한 급진화가 두드러지게 나타난다. 5·4운동을 사상사적 전환으로 보고, 쑨원의 『삼민주의』가 이 전환의 계기를 상징하는 것은 이 때문이다.

셋째, 5·4운동의 핵심적 결과는 몰락한 국가를 대신해 새로운 ‘근대적 국가’를 건설하고자 하는 두 개의 분명한 정치세력이 형성되고 둘 다 ‘黨國’이라는 주창 하에 경쟁적 정치세력을 구성하면서 분기하기 시작했다는 점이다. 국민당이 대중정당으로 재편성되고 1921년 공산당이 건설되었으며, 양자는 혁명에 성공한 러시아와 그 지도를 받는 코민테른의 영향 하에 경합하는 동시에 한 조직으로 합치기도 했다. 이는 단지 정치적 경쟁세력이 형성되었다는 의미만이 아니라, 혁명에 대한 분명한 구상이 등장하고 분기하였다는 의미를 지닌다. 3·1운동은 그 결과로 ‘임정’ 및 그 정치세력과 경쟁하는 해외의 다수의 정치지향 세력들을 형성하였지만, 그 세력들이 분명히 하나 또는 몇 개의 분명한 정치강령을 지닌 ‘당’으로 집중되는 정치적 수렴점을 지니거나 건국구상과 관련해 수미일관되며 전방향적인 정치관을 수립했다고 보기는 어렵다.

넷째, 5·4운동은 정치세력들의 수렴점이기도 했는데, 1915년 이후 ‘신청년’으로 표상되는, 신학문에 기반한 새로운 정치 지향세력, 신해혁명에 참여한 다양한 군사적 세력, 양무운동 이래 이어지는 ‘중체서용’적 지향의 쇄신된 유가 기반의 근대적 지식인, 전통적 학문에서 출발하면서도 급진화하는 세력 등을 두 개로 분기하면서도 협력하는 당-국의 구도 속에 통합시켰다. 여기서 다시 신해혁명에서 5·4운동까지 이어지는 연결효과 또는 과정으로서의 성격을 확인할 수 있다. 5·4운동의 결과가 5·4운동이 제기한 질문들 속에서 그 질문의 급진화의 직접적 결과라고 한다면, 3·1운동 이후의 정치분화는 다소 ‘외삽적’인 성격을 지니는 것으로 보인다.

5. 3·1운동을 계기로 한 사상사 계보의 형성과 한계

1) 3·1운동 전후의 사상 계보

3·1운동이 독자적인 혁명담론을 구성해내는 데 성공했다고 보기 어렵다할 때, 그 이유를 무엇보다 식민지라는 '엄혹한' 현실 탓으로 돌릴 수도 있을 것이다. 다양한 집단이 국가형성의 구상을 둘러싸고 서로 구분·대립하면서 공통요소도 담는 단절의 담론이 형성되는 경우와 달리, 식민지라는 상황 하에서는 '단절의 근대담론'이 강제로 이식되기 때문에, 그것과 대등한 위상에서 독자적인 단절의 혁명 담론이 형성되기는 매우 힘들다. 그러나 그렇게만 정리해서는 그 이후에도 계속되는 한 세기 동안의 사상사적 취약성 문제에 대답하기 어렵다고 보이고, 그런 불리한 조건 하에서 사상사의 조건에 어떤 문제들이 있었는지로 조금 더 들어가 살펴볼 필요가 있다.

3·1운동은 민족 의식의 부각과 민중의 주체성 출현의 매우 중요한 계기였던 것은 사실이다. 그리고 이를 둘러싼 정치적 입장들의 분화의 출발점이라고 할 수 있으며, 더 이상 복벽주의가 불가능한 시대의 선언이었던 것도 맞을 것이다. 그렇지만 이렇게 부상한 '민족' 안에 '민중'을 어떻게 자리매김할 것인가에 대한 사상적 진전이 과연 얼마나 적극적으로 작동하였으며 그 길에서 유의미한 성과를 낳는가에 대해서는 토론이 필요하다고 보인다. 이에 대해 생각해 보기 위해 우리는 같은 시기 중국에서 삼민주의라는 구상으로 전개된 사상적 전환에 대해 검토해 보았고 일본의 경로도 간략히 살펴보았는데, 3·1운동 전후의 역사에서 우리는 '민권'이 줄곧 모호해지며 그것은 민족 개념에 압도됨을 보게 된다. 그에 대한 반론이 없었다는 의미가 아니라, 민권과 민생에 대한 사상이 유의미한 정치적 담론과 세력으로 형성되기에 장애가 있었음을 알게 된다.

19세기로부터 3·1운동을 거쳐 해방정국까지 이어지는 사상의 흐름은 크게 네 갈래를 찾아 볼 수 있다. 조선조의 지배사상이었으나 쇄신에 성공하지 못한 유학, 동학에서 농민층의 반란의 사상의 기반을 이루어 3·1운동의 가장 중요한 조직 세력을 형성하였지만 이후 주무대에서 밀려난 천도교, 외래사상으로 빠르게 국내에 영향력을 확장한 기독교, 3·1운동 전후 세계적 변화와 맞물려 세력을 확장하였으나 분단의 영향을 가장 크게 입은 사회주의 이렇게 네 가지 갈래이다. 이 네 갈래의 흐름은 서로 연결되기도 하고 다시 갈라지기도 하지만, 어느 곳에서도 확실한 토착적이고 단절적인 혁명담론의 형성에는 실패한 것으로 보인다. 그리고 그 곤경은 1919년을 전후한 짧은 시기의 문제만은 아니었다.

먼저 유교(유림)의 대응을 살펴보자. 동아시아 삼국 중 유가의 몰락은 한국의 사상사에서 가장 두드러지는데, 그 이유는 (특히 전방향적 경세학에서) 쇄신불가능성과 고착화라는 한계를 보이고 자기 쇄신에 실패한 유학의 한계가 두드러지기 때문이다. 이 유학의 한계와 더불어 주목되는 것은 대대적인 사상적 '개종', 즉 기독교로의 전향인데, 이는 동아시아 다른 지역에서는 관찰되지 않는 매우 한국적 특징이며, 그 자체가 '혁명적 담론구성체' 구성의 실패를 보여준다. 중국이나 심지어 일본과 비교하더라도 유가의 몰락과 기독교의 부상은 두드러지는데, 이는 3·1운동 상황에서도 확인된다. 3·1운동 민족대표 33인에도 유림은 포함되지 않았고, 이 시기 유의미한 유림의 활동은 곽종석-김창숙 주도의 파리장서운동과 '친일유림'이라 할 수 있는 김윤식 등의 독립청원 운동 정도에 한정된다(이윤상, 2009: 144-153; 이황직, 2017; 정욱재, 2008). 일부 유림이 한말이후 비타협적 투쟁세력을 형성해 한말부터 3·1운동 시기까지 의병운동의 주체가 되지만, 의병운동의 전통을 형성한 것과 사상적 쇄신이 불가했던 것이 양립 불가능한 것은 아니었다.

이런 상황을 중국과 비교해보면 차이가 두드러지는데, 중국의 근현대 사상사의 핵심적 특징 중 하나는 '유가에 의한 유가의 폐기와 극복 과정'이라고 지칭할 수도 있을 것이다. '국학대사'로 지칭되지만 일본에서 신해혁명의 사상적 기반을 함께 마련해간 장타이옌(장빙린), 중국 과거의 문화를 '식인'의 문화로 비판하고 과거와 현재의 가장 분명한 단절을 획정하면서도 서구에 대해서도 마찬가지의 단절의 요청을 제기한 현대성 논쟁의 중심인 루쉰, '번역'의 중심에 서 있던 옌푸, 신문화운동의 핵심이면서 이 운동을 '마르크스주의의 중국화'로 이끌고자 한 리다자오, 이와는 다르지만 과거와의 단절 속에서 과거의 자원을 다시 가동하려 한 캉어우웨이나 량치차오, 량수밍, 좀 더 서구적 맥락에 서지만 그럼에도 고유한 단절의 입장을 보인 후스까지. '유가에 의한 유가의 폐기와 극복'은 중국 공산당의 혁명사에서도 관찰되는데, '마오쩌둥 사상'을 체계화하는 데 기여한 당내 대표적 이론가이자 '노 선생님' 칭호를 받고 문화대혁명 시기 중앙문혁소조장까지 맡았던 천보다(陳伯達) 또한 이 '유가에 의한 유가의 폐기'를 중국공산당 내에서 가장 잘 보여준 인물이기도 하다(陳曉農, 2005; 백승욱, 2012).

한국에 오면, 19세기에서 20세기 전환기에 유가 스스로 유가를 폐기하기 위한 본격적 사상 쇄신이 없다보니, 유림뿐 아니라 사회운동의 계보가 주로 학맥·인맥과 지연을 중심으로 형성되었는데(윤소영, 2016), 이 계보를 추적해보면 몇 가지 흥미로운 흐름들을 접할 수 있다. 저항과 독립운동에서 가장 부각된 계보는 위정척사파인데, 유인석의 예로 대표되듯이 위정척사파가 의병 형성의 가장 중요한 발원지였음은 잘 알려진 사실이다. 여기서는 유가 자체의 계보를 추적하기보다는, 유가로부터 어떤 전환이 발생할 수 있는지를 보기 위해 대표적인 한두 개의 사례를 뽑아볼 것인데, 특히 유가로부터 사회주의로 연결되는 계보선을 그려보려 한다. 계보도는 역순서로 개략적으로 작성되었다. 주목되는 두 경우 모두 정치적 입장의 전환은 유가의 사상적 전환의 결과로 보기는 어렵다. 한 사례는 이구영으로, 신영복의 감옥 생활에서 만난 스승인 노촌 이구영은 사상 계보의 복잡한 전환을 보여주는 흥미로운 인물이다(신영복, 2004; 이구영, 2002; 이문학회, 2008; 이황직, 2017). 이구영은 해방정국에 사회주의 조직 활동뿐 아니라 유도회에 대립하는 남로당 계열의 유교연맹 조직 활동도 주도하였다. 그가 사회주의자가 된 것은 집안을 자주 찾은 7촌뻘 친척 홍명희, 영창학교의 신교육, 그리고 남로당의 김태준과의 만남 등의 계기가 중요하지만, '가계와 학맥'으로 보자면 그의 유가적 연계는 위정척사파의 유인석으로부터 이어짐을 알 수 있다.

이와 또 다른 공산주의 계열은 '조선의 모스크바'라 지칭된 안동 지역에서 퇴계 후예로부터 등장함을 알 수 있다(류승완, 2010: 107-115). 퇴계 후예 중에서 공산주의자들을 배출하는 서산·척암학파 등의 계열과 달리 한주학파는 만국공법을 받아들이며 국제정세에 적극 대응하는 훨씬 유연한 입장을 보이지만, 이들은 일제하에서는 해방정국에 오면 '보수유림'을 대표하고, '유가에 의한 유가의 폐기'의 길로 나아가지 않는다.

그림 01에서 확인되는 또 다른 흥미로운 점은 북학파에서 출발하는 개화파 계보인데, 이들은 위정척사파와 함께 노론에 뿌리를 두지만 전혀 다른 길을 걷는데, 그럼에도 이들에게서도 '유가에 의한 유가의 폐기'가 발견되기보다는 유가를 기독교로 대체하는 길이 관찰된다고 할 수 있다. 오세창과 같이 문명개화의 지식으로서 천도교로 나아가는 계보도 있다는 점도 지적해 둘 수 있다.

유가가 조선왕조의 몰락과 식민화라는 이중의 위기에 대한 전방향적 돌파를 사상적으로 충분히 이루어내지 못한 공백에서 사회주의적 지향이 등장하기 시작했다. 사회주의적 지향은 당연히 유가의 분화로부터

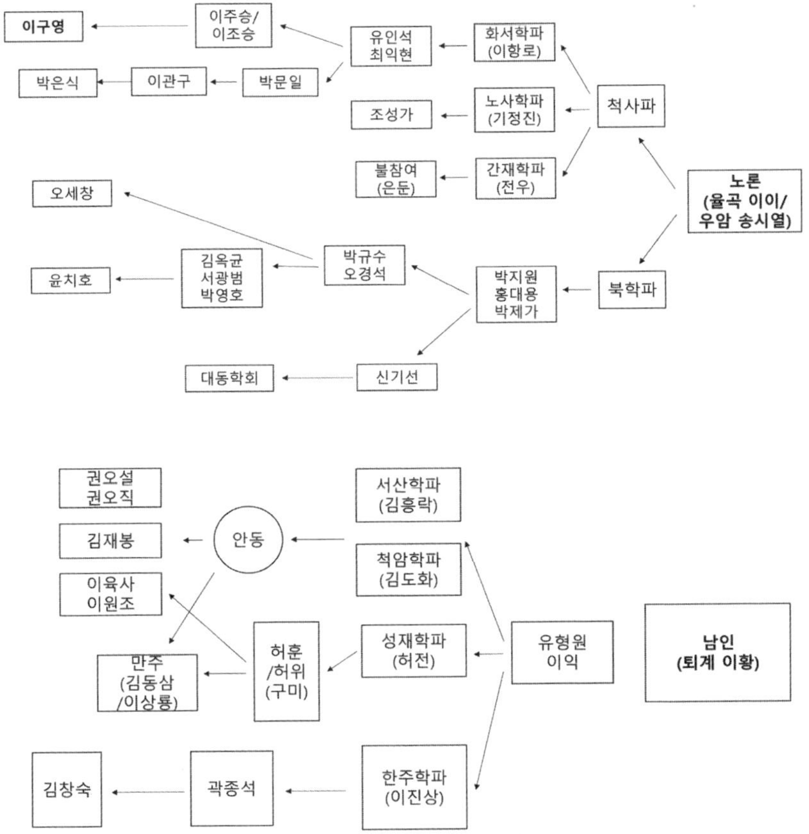

그림 01 한말 유림 분화의 간략 계보

자료: 류승완(2010), 이황직(2017), 정욱재(2008) 등에 의거해 작성

직접 등장한 것은 아니고 다양한 사회적 계층과 사회적 경험을 지닌 맥락 속에서 형성된다. 사회주의 지향의 형성에는 세 가지 외적 계기와 그 지역 거주자들의 영향 중요했다. 러시아혁명의 격동을 곁에서 지켜보며 영향을 받은 연해주와 만주의 거점 세력, 중국 혁명의 영향 속에서 등장한 중국 거점 세력, 일본 유학의 경험을 통해 사회주의를 접한 세력이 그것이다.

사회주의적 지향이 여러 사회층으로부터 형성되었다 해도, 여기서 중요한 것은 이것이 (유가가 실패한) 대중적 '사상운동'으로서 단절의 담론구성체 형성을 주도하고 사상사적 구심점을 형성하였는가 하는 질문이다. 그런데 식민지라는 조건 때문에 사회주의 세력은 1920년대 말까지는 식민지 사회에 착근하지 못하였고, 국내에서는 소수의 급진 지식인 집단으로, 그리고 해외에서는 망명 투쟁조직으로 유지되었다고 할 수 있다. 이재유 지도 하의 경성콤그룹이 대중적 기반을 형성해 활동하기 전까지 사회주의 세력은 실천적인 영향력도 제한적이었다. 경성콤그룹 형성 이후에 실천적 영향은 확대되었지만 코민테른의 영향이 여전히 강대해 중국혁명 과정과만 비교해 보더라도 독자적인 사상적 전환과 사회적 영향력이 충분히 성숙되었다고 보기는 어려웠다. 1925년 조선공산당 건설과 뒤이은 해체, 그리고 경성콤그룹 활동과 해방 후 조선공산당 재건 과정까지 사회주의자들의 조직적 활동의 발전과정을 보면, 논쟁과 이데올로기적 개입을 위한 그 조건으로서 사상적 전환의 담론구성체의 형성에 끼친 영향력은 제한적이었음이 확인된다(안태정, 1997; 전명혁, 1997; 전상숙, 2004; 최규진, 2004).

이런 한계점은 해방 직후 3·1운동에 대한 회고적 평가에서도 확인된다. 해방정국에서 1946년과 1947년 두 차례 연이어 발생한 3·1절 기념식에 대한 분리된 기념활동을 통해서 국가건립 전망에 대한 갈등이 표면위로 떠올랐다(공임순, 2011: 212-219; 김민환, 2000: 137-140; 지수걸, 1989: 14). 이런 배경 하에 1947년 3·1절을 맞아 박헌영은 3·1운동을 '현재적' 관점에서 재평가하는 글을 발표하였다(박헌영, 1947).[10] 3·1운동을

---

10 이 글은 다시 전석담의 1949년 『조선경제사』 마지막 부분에 실린다(전석담, 1949). 두 글은 같은 판본이며, 전석담의 책에 실린 판본에는 당시 정세에

평가하며 주로 부각된 것은 '대표성'과 '당지도'라는 문제였는데, 이 운동을 지도할 계급의 역량이 부족하여 운동이 '자연발생적 대중투쟁'이라는 형태를 취할 수밖에 없었던 것"이라는 평가가 제기되며(전석담, 1949: 315),[11] '3·1혁명'이 실패한 원인은 투쟁할 전위가 없었던 것, 토지개혁의 과제가 제시되지 못한 것, 지도부의 무저항적 투항주의, 국제정세에 대한 주관적 평가 등에서 찾는데 결국 가장 중요한 것은 당적 지도의 결여였다는 입장이 표명된다(전석담, 1949: 316-318; 박헌영, 1947: 569-571).

이것만으로는 단절의 혁명담론과 관련해 특별히 유의미한 내용을 찾기는 어려울 수 있는데, 흥미로운 것은 (전석담의 책에는 빠진) 박헌영의 '결어' 부분에서 다음과 같은 특이한 언급이 등장한다는 사실이다.

> 3·1운동은 조선문제연구에 가장 적절한 재료를 제공한다. 이 운동에서 우리는 조선의 正體를 발견할 수 있는 모든 문제가 내포되어 있기 때문이다. 일본제국주의 식민지정책의 특수성, 조선사회의 낙후성(특히 불주아와 푸로레타리아 계급의 미약의 원인 등) 인민대중의 전투성과 지도층의 군웅적 분열성이 그 의타적 사대사상과 독자성의 결여 등의 조선민족의 특수성 등이 그것이다(박헌영, 1947: 574. 강조-인용자).

대해 발언하는 박헌영 글의 서두와 결론 부분이 빠지고 일부 문구가 수정되었다. 3·1운동을 평가한 박헌영의 글은 「동학농민란과 그 교훈」, 「10월 인민항쟁」과 함께 그의 '한국근대사 3부작'(윤해동) 또는 '조선현대사 3부작'(류승완)이라고 부를 수 있다(류승완, 2010: 208).

11 박헌영은 여기에 추가해 이런 영도계급 부재의 상태에서 영도의 역할을 한 것은 "당시의 정세 그 자체"이며 이는 1871년 파리콤뮨 상황과 유사하다는 독특한 분석을 덧붙인다(박헌영, 1947: 567).

　이 문장은 앞서 살펴본 당시 계급 정세 분석의 반복으로 해석될 수도 있지만, 그보다 좀 더 나아가서, 이 특이한 계급정세를 만들어 내는 구조적 특이성과 그에 대응하는 사상이념적 독특한 상황에 대한 심층적 연구의 필요성을 제기하고 있는 것으로 해석될 수도 있다. 사실 분석되어야 할 모든 것들이 손쉽게 규정지워져 출발점에서 많은 문제들이 은폐되어 있기 때문이다.

　이런 한계를 염두에 두면, 해방 정국의 짧은 시기에 사상적 전환·창신의 시도와 관련해 조선공산당 계열에서 당조직과 연계된 철학자-역사학자·문학자 활동이 등장했다는 점에 주목해 볼 수 있다. 경성제국대학을 배경으로 한, 박치우·신남철-전석담-김태준의 활동은 위에서 언급한 여러 '특이성'들을 사상적 차원으로 옮겨오려는 짧은 시도로 재해석될 수 있다(류승완, 2010; 위상복, 2012; 전석담, 1949). 그렇지만 짧은 활동 이후 '월북'은 그 시도의 결과를 미완성으로 남겼고, 북한에서 전개된 1956~58년 숙청(소위 '8월 종파사건'에 대한 대응)은 사상적 과제가 북한에서도 더 이상 진전되기 어려운 상태로 만들었다.

　다음으로, 천도교는 동학의 민란사상에서 출발해 '문명개화론'으로 연착륙하고자 하였으나 실패한 것으로 보이며, 결국 미시적으로는 개인적 수준의 '후천개벽' 사상으로, 거시적 차원에서는 일본의 '근대적 식민체제'에 동조하는 것으로 귀결되어 간 것으로 평가할 수 있다. 동학으로부터 손병희를 거쳐 천도교로 전환하는 과정에서 이런 모순은 내재되어 있었다고 할 수 있는데, 천도교는 3·1운동에 가장 조직적으로 결합한 세력이지만 3·1운동의 민중운동으로의 확대발전에 제일 거리를 두고 그와 연계된 사상발전 또한 거리를 둔 세력이기도 했다. 천도교의 모순적 특성은 다음과 같은 김정인의 분석에서 잘 확인된다.

국권이 상실되고 모든 정치사회단체가 해산된 가운데 천도교의 전성
시대가 도래하는 현상은 동학이 창도된 이후 동학농민전쟁과 1904년
민회운동 등을 통해 민족적·근대적 각성의 단초를 제공했던 역사적
공적에 대한 민중의 신망과 기대에서 비롯된 것이었다. 또한, 손병희
를 정점으로 하는 중앙집권적인 교권체제로부터 망실한 '국체'를 발
견하고 국망으로 인한 상실감을 달래고자 했던 민중의 열망에 기인한
것이기도 했다.... 3·1운동은 문명개화·근대화를 최대강령으로 내세
우는 손병희를 비롯한 문명파의 입장에서 볼 때 일본 식민지 체제하
에서의 정치활동 공간 확보를 위한 민회운동의 일환이었다. 그러므로
그들은 3·1운동이 거족적 민족운동으로 확산된 데에 당혹감을 감추
지 못했다(김정인, 2002: 158-163).

3·1운동 준비과정에서 천도교 내에는 무장투쟁을 강조하는 이종일
등의 급진파도 존재했으나(황선희, 1996: 230-231), 3·1운동으로 손병희라
는 중심인물이 사라진 후 천도교는 이돈화의 '후천개벽사상'이 주도하게
되었다. 이돈화는 인내천사상을 진화론적으로 증명하여 민족성 개조 주
장을 앞세워 청년 지식인들을 천도교에 흡수할 수 있었으며 신문화운동
을 전국적으로 전개할 수 있었지만(황선희, 1996: 240), 유기체론적 함의가
강한 후천개벽사상은 보수주의적으로 흐르고 친일의 문제에도 벗어나
기 어려웠다(조규태, 1998). 이는 사상적 진화라기보다는 '동학운동'의 몰
락이고, 동학으로 시작한 민중운동의 사상적 전환 또는 급진화의 공백으
로 남겨지게 된 것이라고 할 수 있을 것이다.

유림이 식민지 투쟁의 주도는 물론 자기변신에도 실패하면서, 척
사-의병코뮤니스트 지원의 계보를 남겼지만, 혁신된 유림의 대다수는
해방 국면에서 척사-의병 방식으로 임정지지 반공 유도회로 이어졌고,

사회주의자들을 배출한 영남 지역의 공백 지역을 보수적 유림들이 등장해 급진파 기억을 지우기에 급급했다. 사회주의자들은 조공 그룹을 부정하고 항일투쟁 근거로 사회주의 이념사적 정통성을 형성하지만, 여기서는 사회주의 사상사보다 투쟁사가 전면에 부상하게 된다. 천도교는 낡은 성리학이 무너져간 길을 되풀이해 '심학(心學)'으로 숨어들었다.

기독교의 약진은 이 공간에서 이루어진다. 서북을 중심으로 형성된 기독교 세력은 매우 독특한 궤적을 남긴다. 유가와 단절은 개화파를 거쳐 기독교로의 집단적 '개종'을 불러왔고, 이런 변화는 특히 평민적 또는 중인적 전통이 강한 서북을 그 중심지로 장악하게 된다. 3·1운동을 거쳐 장로회를 중심으로 한 이 개신교 세력은 이후 광복 이후에도 영향을 미치는 중요한 개신교 세력을 형성하였는데, 특징적인 것은 이들의 반공주의였다(강인철, 2006; 김건우, 2017). 서북의 개신교에 특히 더 강한 근본주의와 반공주의 색채를 가미했던 것은 1907년 평양대부흥회 이후 영향력을 강화했던 주기철 목사와 미국 북장로파 중 특히 맥코믹신학대학 출신의 근본주의 신학세력이었다(김진호, 2019). 장로교를 중심으로 하고 장로교 내의 헤게모니 다툼에 따라 전체적 교세의 흐름이 바뀌어 왔던 것이 한국의 개신교의 역사였는데, 거기에는 ① 서북의 장로파는 선천을 중심으로 하고 파크대학 출신 세력을 중심으로 하는 교육 중심 선교에서 출발해 안창호(평양 대성학교)나 이승훈(정주 오산학교)의 실력양성론으로 이어지는 흐름 ② 캐나다 장로파(연합교회)의 영향 하에 훨씬 더 자유주의적 신학의 배경을 지니는 만주 용정을 중심으로 한 함경도의 장로파 세력(김재준, 문익환, 한경직) ③ 주기철 등 대부흥회를 기점으로 한 극단적 반공주의 세력 ④ 호남 지역 등에서 훨씬 더 토착화하고 현지 진보세력과도 연합을 한 소수 장로파 세력 등이 공존하였으며, 그 헤게모니가 ②와 ③ 사이의 다툼으로 전개되면서 그 속에 ①이 분해해 들어간 역사가 있었다고 할 수 있다. 3·1운동을 자유보다 신앙의 자유로 연결시키고, 민족 지상이 아니라 신앙의 용사로 만들어가고자 하는 시도가 지속되었고(이진구, 2009: 553), 기독교 내 헤게모니 다툼에서 3·1운동보다 신사참배 반대를 더 중심에 놓고자 하는 근본주의 세력의 대응이 중요하게 작용하였다는 점(김진호, 2019)도 해방 이후 어떻게 반공 기독교의 지향이 강화될 수 있었는지를 이해하는 데 중요할 것이다.

가장 '서구적'인 기독교는 그럼에도 그 서구적 근대의 '혁명적 담론 구성체'를 적극 수용한 것도, 서구의 단절적 근대담론을 토착화한 것도 아니었다. 중국 혁명과정에서 '유가에 의한 유가의 폐기'가 이루어졌던 것에 비견할만한 일이 서구의 '인종투쟁'으로서의 '근대' 과정에서 '기독교인에 의한 기독교의 폐기'로서 '세속적 질서'의 확립이 진행되었다고 할 수 있는데, 세계사적으로 가장 최근의 한국에서의 '집단적 개종'은 이 수용된 기독교를 매우 비사상사적인 '이식'으로 만들어냈다. 이 '이식'은 출발부터 푸코가 말한 '인종주의'로 전환되는 담론투쟁으로 전개되기 시작했다. 기독교의 영향력의 약진에서 무엇보다 중요한 것은 분단과 한국전쟁을 거친 대규모 '월북-납북'과 그 반대의 대규모 '월남'의 작용이라 할 수 있다. 개화파를 계승한 기독교는 전쟁을 겪으면서 더욱더 서북의 '반공주의'로 정리되고, 남한 건국주체로 등장하였다(김건우, 2017). 여기에 사상사의 자리는 없었다.

2) 3·1운동 패러다임의 한계와 사상사 부재

앞서 우리는 20세기초 동아시아의 독특한 국가간체계 지정학으로부터 출현한 중국과 일본의 두 개의 '근대 (혁명)담론 구성체'에 대해 살펴보았다. 이 둘을 살펴본 이유는 그 두 개의 담론이 민중적 의미에서 '혁명적'이었다고 말하려는 것이 아니다. 오히려 동아시아 내에서 근대를 구획하고 그 전과 후의 단절을 발견할 뿐만 아니라 그런 단절들을 계속해서 스스로 만들어내고자 하는 모든 시도들이 회귀하는 출발점이 이 두 개의 담론으로부터 마련된다는 점을 이야기해 보려 한 것이다. 그리고 푸코가 지적했듯이 이 혁명담론들은 그 자체 고유한 대항담론들 사이의 투쟁 속에서 '인종주의'로 퇴락할 수 있는데, 푸코는 '혁명적'이 곧 '민중적'임을 의미하지는 않는다고 앞의 인용문에서 지적했다. 일본에서 정당내각이 붕괴하고 대정익찬회가 수립되는 동시에 만주국 수립에서 중일전쟁을 거쳐 태평양전쟁까지 나아가는 과정이 그렇고, 중국에서는 대륙의 잠정적 내적 통일을 거쳐 좌파(공산당뿐 아니라 국민당 좌파까지)를 배제한 난징 정부의 '훈정체제'가 수립되는 과정이 그러하다. 중요한 점은 '반동적' 또는 '퇴행적'이라고 할 경로에서조차 이 새로운 '단절 담론'에 대한 준거가 계속 확인된다는 점이다.

　3·1운동 이후의 한국의 사상 상황은 이런 동아시아의 담론들의 변천 사이에서 움직여갔는데, 이와 관련해 우리가 3·1운동 담론의 한계로 발견하게 되는 것은, '(지속된) 민족의 독립'을 대가로 '고유한 단절로서 근대' 담론의 구성이 불가능해지고, 대신 단절의 서사를 보이는 각종 외부의 근대 담론을 이식하려는 시도를 반복적으로 겪었다는 점을 지적할 수 있다. '사상사의 부재(또는 취약성)'가 함의하는 바는 '민족'의 연속성을 전제로 한 이 '이식'의 반복이다. 이는 '혁명적 운동'의 부재가 아니라 '혁명 담론 구성체'의 부재이고, 사상논쟁과 정치혁신을 연결시켜 반복해서 회귀하는 출발점으로 만드는 어떤 '단절'의 서사가 출현하지 못했음을 보여준다. 이 '단절'의 출발점이 부재하거나 취약하면, 다양한 사상 자원이 흩어져 있더라도 그 단절로 반복적으로 회귀하면서 논쟁을 전개할 '사상사'의 형성 또한 취약해지며, '근대'의 의미와 한계에 대한 독자적인 질문이 형성될 가능성도 제약된다.

식민지 하의 조선에서는 이 단절의 질문이 거부되거나 실천과 유리됨에 따라서 착근되기 어려워진다. 이 때문에 주권권력 위기가 '혁명' 담론의 출현을 매개로 하고 '인종투쟁'을 형태삼아 역사 서술을 변경시키는 방식으로 나타나기보다, 주권권력의 위기를 주권권력의 재수립으로 봉합하고자 하는 욕구로 쉽게 전환된다. 여기서 '민족'은 그런 의미에서 푸코가 말하는 인종투쟁에서의 'nation'과 다르며, 우리 이쪽 편의 균열을 가급적 계속 봉합하려 한다. 따라서 여기서 혁명 담론의 부재는 과거와의 단절과 지속에 대한 질문조차 비현실적-비실천적으로 만들어버리는데. 왜냐하면 무대는 '이식된 질문'과 이식된 제도들의 무대가 되기 때문이다.

단절을 작동시켜야 할 3·1운동의 패러다임이 오직 민족의 '연속' 속에서만 '일제와의 대립'을 구성하며, 단절은 쉽게 무화하고 연속은 강화된다. 사상의 분화나 발전이 없는 것은 아니지만, 단절의 가능성과 진행을 무화시킬 강력한 포괄적 패러다임의 힘이 강력하게 작용하고 또 사후적으로 투사되기 때문에(대한민국 건국으로부터 과거로 투사된 담론 구성의 힘) 사상사는 부재로 나타나게 된다.

우리는 '담론 구성체'가 근대 정치의 헤게모니-이데올로기 투쟁이 전개되는 소재이자 장소라고 설정했는데, '단절'의 담론구성체가 취약하면, 이데올로기 투쟁 속에서 민중의 구성 또한 의거할 회귀점을 찾지 못하면서 투쟁은 손쉽게 '3·1운동 패러다임'의 민족 대단결을 반복하기 쉽다. 광범한 대중운동과 '민주'의 목표는 반복되지만 민주의 내용을 채울 논쟁의 출발점으로 담론구성체가 취약하며, 그 때문에 '비어있는 기표로서 민주'만 반복될 수 있다.[12]

---

12 그런데 흥미롭게도 3·1운동 시점에도 이 운동을 대중적으로 확산시키는

6. 임정법통과 제헌헌법의 '상호 알리바이':
대한민국 헌법의 소급적 임정 법통성과 사상사의 부재

3·1운동의 사상사적 기여가 공백으로 해석된다는 평가가 과도해 보일 수도 있고 현실 역사에서는 그 한계를 극복하고자 한 노력도 적지 않을 것이다(대표적으로 4·19혁명기의 시도). 그럼에도 여전히 영향력을 잃지 않는 '3·1운동 패러다임'의 문제점을 우리는 헌법 전문 논쟁과 관련해서 마지막으로 확인해 볼 수 있다. 3·1운동의 사상적 계보가 현재적 함미를 지니는 대표적 영역은 헌법 전문의 3·1운동 관련 구절이다. 1987년 개정된 현 헌법의 전문은 "유구한 역사와 전통에 빛나는 우리 대한국민은 3·1운동으로 건립된 대한민국임시정부의 법통과 불의에 항거한 4·19민주이념을 계승하고"로 시작한다.

대한민국의 "임시정부 법통 계승"은 3·1정신과 관련한 가장 핵심 논쟁인 것처럼 보인다. 헌법 전문의 이 문구에 대해서 법학계에서는 '법통'의 의미가 정당성으로서 '정통성'이지 적법성은 아니며, 또한 임시정

과정에서 이런 단절의 담론구성체에 대한 실천적 고민이 없었던 것은 아닌데, 그 단초를 동학의 '교(敎)'에 대한 고민에서 찾아볼 수 있다(정혜정, 2018). 천도교는 동학으로부터 이어진 민중담론을 배경으로 하고 있었기 때문에 이런 측면이 중요했으며, 이런 시도는 1900년대부터 시작된 종교운동, 즉 국교운동을 통한 교세의 확산을 배경으로 했고, 이것이 3·1운동 시기 천도교의 전국적 조직화를 가능하게 했다고 할 수 있다. 조소앙의 사상(六聖敎)도 개인과 세계를 통일하는 방식으로 이 사상과 일정하게 공감대를 형성한 것으로 볼 수 있다(정혜정, 2018: 248-261). 그러나 1919년 이후 천도교는 정치·경제제도에 대한 비판도 세계질서에 대한 비판적 개입도 없는, 개인 수준의 '개벽' 논의로 전락하는 것으로 보인다.

부 헌법은 정치사회학적 현상으로 헌법의 성립이지 헌법적 현상으로서
헌법의 제정은 아니라는 해석이 있다(박진철, 2016: 632).

그런데 주목되는 점은 제헌헌법의 "독립정신 계승"("기미 삼일운동으
로 대한민국을 건립하여 세계에 선포한 위대한 독립정신을 계승하여")이라는 문구
가 나중에 "임시정부 법통 계승"으로 수정된 것은 1987년 헌법 개정 과
정이었다는 것인데, 이 '법통'이라는 문구가 들어간 것은 당시 통일민주
당의 발의 때문이었고 이는 또한 이회영의 손자인 민정당 중진 이종찬
의 적극 지지에 힘입었다고 알려져 있다(이영록, 2017: 17-18).

이렇게 삽입된 "법통의 계승"이라는 독특한 문구는 3·1 정신과 건
국의 '대표성'이라는 문제를 제기하는데, 특히 이는 임정의 과잉대표성/
과소대표성이라는 방식의 질문으로 등장한다(공임순, 2011: 224). 공임순
은 이를 '합법성과 정통성'이 '대한민국이 전도된 원근법의 지평에 서게
되는 것'이라고 비판한다(공임순, 2011: 224). 이는 주권논쟁에서 임정 법
통과 제헌헌법이 '상호 알리바이'를 만들어 헌법 논쟁 자체를 회피하게
만드는 효과를 낳고 있는 것으로 해석된다.

한편에서 대한민국 헌법은 임정을 소환하여 자신이 임정의 합법성
과 정통성의 연장선에 서있음을 주장함으로써 헌법논쟁의 주체와 대상
의 질문 자체를 회피한다. 헌법 원리와 구성의 핵심 질문들이 '3·1운동
의 대표성이나 계승자'의 질문으로 해결되는 문제가 아님에도 3·1운동
을 소환함으로써 핵심 문제를 회피할 수 있다. 왜냐하면, 지금 국가를 처
음 수립하는 것이 아니라 이미 국가는 수립되어 있다고 해석될 수 있기
때문이다(1919년 시점에 건국). 따라서 주권, 주권자, 주권의 실행과 관련
된 논쟁들은 이미 종료된 것으로 부인될 수 있고, 과제는 법 조문을 잘
다듬고 적절한 계승의 계보를 작성하는 것이 된다.

다른 한편 임시정부(그리고 임정의 법통의 주장)는 자신이 (미래의) 대한

민국으로 점진적으로 진화, 계승될 것임을 주장하고 투사함으로써 당시 시점의 주권, 주권자, 주권실행에 관한 논쟁을 미래로 지연시킬 수 있다. 그럼으로써 합법성과 정통성의 출발점에 설 수 있고, 이 궤도를 벗어난 자들을 '우리'나 '민족'에 들어갈 수 없는 자들, '변절', '친일파', '특권층' 등으로 부를 수 있다. 그리고 사후적으로 대한민국이 수립되었고 거기서 계승의 계보가 인정되었기 때문에 임정은 자신의 출발점이 국가의 수립에 부족함-미달함(주권논쟁과 주권자와 주권의 실행 방식 등의 논쟁)이라는 사실을 은폐할 수 있다. 여기서도 또한 논쟁의 필요성은 부인된다.

이중의 상호 알리바이라고 부를 수 있는 이 두 가지 회귀성으로 인해, 주권 논쟁은 계속해서 논쟁의 표면으로 올라올 수 없다. 첫째, 출발점에 선 입장에서는 핵심 논쟁이 미래에 있을 것이기 때문에 지금을 계속 유예시킬 수 있다(따라서 아직은 구체적으로 논의할 때가 아니다). 둘째, 도달할 미래(해방 후 '건국')에는 그 논쟁이 이미 끝난 것으로 간주된다(따라서 시간이 지나서 지금은 더 이상 그 논쟁을 할 필요가 없다).

한 가지 문제를 지적하면서 그 효과를 확인해보자. 한국 사회를 '자본주의' 체제로 규정하면서도 한국현대사에는 놀라울 만치 소유권 논쟁조차 부재하다(백승욱, 2017b). 우리에게는 소유가 왜 어떻게 문제인지 토론을 위한 출발 근거가 될 담론구성체가 사실 부재하다. 그 소유는 어떤 단절 시점 이전과 이후에 달라진 소유인가 달라지지 않은 소유인가? 우리가 살펴본 '단절적 혁명 담론'과 관련해서 보자면, 그 효과는 이 단절의 담론구성체와 관련된 논쟁을 한편에서 계속 유예하는 동시에 다른 한편에서 이미 해결된 것으로 상정하는 이중적 투사가 작동하게 된다.

7. 맺음말

'사상사의 부재'란 어찌 보면 19세기 말부터 현재까지 '주체적 건립이나 창신' 없이 줄곧 '이식'만 있었다는 한국현대사에서 사상사와 제도사의 역설적 측면을 설명해 주는 원인 중 하나일 수도 있다. 한말부터 일제시대를 거쳐 미군정과 이승만, 박정희를 지나 지금까지도 변함없이 반복되는 이 이식의 과정은 불가역적 회귀점이 부재하는, 따라서 출발점을 찾을 수 없이 출발한 역사과정의 결과일 수 있다. 그리고 이처럼 이식이 반복되는 결과는 단적으로 역사적 '단절'을 내재화하고 구체화할 조밀한 관심의 결여로 나타난다고 할 수 있다. 사상이 실천에 뿌리 내리지 않고, 실천은 사상에 의존할 필요가 없기 때문에 추상적 사상과 추상적 실천은 서로 부유하다가 구체적 사안에서 쉽게 실용적으로 결합될 수 있을 것처럼 보이기 때문이다.

이 글은 3·1 운동을 계기로 지난 한 세기를 돌아보며 몇 가지 질문을 제기하였다. 한국 현대사에는 왜 사상사가 부재하는가? 조선은 동아시아의 어떤 국가 간 질서 하에 일본의 식민지가 되었고 그 식민지의 특성은 어떤 것이었는가? 20세기 초 한국을 둘러싼 동아시아에서 단절의 혁명담론에 대한 모색은 어떻게 진행되었는가? 20세기 초 한국은 세계적 변화에 동조하고 있었는가? 특히 혁명이 전개되거나 혁명 이후 사회들이 출현하는 역사적 맥락에서 단지 '민족'으로 수렴되지 않는, 현대세계에 질문을 던지면서 돌려받는 근본적 차원의 담론구성체가 등장하였는가? 그리고 그것은 당시 세계적 변화에 동조하고자 하는 두 가지 길, 즉 일본적 제국주의의 길과 중국적 혁명의 길과는 다른 어떤 대안을 보였는가?

지나온 역사를 되돌아보는 이유는 단지 놓쳐버린 아쉬움이나 무력함을 확인하기 위한 것은 아니다. 중요한 목적은 우리가 놓친 어떤 계기 때문에 그 이후 반복되면서도 원인을 찾지 못하는 문제를 근본부터 다시 확인하고 진정한 해결책을 찾기 위한 노력을 시작하기 위해서이다.

참고문헌

ピーティー, マーク(1996), 『植民地: 帝國50年の興亡』, 淺野豊美 譯, 讀賣新聞
    社.
가토 요코(2012), 『만주사변에서 중일전쟁으로』(이와나미 일본근현대사 시리즈
    5), 김영숙 옮김, 어문학사.
강명희(1989), 「5·4운동」, 서울대학교동양사학연구실 편, 『강좌 중국사 VI: 개
    혁과 혁명』, 지식산업사.
강수옥(2016), 「근대 중국인의 한국 3·1운동에 대한 인식과 5·4운동」, 『한국근
    현대사연구』 79.
강인철(2006), 『한국의 개신교와 반공주의』, 중심.
고정휴 외(2010), 『대한민국 임시정부의 현대사적 성찰』, 나남.
공임순(2011), 「3·1운동의 역사적 기억과 배반, 그리고 계승을 둘러싼 이념정
    치」, 『한국근대문학연구』 24.
국사편찬위원회(1988), 『한민족독립운동사 3: 3·1운동』, 국사편찬위원회.
국사편찬위원회(2003), 『한국사 47: 일제의 무단통치와 3·1운동』, 국사편찬위
    원회.
권보드래(2014), 「미래로의 도약, 3·1 운동 속 직접성의 형식」, 『한국학연구』 33.
권보드래(2015), 「1910년대의 '혁명': 3·1운동 전야의 개념과 용법을 중심으
    로」, 『개념과 소통』 15.
김건우(2017), 『대한민국의 설계자들: 학병세대와 한국 우익의 기원』, 느티나무
    책방.
김기승(2003), 『조소앙이 꿈꾼세계: 육성교에서 삼균주의까지』, 지영사.
김도형(2009), 「3·1운동기 미주 한인사회의 동향과 대응」, 『한국근현대사연구』
    50.
김도형(2010), 「경남 함안지역 3·1운동의 사회경제적 배경」, 『한국학논총』 34.
김동택(2009), 「한국 근대국가 형성과 3·1운동」, 박헌호·류준필 편, 『1919년 3
    월 1일에 묻다』, 성균관대 출판부.
김민환(2000), 「한국의 국가기념일 성립에 관한 연구」, 『한국학보』 99.
김싱기(2010), 「서산지역 3·1운동 전개와 성격」, 『한국독립운동사연구』 36.

김정인(2002), 「손병희의 문명개화노선과 3·1운동」, 『한국독립운동사연구』 19.

김정인(2019), 『오늘과 마주한 3·1운동』, 책과함께.

김정인·이정은(2009), 『국내 3·1운동 I: 중부·북부』, 독립기념관 한국독립운동
　　　사연구소.

김진봉(2000), 『3·1운동사 연구』, 국학자료원.

김진호(2015), 「아산지역 3·1운동의 전개와 일제의 탄압」, 『한국근현대사연구』
　　　75.

김진호(2018), 「함경남도의 3·1운동」, 『충청문화연구』 20.

김진호(2019), 「3·1절과 '태극기 집회': 잃어버린 민중의 기억」, 강경석 외, 『촛
　　　불의 눈으로 3·1운동을 보다』, 창비.

김진호·박이준·박철규(2009), 『국내 3·1운동 II: 남부』, 독립기념관 한국독립
　　　운동사연구소.

김형종(1989), 「신해혁명의 전개」, 서울대학교동양사학연구실 편, 『강좌 중국사
　　　VI: 개혁과 혁명』, 지식산업사.

김호일(1998), 「3·1운동에 있어서 지방의 역할: 경기 지방의 운동을 중심으로」,
　　　『사학지』 31.

나가타 아키후미(2008), 『일본의 조선통치와 국제관계: 조선독립운동과 미국
　　　1910~1922』, 박환무 옮김, 일조각.

나가타 아키후미(2017), 『세계사 속 근대한일관계』, 김혜정 옮김, 일조각.

나리타 류이치(2011), 『다이쇼 데모크라시』(이와나미 일본근현대사 시리즈4),
　　　이규수 옮김, 어문학사.

나현수(1989), 「제1차 국공합작과 북벌」, 서울대학교동양사학연구실 편, 『강좌
　　　중국사 VII: 신질서의 모색』, 지식산업사.

남부희(1997), 「마산·창원지역의 3·1운동 성격」, 『한국민족운동사연구』 15.

류승완(2010), 『이념형 사회주의: 박헌영, 신남철, 박치우, 김태준』, 선인.

劉統(2017), 『決戰: 東北解放戰爭, 1945~1948』, 上海人民出版社.

李恭忠(2018), 「이웃을 거울로 삼는다: 현대 중국 민족주의 담론에 나타나는
　　　3·1운동」, 사회사학회, 3·1운동 및 대한민국임시정부 수립 100주년
　　　기념사업추진위원회 주최 〈3·1운동 100년, 한국 사회전환의 시공간
　　　지평〉 학술대회, 고려대, 2018.11.2.

마오쩌둥(2008), 「현 정세와 우리의 임무」(1947.12.25.), 『모택동선집 4』, 김승
일 옮김, 범우사.

마키하라 노리오(2012), 『민권과 헌법』(이와나미 일본근현대사 시리즈2), 박지
영 옮김, 어문학사.

민두기(1989), 「민국혁명론: 현대사의 기점으로서의 신해혁명과 5·4운동」, 서
울대학교동양사학연구실 편, 『강좌 중국사 VI: 개혁과 혁명』, 지식산
업사.

민두기(1994), 『신해혁명사: 중국의 공화혁명(1903~1913)』, 민음사.

박진철(2016), 「1919년 3·1운동과 '국민'의 탄생 그리고 헌법」, 『인문사회 21』
7(5).

박찬승(1989), 「3·1운동의 사상적 기반」, 한국역사연구회·역사문제연구소 엮
음, 『3·1 민족해방운동 연구』, 청년사.

박찬승(1995), 「전남지방의 3·1운동과 광주학생독립운동」, 『전남사학』 9.

박철규(2005), 「함안지역 3·1운동의 전개과정의 특징」, 『지역과 역사』 16.

박헌영(1947), 「3·1운동의 의의와 그 교훈」(1947.2.24.), 『이정 박헌영전집 2』,
역사비평사, 2004.

박헌호·류준필 편(2009), 『1919년 3월 1일에 묻다』, 성균관대 출판부.

박현모(2007), 「일제시대 공화주의와 복벽주의의 대립: 3·1운동 전후의 왕정복
고 운동을 중심으로」, 『정신문화연구』 30(1).

반병률(1999), 「3·1운동과 만주·노령지역 민족운동」, 『한국독립운동사연구』
13.

배경한(2007), 『쑨원과 한국: 중화주의와 사대주의의 교차』, 한울.

배경한(2013), 「동아시아 역사 속의 신해혁명: 공화혁명의 확산과 동아시아 국
제질서의 재편」, 배경한 편, 『동아시아 역사 속의 신해혁명』, 한울.

배성준(2009), 「3·1운동의 농민봉기적 양상」, 박헌호·류준필 편, 『1919년 3월
1일에 묻다』, 성균관대 출판부.

백승욱(2006), 『자본주의 역사강의』, 그린비.

백승욱(2012), 『중국 문화대혁명과 정치의 아포리아: 중앙문혁소조장 천보다와
'조반'의 시대』, 그린비.

백승욱(2017a), 「장기20세기와 사회주의 역사적 경험의 회고: 러시아혁명과 중

국혁명을 중심으로」, 『경제와사회』 116.

백승욱(2017b), 「자본주의의 역사·제도적 조건과 자본주의적 소유라는 질문」, 『마르크스주의 연구』 14(4).

백승욱(2019a), 「'신시대'와 중국의 역사 다시 쓰기: 일국사와 지역사의 경계에서」, 『중국사회과학논총』 1.

백승욱(2019b), 「마르크스에게서 재생산 개념의 형성과 체계의 사고」, 『마르크스주의연구』 16.

베르너, 리하르트(2009), 『금융의 역습, 과거로부터 미래를 읽다』, 유진숙·오영상 옮김, 유비온.

사사다 히로노리(2014), 『일본 발전국가의 기원과 진화: 아이디어와 제도』, 박성진 옮김, 한울.

사이토 오사무(2013), 『비교경제발전론』, 해남.

상빙(2013), 「신해정변과 일본」, 배경한 엮음, 『동아시아 역사 속의 신해혁명』, 한울.

서희경(2010), 「대한민국 임시정부와 민주 공화주의: 조소앙의 '균등' 이념을 중심으로」, 고정휴 외, 『대한민국 임시정부의 현대사적 성찰』, 나남.

石建國(2016), 『從開埠設廠到"共和國張子": 東北工業百年簡史』, 中國人民大學出版社.

성주현(2014), 『일제하 민족운동 시선의 확대: 3·1운동과 항일독립운동가의 삶』, 아라.

손준식(2019), 「중일전쟁과 동아시아 국제질서의 변동」, 중국근현대사학회 편, 『중국근현대사 강의』, 한울.

宋成有(2002), 「北師大生與'三·一'獨立運動」, 『한중인문학연구』 8.

스기하라 카오루(2002), 『아시아간 무역의 형성과 구조』, 안병직·박기주 옮김, 전통과현대.

신영복(2004), 『강의: 나의 동양고전 독법』, 돌베개.

신용하(1986), 『한국민족독립운동사연구』, 을유문화사.

신용하(2005), 『한국근대지성사연구』, 서울대학교출판부.

쑨원(2000), 『삼민주의』, 김승일 외 옮김, 범우사.

아리기, 조반니(2014), 『장기 20세기』(개정판), 백승욱 옮김, 그린비.

안태정(1997), 「조선공산당 재건운동과 혁명적 대중운동」, 역사학연구소 편, 『한국 공산주의 운동사 연구: 현황과 전망』, 아세아문화사.

야마무로 신이치(2009), 『키메라 만주국의 초상』, 윤대석 옮김, 소명출판.

楊奎松(2010), 『中間地帶的革命: 國際大背景下看中共成功之道』, 山西人民出版社.

楊奎松(2013), 『中國近代通史 第八卷: 內戰與危機(1927-1937)』, 中國社會科學院 近代史研究所 編, 江蘇人民出版社.

汪朝光(2010), 『1945~1949: 國共政爭與中國命運』, 社會科學文獻出版社.

汪朝光(2016), 『和與戰的決策: 戰後國民黨的東北決擇』, 中國人民大學出版社.

요시다 유타카(2012), 『아시아·태평양전쟁』(이와나미 일본근현대사 시리즈 6), 최혜주 옮김, 어문학사.

위상복(2012), 『불화 그리고 불온한 시대의 철학: 박치우의 삶과 철학사상』, 길.

육가평(2000), 「중국 5·4운동에 대한 조선의 3·1운동의 영향」, 『아시아문화』 15.

윤대원(2006), 『상해시기 대한민국임시정부 연구』, 서울대학교출판부.

윤병석(2004), 『증보 3·1운동사』, 국학자료원.

윤소영(2016), 『'한국의 불행': 한국현대지식인의 역사』, 공감.

이계형(2018), 「경기도 화성지역 3·1운동의 연구동향과 과제」, 『한국학논총』 50.

이구영 편역주(2002), 『의병운동사적』, 현대실학사.

이남주(2019), 「3·1운동, 촛불혁명 그리고 '진리사건'」, 『창작과비평』 2019년 봄호.

이대근(2015), 『귀속재산 연구: 식민지 유산과 한국경제의 진로』, 이숲.

이덕주(2017), 「3·1운동과 기독교: 준비단계에서 이루어진 종교연대를 중심으로」, 『한국기독교와 역사』 47.

이문학회 편(2008), 『노촌 선생님과 이문회우』, 이문학회.

이승휘(1989), 「항일전쟁」, 서울대학교동양사학연구실 편, 『강좌 중국사 VII: 신질서의 모색』, 지식산업사.

이승휘(2018), 『손문의 혁명』, 한울.

이영록(2017), 「헌법에서 본 3·1운동과 임시정부 법통」, 『법학논총』 24(1).

이와나미 신서 편집부 엮음(2013), 『일본 근현대사를 어떻게 볼 것인가』(이와나미 일본근현대사 시리즈10), 서민교 옮김, 어문학사.

이용창(2018), 「재판 관련 기록으로 본 화성 장안·우정면 3·1만세운동」, 『한국독립운동사연구』 62.

이용철(2018a), 「평안북도 의주지역의 3·1운동」, 『한국독립운동사연구』 61.

이용철(2019b), 「평안북도 정주지역의 3·1운동」, 『역사와 담론』 86.

이윤상(2009), 『3·1운동의 배경과 독립선언』, 독립기념관 한국독립운동사연구소

이진구(2009), 「3·1운동에 대한 개신교의 표상과 기억의 정치」, 박헌호·류준필 편, 『1919년 3월 1일에 묻다』, 성균관대 출판부.

이황직(2017), 『군자들의 행진: 유교인의 건국운동과 민주화운동』, 아카넷.

임경석(2003), 『한국 사회주의의 기원』, 역사비평사.

임형택(2009), 「1919년 동아시아, 3·1운동과 5·4운동」, 박헌호·류준필 편, 『1919년 3월 1일에 묻다』, 성균관대 출판부.

장석민(2009), 「3·1운동에서 종교는 무엇인가」, 박헌호·류준필 편, 『1919년 3월 1일에 묻다』, 성균관대 출판부.

전명혁(1997), 「1920년대 공사주의 운동의 기원과 조선공산당」, 역사학연구소 편, 『한국 공산주의 운동사 연구: 현황과 전망』, 아세아문화사.

전상숙(2004), 『일제시기 한국 사회주의 지식인 연구』, 지식산업사.

전석담(1949), 『조선경제사』, 박문출판사.

정욱재(2008), 「한말·일제하 유림 연구: 일제협력유림을 중심으로」, 한국학중앙연구원 한국학대학원 박사학위 논문.

정을경(2016), 「충남지역 천도교인의 3·1만세운동 전개」, 『지방사와 지방운동』 19(2).

정혜정(2018), 「3·1운동과 국가문명의 '교(敎)': 천주교(동학)를 중심으로」, 『한국교육사학』 40(4).

조규태(1998), 「천도교의 문화운동론의 정립과 그 패러다임」, 한국민족운동사연구회 편, 『한국민족운동과 종교』, 국학자료원.

조정우(2014), 「1930년대 제국일본의 식민지 인구 재배치와 선만척식회사」, 서울대학교 사회학과 박사학위 논문.

조정우(2018), 「유동하는 제국의 경제권역과 식민지인: 전쟁, 블록화, 그리고 민

족경제」, 사회사학회, 3·1운동 및 대한민국임시정부 수립 100주년 기념사업추진위원회 주최 〈3·1운동 100년, 한국 사회전환의 시공간 지평〉 학술대회, 고려대, 2018.11.2.

조한성(2019),『만세열전』, 생각정원.

陳曉農(2005),『陳伯達最後口述回憶』, 陽光環球出版香港有限公司.

천관우(1974),『한국사의 재발견』, 일조각.

川島眞·服部龍二 編(2007),『東アジア國際政治史』, 名古屋大學出版會.

천정환(2009),「소문, 방문, 신문, 격문: 3·1운동 시기의 미디어와 정체성」, 박헌호·류준필 편,『1919년 3월 1일에 묻다』, 성균관대 출판부.

최규진(2004),「'꼼뮤니스트 그룹'의 당재건운동」, 성대경 편,『한국현대사와 사회주의』, 역사비평사.

卓遵宏·姜良芹·劉文賓·劉慧宇(2013),『中華民國專題史 第六卷: 南京國民政府 十年經濟建設』, 南京大學出版社.

푸코, 미셸(2011),『안전, 영토, 인구』, 오트르망 옮김, 난장.

푸코, 미셸(2015),『"사회를 보호해야 한다"』, 김상운 옮김, 난장.

푸코, 미셸·돗치오 뜨롬바도리(2004),『푸코의 맑스』, 이승철 옮김, 갈무리.

하라다 게이이치(2013),『청일·러일전쟁』(이와나미 일본근현대사 시리즈3), 최석완 옮김, 어문학사.

한국역사연구회·역사문제연구소 엮음(1989),『3·1 민족해방운동 연구』, 청년사.

한석정(2016),『만주모던: 60년대 한국 개발 체제의 기원』, 문학과지성사.

한승훈(2018),「'3·1운동의 세계사적 의의'의 불완전한 정립과 균열」,『역사와 현실』108.

한정선(2013),「근대 중국의 공화제 실험과 제국 일본의 동요」, 배경한 편,『동아시아 역사 속의 신해혁명』, 한울.

허영란(2009),「3·1운동의 지역성과 집단적 주체의 형성」, 박헌호·류준필 편,『1919년 3월 1일에 묻다』, 성균관대 출판부.

황선희(1996),『한국근대사상과 민족운동 I: 동학·천도교편』, 혜안.

황인호(2006),「안성읍내와 죽산지역 3·1운동 전개」,『한국민족운동사연구』46.

후카마치 히데오(2018),『쑨원: 근대화의 기로』, 박제이 역, AK.

백원담(白元淡)

성공회대 중어중국학과/국제문화연구학과 교수, 동아시아연구소장, 中國 上
海大學文化研究學系 해외교수, 『황해문화』 편집위원, 臺灣 『人間思想』 편집위
원. 한국냉전학회/한국문화연구학회 회장 역임, 논저로는 『열전 속 냉전, 냉전
속 열전』(2017), 『신중국과 한국전쟁』(2013), 『냉전아시아의 문화풍경 Ⅰ·Ⅱ』
(2008, 2009)(공저), 『동아시아 문화선택 한류』(2005), 주요논문으로 「아시아
가 만드는 세계; 38미터의 관계학에서 신시대 평화연대로」(2018), 「The 60th
anniversary of the Bandung Conference and Asia」(2016) 등이 있다.

이 연구는 한국연구재단 인문한국플러스HK+사업(과제번호 2018S1A6A3A010
80743)의 지원으로 이루어졌다.

• • • •

제2장 5·4 100년의 등하만필(燈下漫筆):
복수(複數)의 역사들을 위하여

백원담

1. 들어가며

올해로 3·1운동 100주년을 맞았다. 문재인 정부는 3·1운동과 임시정부 수립 100주년(4월 11일)을 건국 100년으로 의미지으며, 한반도 평화프로세스를 신한반도체제의 구축으로 설정하고, 분단체제라는 근대적 국민국가건설의 파행, 그 불행한 역사의 발본적 전환을 국가 정통성의 수립문제로부터 촉발하며 국가주도성을 강화하고자 한다. 여기에는 남북연합론이든 고려연방제이든 낮은 수준의 체제통합의 프로세스를 통해 열어낼 미래 한반도의 통사적 기점을 고려한 측면도 강하게 작동할 것이다.

한편 황해 너머로 시공간을 확장해보면 중국 역시 5·4운동 100주년을 맞았다. 중국식 근대 극복 기획의 귀결로서 중화인민공화국 건국 70주년과 맞물려 시진핑(習近平)은 중국 공산당 중앙위원회 정치국 제14차 집체 학습(中共中央政治局第十四次集體學習)에서 5·4운동의 역사적 의미를 '중화민족 5,000여 년의 문명사, 중국인민의 근대 이후 170년 투쟁사, 중국공산당 90년 분투의 역사 속에서 인식하고 파악할 것'을 역설하였다. 또한 이러한 역사인식이 총집결된 연구 속에서 신시대 중국특색사회주의의 네 가지 자신감(道路自信, 理論自信, 制度自信, 文化自信)을 이끌어낼 것을 과제로서 제기했다.

　　한국과 중국은 공통된 역사적 경험만큼이나 각기 다른 입장과 이해 속에서 근대를 건설하고 극복하기 위해 노력해왔다. 그와 같은 역사 속에서도 양국은 3·1운동과 5·4운동을 타율적 근대 극복과 '반근대성적 근대' 기획의 중요한 기점으로 여긴다는 공통점이 있다. 3·1운동과 5·4운동은 한국의 경우, 임정 수립과 사회주의운동 등 다양한 독립운동의 기폭제가 되었고, 중국의 경우 중국공산당 창당 및 반근대성적 근대기획의 경로를 열어가는 지점이기 때문이다.

　　그런데 두 운동의 100주년을 맞이하여 그 한 세기 혹은 70년의 시간성을 한국과 중국 근대기획의 동보적이지만 다른 경로로 통찰하면서 한반도 평화 프로세스와 전후체제의 재편 등의 문제에 접근하고자 할 때, 이러한 국가 주도의 '정사/정통론'의 추동은 문제적이다.

　　한국 역사학계에서는 이에 '역사전쟁의 과잉정치화'(홍석률) 및 한반도 평화 프로세스에서 오히려 '남북대결의식을 고취하는 냉전논리의 강화'(이용기) 등의 우려를 표명하였다. 그리고 "국가는 앞으로도 끊임없이 정통론을 내세울 텐데", "시민·대중이 국가의 역사 정통론을 선호하는 이유는 역사를 자신의 정체성과 연관시키기 때문이므로 정통론에 의지하지 않으면서도 자존감을 주는 역사 서술은 어떻게 할 수 있을지", "민주적이고 개방적이며 다원적인 국가에서 '단일한' 역사서술, '올바른' 역사서술을 추구한다는 것 자체의 문제"를 어떻게 극복할 수 있을지를 논

의하고 있는 와중이다.[1]

한편 중국에서는 5·4운동 100주년을 기념하여 학계나 지식문화계에서 형식적인 학술회의 이외에는 생산적인 논의의 장이 전혀 이루어지지 않고 있는 상황이다.[2] 이는 우선 1915년 「신청년(新靑年)」 주도의 신문화운동으로부터 5·4 반제투쟁의 역사적 개진이 중국공산당의 창립의 기초 동력을 이루었다는 공식 당사(黨史)의 기록이나 앞의 시진핑이 5·4 연구의 중요성을 갈파한 언명과도 배치된다.

역사논리, 실천논리, 이론논리가 서로 고도로 결합된 차원에서, 정치사, 사상사, 문화사, 사회사 등 각 영역으로부터 연구를 전개하여, 역사규율을 총결하고 역사추세를 게시하고 왜 5·4운동이 당대 중국 발전진보에 이처럼 중대하고 심원한 영향을 갖는지를 분명히 하고 중

---

1 한국의 진보적 역사학계, 곧 역사문제연구소와 역사학연구소, 한국역사연구회는 "국가 정통론의 동원과 '역사전쟁'의 함정"이라는 주제로 학술회의를 지난 4월 14일 개최했다. 주최 단체들은 학술회의에서 발표한 취지문에서, 우파의 반공주의적 1948년 건국설과 문재인 정부 및 일부 '진보'학계의 '임시정부 법통론'에 기반을 둔 1919년 건국설 모두에 대해 "서로 다른 기원을 근거로 양자가 벌이는 정통성 경쟁은 국가주의를 강화하는 역사전쟁"이라고 비판했다. 이들은 "우리는 임정 수립 100주년을 기점으로 '건국 백년'이 운위되는 것에 대해 큰 문제의식을 느낀다. 이는 학계를 포함해 공론장의 충분한 논의에 기반을 둔 것이 아니라 정치적 선택의 결과인 것이 분명하다"라고 지적하였다(김지훈, 2019).

2 중국에서 5·4 100주년을 기념한 학술회의는 中國魯迅硏究會와 北京魯迅博物館(北京新文化 運動紀念館)이 공동주관한 "문학과 역사 사이에서(在文學與歷史之間)" 그리고 中國社會科學院 近代史研究所와 中國現代文學學會가 주관한 5·4운동 100주년 기념 학술회의(紀念五四運動 100周年學術硏討會)의 공식적이고 이례적인 학회로 한정되었다.

국공산당이 인민을 지도하여 민족독립을 실현하고, 인민해방과 국가
부강에 중대하고 마르크스주의가 능히 중국혁명, 건설, 개혁사업의
지도사상이 될 수 있었던 이유를 분명하게 이야기하고, 중국공산당
이 인민을 지도하여 민족독립, 인민해방과 국가부강, 인민행복의 역
사적 중임을 수행할 수 있었던 이유를 명확하게 이야기하고, 사회주
의가 어떻게 중국현지에서 뿌리내리고 부단히 완정한 발전을 이룰 수
있었는지를 분명하게 설명하여, 사람들이 역사를 거울로 삼고 역사를
스승으로 삼도록 인도하여 중국특색 사회주의의 경로자신, 이론자신,
제도자신과 문화자신을 굳건히 하여야 한다.

그리고 5·4운동은 개혁개방 신시기의 문화열(文化熱)과 신계몽주의,
1990년대 현대성 재평가(重估現代性), 21세기에 접어들어 중국학계의 다
원화방향 속에서 5·4 90주년의 다양하고 생산적인 논의들과 같이 5·4
연구사 자체가 따로 연구대상화 될 만큼 풍부한 연구와 평가, 지양과 계
승의 문제가 제기되며 담론장을 이루어왔다.[3] 따라서 5·4 100년을 맞이
하여 그 역사적 함의와 신시대 중국특색의 사회주의 경로를 가는데 있
어서 중국식 근대 100년의 평가와 전망을 학계나 사회에서, 그리고 세계
적으로도 다양한 층위에서 광범위한 논의를 일으킴으로써 신시대 중국
특색 사회주의의 '도로 자신, 이론 자신, 제도 자신과 문화 자신'이 정박
하는 근대의 기점으로서 5·4를 재조명하지 못하는 지식사회의 상태는
말 그대로 사상적 곤경에 있다고 하지 않을 수 없다. 이는 시진핑체제 초
기 중국공산당이 직면한 가장 중요한 정치적 도전으로서 개혁개방노선

---

3 5·4 연구사에 대한 한국과 중국에서의 연구 성과로는 백원담(2008), 이상
범(2014), 賀桂梅(2010, 2014) 참조.

에 대한 부정적 인식의 확산과 중국공산당의 통치정당성의 약화문제로 인해 이데올로기 문제가 중요한 문제로 떠오른 가운데 이에 대한 중국 공산당의 이념적 대응이 두드러진 시점의 행보와도 다른 차원이다. 그렇다면 이러한 반제국과 근대적 국민국가 건설이라는 같지만, 다른 경로의 전개 속에서 맞닥뜨린 식민-냉전-전지구화의 모순이 중첩된 21세기 포스트지구화라는 현 시점에서 한국과 중국에서의 국가 주도 역사 다시쓰기의 함의는 무엇인가. 그리고 그것은 최근의 한반도 평화프로세스, 미중무역전쟁, 일본의 한국에 대한 경제규제, 홍콩의 반송중(反送中, 범죄인 중국 인도법 반대) 항쟁 등 격동하는 한반도와 아시아의 전도에 어떤 힘으로 작동할 것인가.

이 글은 세 가지 지점에서 위 문제에 접근한다.

첫째, 3·1운동과 5·4운동이 대두되었던 당시, 제1차 세계대전 전후 국면에서 세계사의 문명적 전환 문제와 두 운동의 함의를 탈경계적 사상연쇄의 차원에서 살펴본다. 그것은 두 운동의 100주년의 시점에서 국가 주도의 정사/정통론의 추동이 두드러진 문제에 대해 복수의 역사 다시쓰기로 대응할 필요성을 제기하기 위해서이다. 그것은 국가로부터 역사를 구출하기의 탈식민 기획이 아니라 당시 문제인식의 다양한 결을 아시아적 맥락에서 새로운 근대를 향한 탈경계적 사상의 연쇄와 전화과정으로 재구성해내기 위함이다.

둘째, 5·4 100주년의 오늘 중국의 사상지형과 5·4 연구의 위상학을 살펴본다. 그것은 중국 공산당이 신시대 중국특색의 사회주의를 표방하고 미국을 중심으로 한 서구 자유주의에 대응하여 이데올로기적 체제적 경쟁을 제기한 역사단계에서 5·4의 21세기적 소환이라는 역사다시쓰기의 국면을 사상사적 경합과 절합의 경관으로 드러내는 작업의 일환이다.

셋째, 포스트 지구화 시대 역사다시쓰기의 함의와 복수의 정치학 개진 문제를 제기한다. 여기서 포스트 지구화란 시간성은 한반도를 비롯하여 아시아에서 근현대의 전개는 식민-냉전-지구화가 중첩된 모순 속에서 각기 단계의 종결로 다음 단계가 도래하는 것이 아니라 식민을 극복하는 탈식민화과정이 냉전적 모순과 중첩되고 그것이 다시 전지구화의 모순과 중첩되며, 그것이 중층적으로 다음 단계를 추동하는 방식으로 이루어져 왔음을 의미한다. 예컨대 일제시대 징용과 징병의 문제가 21세기 오늘에 한·일 간의 무역분쟁이라는 경제문제로 갈등을 야기하는 양상이 단적인 예증이다. 따라서 포스트란 바로 이러한 모순의 중첩성을 설명하기 위한 개념이며, 포스트 지구화시대란 이런 모순의 중첩성이 단지 이데올로기와 언어담론으로만이 아니라 대다수 사람들의 신체에 각인된 정동적 경험으로 체현된다는 의미를 지칭한다. 그런 점에서 포스트 지구화시대의 역사 다시 쓰기는 국가 주도로 일방적으로만 이루어질 수 없고 국가와 사회의 다양한 층위에서의 수행주체들에 의해 다양한 방식으로 이루어지고 경합·절합되며 그 자체가 새로운 역사의 구성과정이 된다고 할 수 있다. 그리고 그런 점에서 이러한 역사 다시쓰기 자체가 다양한 층위에서의 복수의 정치학을 개진하고 있다고 할 수 있다. 그것은 단지 일국적 경계 안에서만 이루어지는 것이 아니고 관계적 양상을 이룬다는 점에서 이 글은 그러한 공간 자체의 박두를 의도한다. 그것은 5.4운동이 중국만의 사건이 아니라 아시아적 구성력을 갖는 역사적 사태이고 그 현재적 소환 역시 아시아적 맥락에서 탈경계적 사상사의 궤적을 만드는 과정이자 자본주의적 근대의 전환을 이끄는 탈근대기획이 복수의 정치로 개진되는 과정으로 볼 수 있기 때문이다.

한국과 중국은 반근대적 근대성의 기획의 역상(逆像)을 그리고 있다고 해도 과언이 아니다. 그러나 전근대는 물론, 타율적 근대화의 역정 속에서 냉전 아시아의 대립과 지구적 지역화의 동보(同步), 그리고 이제 포스트 지구화시대 전후체제의 재편과 그 전망을 함께 만들어가지 않으면 안 되는 새로운 관계성 형성의 경로에서 동행하고 있다.

그러므로 식민-냉전-지구화의 모순이 중첩된 중국과 한반도의 미래지향, 최근 북미 간 비핵화 협상국면과 중·미 무역전쟁 그리고 일본의 경제규제에 따른 한일갈등의 국면, 홍콩의 송환법반대투쟁 사태 등 격동하는 동북아 정치경제 지형에서 그 경합과 절합의 관계동력이 아시아와 세계 전후체제의 전환에 어떻게 작동할 것인지를 아시아에서 근대기획 추동의 사상사적 전개 맥락에서 해명해볼 필요가 있겠다. 이 지점에서 일본의 한국에 대한 수출규제 국면이라는 포스트 지구적 상황에 직면하여 중국 외교부장 왕이(王毅)가 주중 아시아 국가 대사 리셉션(2019.7.19)에서의 탈역사적인 언명이 노정한 국가주의와 피상적 우호주의는 상황의 심도를 노골화한다. '이웃 국가 간의 협력은 딱 한번만 하고 끝내는 장사가 아니라서 장기적으로 내다보면서 지속가능한 협력을 전개해야 한다.'

2. 3·1운동과 5·4운동, 인식의 연속과 단절 혹은 사상사의 부재와 실재

3·1운동과 5·4운동의 대두국면에서 제1차 세계대전 전후 세계사적 전환의 문제와 이에 대한 사상사적 개진에 대하여 5·4 90주년과 100주년 한국과 중국에서 제기된 몇 가지 논의를 통해 살펴보면 다음과 같다.

최근 백승욱은 한국에서의 3·1운동 연구사에 대한 정치한 분석과 질문의 확장을 통해 3·1운동과 5·4운동의 백년 역사를 비교한 연구에서 '반제국주의'의 동보성 속에서도 두 운동의 차이에 주목한다(백승욱,

2019). 백승욱은 3·1운동을 전후한 시기의 중국과 일본의 변동 그리고 일본과 중국에서 등장한 '단절의 역사 담론'과 비교하면서 19세기말 이후 한국에서 전개된 사상사적 전환의 노력과 한계를 다음과 같이 추적한다. ① 3·1운동과 중국 5·4운동의 비교, ② 20세기 초 동아시아가 겪은 국제질서의 독특성, 그리고 중국과 일본에서 등장한 '단절의 근대 담론'의 특징, ③ 3·1운동이 형성시킨 사상사적 질문, ④ 임시정부 법통의 질문이 사상사와 관련되어 제기되는 난점 등이 그것이다. 그리하여 '3·1운동 패러다임'의 문제를 제기하는데, 그것은 '우리 민족'의 경계를 한민족과 이를 탄압하는 일본 제국주의로 구획하였지만, 우리 내부에서는 역사의 '단절'보다는 '연속'의 상상을 반복적으로 만들어내는 기능을 해옴으로써 20세기 한반도 혹은 한국에서 '사상사의 부재 또는 취약함'을 야기한 장본이기도 하다는 것이다.

> 민중이 참여한 운동은 전국적으로 그리고 때로 격렬하게 전개되었지만, 운동이 사상사를 거쳐 다시 피드백되는 되먹임 작용은 취약했다고 할 수 있다… 3·1운동의 결과로 등장한 '3·1운동 패러다임'이라고 부를만한 것의 문제가 분명해지는데, 이 패러다임은 '우리'의 경계를 한민족과 이를 탄압하는 일본 제국주의로 구획하는 대신, 우리 내부에서는 역사의 '단절'보다는 '연속'의 상상을 반복적으로 만들어내는 기능을 한다. 이 패러다임은 강렬한 전투성을 지닐 수 있지만, 그 전투성이 위정척사론에서 출발한 한말 의병의 전투성으로부터 전진해 얼마나 '사상적'으로 단절했는가의 문제를 남긴다. 위에서 검토한 네 가지 잠정적 기준에 비추어보면, 3·1운동은 이 단절의 담론 구성체가 형성되는 계기로서 중요했으나, 동시에 '3·1운동 패러다임'의 지배하에 그 시도가 추진되면서 단절은 다시 연속성에 의해 무화될 수 있다.

민족은 연속성의 틀에 의존해 상상되고, 그 '민족' 내에서 민중의 갈등적 구성은 보류되며, 문명-문화적 질문은 단절과 연속 사이를 배회하게 된다.

'사상사의 부재'란 어찌 보면 19세기 말부터 현재까지 '주체적 건립이나 창신' 없이 줄곧 '이식'만 있었다는 한국현대사 사상사와 제도사의 역설적 측면을 설명해주는 원인 중 하나일 수도 있다. 한말부터 일제시대를 거쳐 미군정과 이승만, 박정희를 지나 지금까지도 변함없이 반복되는 이 이식의 과정은 불가역적 회귀점이 부재하는, 따라서 출발점을 찾을 수 없이 출발한 역사과정의 결과일 수 있다(백승욱, 2019).

백승욱이 3·1운동에 대한 새로운 조명을 통해 한국에서 100년 동안 사상사의 부재문제를 통찰한 것은 3·1운동의 이후 혁명적 세계의 흐름에 대한 '동조화' 여부를 살피기 위한 것이라는 점에서 의미가 크다. 3·1운동의 만세운동 유형과 달리 중국의 5·4운동은 신문화운동의 개진 속에서 발화된 바와 같이 이후 봉건 전통과의 단절과 전반서화(全般西化)의 근대기획을 가능하게 하는 사상사적 흐름을 열어내었다. 그리하여 중국공산당의 창당은 물론 신해혁명(1911)의 삼민주의로부터 신삼민주의 사상적 전회를 이루는 쑨원(孫文)의 변혁사상으로써 중국식 반근대성적 근대의 기획을 추동하였고, 중화인민공화국의 건설과 중국 특색의 사회주의 노선을 개창해낸 것이다. 그런데 3·1운동은 식민지 통치의 엄혹한 현실을 조건으로 했지만 전근대와의 사상사적 단절을 통해 한반도적 근대의 경로를 추동할 사상적 기초를 형성하지 못했다고 보는 것이다. 그로써 이후 1세기 동안 한반도는 ① 자본주의 '체계'분석의 무능력, ② 유라시아 대륙 양측에서 등장한 사회주의의 형성의 근대 국가 간 체계 효과의 지정학과 비정형적 대응, ③ 사상사적 전환으로서 사회주의의 취약성(혁명담론 전제의 부족, 아나키즘적 반질서관, 대중과 결합한 '조밀한 관심'의 비성립, 신학화 위험을 제어하는 현실 운동으로서 공산주의의 취약성)을 노정할 수밖에 없었다는 것이다.

> 5·4운동의 핵심적 결과는 몰락한 국가를 대신해 새로운 '근대적 국가'를 건설하고자 하는 두 개의 분명한 정치세력이 형성되고 둘 다 '당국(黨國)'이라는 주창 하에 경쟁적 정치세력을 구성하면서 분기하기 시작했다는 점이다. 국민당이 대중정당으로 재편성되고 1921년 공산당이 건설되었으며, 양자는 혁명에 성공한 러시아와 그 지도를 받는 코민테른의 영향 하에 경합하는 동시에 한 조직으로 합치기도... 정치적 경쟁세력이 형성되었다는 의미만이 아니라, 혁명에 대한 분명한 구상이 등장하고 분기하였다는 의미... 3·1운동은 그 결과로 '임정' 및 그 정치세력과 경쟁하는 해외 다수의 정치지향 세력들 형성, 그 세력들이 분명히 하나 또는 몇 개의 분명한 정치 강령을 지닌 '당'으로 집중되는 정치적 수렴점을 지니거나 건국구상과 관련해 수미일관되며 전방향적인 정치관을 수립했다고 보기 어렵다(백승욱, 2019).

그리하여 백승욱은 3·1운동 이후의 사상사적 개진에 대한 연구의 성과들을 수렴하고, 임시정부 수립을 '복벽주의 시대가 끝나고 민주공화제 요구가 개시되는 계기로 이해하기'(김동택, 2009)도 하고 사상적으로는 '개화사상이 애국계몽운동을 거쳐 천도교의 개벽사상, 개화파의 민권의식, 척화사상에서 항일투쟁의식으로 발전해서 모이는 계기였다는 해석(황선희, 1996)' 등의 문제인식을 인정한다. 그러나 그 공화제의 함의도 애매하고, '혁명적 세계 흐름의 동조화'와 이의 '대중적 착근'을 이루는 사상사적 전환과 지평을 제대로 이루지 못했다는 점을 한계로 짚어낸다.

백승욱은 또한 3·1운동과 5·4운동의 과도한 인과성 연결을 한국과 중국에서의 선행연구들에 근거하여 문제 삼는다. 그리고 한국의 많은 연구들이 3·1운동의 5·4운동에 대한 영향을 제기하지만 오히려 그보다 앞선 신해혁명이 한반도와 아시아에 미친 영향, 특히 군주제에 대항한 공화주의 주창이 제국화하는 일본에조차 영향을 미침으로써 일방향성의 인과관계가 아니라 복잡한 상호작용이 이루어져왔음을 제기한다.

이에 대해서는 본 연구자 역시 한국에서의 5·4 논의를 통해 점검한 바 있다. 신해혁명을 전후로 아시아를 횡단하는 문화번역과 사상연쇄의 경관들을 량치차오(梁啓超)의 국가유기체설과 사회진화론에 근저를 둔 〈신민설(新民說)〉 등의 영향관계를 살펴본 것이다. 조선과 대한제국 언론의 정치논설과 무엇보다도 뚜렷한 신채호의 〈신국민론〉에 두드러진 새로운 국민개념이 량치차오의 신민설에 비해 부국강병과 결합된 애국의 의미가 한층 강조되는 형태로 나타나기 때문이다(백원담, 2008).

그런데 1920년대 초기 신채호는 량치차오가 5·4 이후 국고(國故)운동으로 급격하게 보수화하는 경향과 달리 무정부주의로 진보적 발전을 이루게 된다. 이를테면 신채호는 일제의 강압통치에 맞서 베이징으로 와서 유수인(柳樹人, 1905-80)과 함께 무정부주의의 기치를 들고 동아시아 무정부주의자 대연맹의 주요 인물로 아시아에서 무정부주의운동의 발전을 위해 대륙과 일본 대만을 동분서주하였다. 신채호는 '동방무정부주의자연맹'(1928.6 조직, 7개국 200여 명 참가)의 발전을 위해 도쿄를 거쳐 대만으로 건너갔다가 지룽(基隆)에서 체포되고 중국 다롄(大連)에서 일제에 의해 참살되었다.[4] 한편 신채호뿐만 아니라 다른 조선의 독립운동가들

————

4 신채호의 베이징은 물론 동아시아 및 대만 무정부주의운동과의 관계에 관한 연구로는 추스제(邱士傑)(2012) 참조.

또한 3·1운동 직후 '동아시아 각지의' 주의자들이 집결했던 베이징에 결집하여 다기한 사상노선 하에 운동을 전개하였다. 그렇다면 이러한 탈경계적 공간의 확장 속에서 이루어진 광범한 사상노선의 개진과 독립운동 및 다양한 변혁운동들의 개진은 어떻게 보아야 할 것인가. 백승욱의 지적대로 그 흐름들이 "하나 또는 몇 개의 분명한 정치 강령을 지닌 '당'으로 집중되는 정치적 수렴점을 지니거나 건국구상과 관련해 수미일관되며 전방향적인 정치관을 수립했다고 보기 어렵다." 그러나 오히려 그러한 다양한 지향성 속에 백승욱이 주목한 3·1운동의 사상사적 개진의 문제 특히 '혁명적 세계 흐름의 동조화'의 정도에 있어서 강압적 식민 상태에 있었던 한반도적 근대기획의 특수성을 의미화 할 필요가 있지 않은가 한다.

요컨대 3·1과 5·4 전후 아시아에서 진보적 사상연쇄는 대륙과 일본에 한정될 것이 아니라 우선 대만과 같은 일제 식민지의 시공간이라는 동질성 속에서 이후 사회주의운동이나 무정부주의 운동, 그리고 임시정부와 국민당 정권의 연대와 상호맥락을 살펴볼 필요가 있을 것이다. 아울러 '혁명적 세계 흐름의 동조화'에 있어서 3·1운동은 5·4와 같이 전근대와의 단절을 사상문화운동의 전초과정에서부터 추동하지 않았지만, 이후 급속한 사상적 수용과 분화의 문제를 한편으로는 끊임없이 사상 '이식'의 문제를 파생한 지점이 되면서도 그러나 일련의 '동조화'를 위해 부단히 자기전화를 거친 과정으로 이해할 수 있지 않을까 한다.

다음으로 3·1운동과 그 아시아적 파장의 인과적 문제이다. 천두슈(陳獨秀)는 「조선독립운동감상(朝鮮獨立運動之感想)」[5] 이라는 논설에서, "이번 조선의 독립운동은 위대하고, 진실하며, 비장하고, 명료하고 정확한

---

5 「每週評論」, 1919.3.23.

관념을 가지고 있고 민의로 무력을 저지했으며(用民意不用武力), 세계혁명사의 신기원을 열었다"고 하며, 이에 "찬미, 애상, 흥분, 희망, 부끄러움 등의 감상을 가진다"고 토로했다. 천두슈는 특히 '민의로 무력을 쓸모없게 만든(用民意不用武力) 태도'를 역설하며 '병사 한 명 없이 총탄 하나 쓰지 않고 세계에서 각 민족의 새로운 결합(世界上各民 族新結合, 국가가 아니라)의 모범이 되었다'고 역설하였다. 천두슈는 공화를 이룬지 이미 8년이 지났지만 일반 국민은 명료하고 정확한 의식 활동을 한 이가 없다고 개탄하며 "중국인을 조선인과 비교하면 정말 부끄럽기 그지없다"고 썼다. 당시 중국 지식계에서 3·1운동의 파장은 신문이나 정론지들의 자료들의 양적 질적 넓이와 두께 속에서 확인할 수 있다.

여기서 주목할 것은 백승욱이 강조한 20세기 초 동아시아의 상황에서 '혁명적 담론 구성체'의 등장 과정이다. 백승욱은 일본의 제1차 대전 전후로부터 1920년대 다이쇼(大正) 데모크라시의 전개와 중국에서 5·4 이후 쑨원의 사상적 전변을 통해 동아시아적 근대기획은 "단지 '서구적 근대'를 이식한 방식이 아니라, 서구적 근대를 참조하면서도 그 '근대적 단절'의 의미를 토착화하기 위한 시도이자 그 담론에 기반해 고유한 정치·경제적 제도를 만들어 내는 시도"로 볼 수 있다고 하였다. 그런 의미에서 백승욱은 쑨원의 신삼민주의에 내재한 '민생'을 통해 사회주의적 요소들을 주목한다. 차태근 또한 제1차 세계대전 전후 중국이 문명적 전환의 계기 속에서 사회주의를 내함하는 과정을 5·4 전후 중국 지식담론장에서 포착한다. 차태근은 「신청년」, 「동방잡지(東方雜誌)」, 「매주평론(每週評論)」 등에 대한 분석을 통해 5·4운동과 사회주의의 연관을 '신기원'의 개념을 가지고 문명론의 전화로서 제기한 바 있다(차태근, 2016).

그런데 5·4 이후 쑨원의 사상적 전변을 살펴보면, 신삼민주의에서 '민족' 담론의 구성에 있어서 쑨원의 배만민족주의와 동양평화론 그리고 대아시아 주의에 이르는 경로가 단선/직선적이지 않다는 문제가 있다. 예컨대 5·4 직전 1918년 6월 쑨원은 당의 재건을 염두에 두면서 제국열강에 대한 견해를 피력한 영문 저서 *The International Development of China*를 발표, 제국열강의 자본과의 국제제휴에 의한 중국의 공동개발을 제안한 바 있다.

> 윌슨대통령은 국제연대에 의해 장래의 무력전쟁에 종지부를 찍고자 하고 있지만 나는 중국의 국제공동개발에 의해 장래의 무역전쟁을 정지하고자 한다. 이것은 아마도 장래 전쟁의 최대원인을 근본적으로 제거하는 길일 것이다(Sun Yat-sen, 1920: 8).

후지이 쇼조(藤井昇三)는 이에 대해 쑨원이 아직 제국주의열강의 중국정책을 지극히 낙관적으로 바라보고, 제국주의에 의해 야기된 중국의 반식민지상태가 존속하는 한 중국의 민족산업의 발전, 따라서 중국의 근대화·부강화는 불가능하다는 것을 인식하고 있었다고 할 수 있으며, 따라서 1919년 초엽까지 평화회의를 둘러싸고 미·일 양국에 원조를 구했다는 것은 불가사의한 일이 아닐 수 없다고 하였다(藤井昇三, 1966: 127-128). 물론 쑨원은 레닌에게 러시아혁명의 성공을 축하하는 축전을 보내 소비에트에 대한 관심과 우호적 태도를 보인 것도 사실이다. 그리고 이후 파리강화회의의 산동문제를 일본에게 양도하는 등의 결정으로 국민적 공분이 높은 가운데 5·4운동이 일어나면서 쑨원은 신삼민주의로 사상적 전화를 이루게 된다. 한편 이후 쑨원의 사상적 전변의 계기에 있어서 여운형의 '동양평화론'과 일본방문의 계기가 실제적인 동력으로 작동했다는 점에 대해서도 좀 더 주목해볼 필요가 있다. 그리고 쑨원이 일본에서 제기한 대아시아주의가 갖는 중국 중심의 보국(保國) 문제 또한 쟁론을

요한다.**6**

쑨원과 여운형의 조우, 여운형의 '동양평화론'에 대한 논의와 문제인식의 공유, 이후 일본에서의 '동양평화론' 제기와 조선독립에 대한 언설 등을 살펴보면 그것이 쑨원의 반근대성적 탈경계적 근대기획의 내용적 구성을 이루는 한 요소가 되고 있음은 부정할 수 없다. 여운형의 행보는 20세기 초 한국의 세계적 변화에 대한 동조화, 특히 혁명이 전개되거나 혁명 이후 사회들이 출현하는 역사적 맥락에서 단지 '민족'으로 수렴되지 않는, 현대세계에 질문을 던지면서 이전 역사시기와는 단절과 새로운 사상의 구성이라는 발본적 차원의 담론구성체 등장문제에서 주목을 요한다. 요컨대 그것이 당시 세계적 변화에 동조하는 두 가지 길, 즉 일본적 제국주의의 길과 중국적 혁명의 길과는 다른 대안 마련에 뚜렷한 선삭을 그리지는 못했다.

그러나 여운형의 1919년 11월 일본방문에서 언설과 대만 공산주의창당대회 참석, 이후 중국공산당과 국제무정부주의 등 진보세력들과의 연대, 그리고 1945년 해방공간에서 건국준비위원회의 구성과 전개에 이르기까지 3·1운동 이후 조선의 진보세력들이 어떻게 혁명적 세계흐름에 대해 동조해갔는가 하는 점에서는 사상사적으로 충분히 의미화 할 필요가 있다. 3·1운동 이후 한국 변혁세력들의 패권적 세계질서와 일본의 총력전체제에 대한 비판적 개입과 변혁적 담론구성체의 구축을 위한

----

6 사카모토 히로코가 식민지 근대성론에 기초하여 탈민족주의 역사서사로 5·4 전후 중국에서 대두한 문화민족주의의 사상경관을 우승열패의 우생학으로 격론한 바와 같이(사카모토 히로코, 2006) 5·4의 문화운동에서 정치운동으로의 전화과정에서 그에 내재한 보종(保種)과 보국(保國)의 '애국적 내셔널리즘의 뒤틀린 진화' 문제를 전치할 필요가 있다.

실천들의 개진 양상, 그것은 인터아시아적 시좌 속에서 비판적 역사서사로 궤적화 하는 사상자원화 작업으로 지속되어야 할 것이다. 그것은 한반도 혹은 동/아시아에서 사상사의 부재를 실재로 만들어가는 작업에 다름 아니기 때문이다.

> 한일합병의 형식을 유지하고자 하는 동안 두 민족의 상쟁은 물론이거니와 중국의 배일(排日)은 끝날 날이 없을 것은 명백합니다. 중국의 배일은 산동문제나 21개 조약으로 인(因)함이라 생각할는지 모르지만 그 실은 한일합병으로 인하여 분노심, 공포심, 적개심을 갖게 된 것입니다. 중국은 일본과 시모노세키(下關) 조약으로 조선의 독립을 승인하였는데, 일본은 중국도 사기(詐欺)하지 않았습니까? 이럼으로 한일합방은 동양평화의 파괴의 근원이 되었습니다. 그럼으로 조선독립은 동양평화의 보장이라 합니다.
> 또 일본은 중국에 대한 정책을 보더라도 동양평화라는 미명하에서 종래의 제국주의, 침략주의를 여지없이 실행해서 4억만 중국 인민으로 하여금 일치하여 일본을 원수로 보도록 하였으니 이것이 또한 동양 내부의 평화를 파괴함이 아니고 무엇입니까?(이정식, 2008: 207-208, 238)

한편 사상화의 부재문제와 관련하여 해방 이후 3년 남한에서 단독정부가 수립되기 이전 건국준비위원회와 남로당 주도하에 사상문화적 흐름이 근대적 국민국가 건설의 경로를 위해 이루어진 과정도 성찰해볼 필요가 있을 것이다. 그리고 3·1운동의 사상사적 전화맥락의 점선을 실선화하는 과정에 북한정권의 성립과정과 이후 전개과정을 논의선상에 올릴 수 있다.

(19)45년에 이르면 수백만 한국인들이 정치적 동원의 현대적 형태를 경험하게 되었던 것이다...치안유지집단의 공식적 구성은 해방 직후의 어려운 시기에 있어서 보기 드문 일관성과 방향감각을 보여주었다...예를 들면 조선학병동맹이 9월 1일에 치안대에 가입하였다...따라서 치안대는 8·15 이후 치안유지에 중요한 역할을 맡게 되었다. 그처럼 폭행이 적게 일어난 것은 이 집단에 참여한 개인들과 한인 자신들 때문이었다. 일본인들까지도 치안대가 찬양받을 수 있을 정도로 행동했노라고 시인하였다...8·15 직후 수일 내지 수주 사이에 일본군 출신의 장병들이 주도한 상당수의 군사적·준군사적 단체들이 나타났다... 그러나 8월 중에는 이들의 대부분이 건준의 산하에 머물러...조선국군준비대에 속하게 되었다. 그러나 가장 인상적인 조직적 변화는 8월 중에 노동자, 농민, 청년 및 여성들의 대중조직이 싹트게 된 것이었다...불과 수주 사이에 이러한 조합과 대중조직들이 대규모로 나타났으며 대부분 좌익과 연결되어 있었다. 공산당과 좌파는 1930년대에 노동자와 농민들을 조직하는 데 상당한 성공을 거두었었다...한국에 현대적 대중정치를 도입한 것도 좌파들이었다...8·15 직후부터 한국 전역의 작업장에 노동조합들이 결성되었다. 그중 상당수는 일인 및 한인 소유주로부터 공장을 접수하는 데 성공했다. 조합원들이 직접 공장을 운영하는 경우도 있었으며, 더러는 경영능력이 있는 경영자를 구하여 계약을 맺어 위탁경영을 하기도 했다. 그 후 노동부의 기록을 볼 수 있었던 한 미국 장교는 '거의 모든 대기업들이' 이러한 방식으로 접수되었다고 말하였다. 한국인들이 세계에서 이처럼 빨리 성장한 노동운동은 일찍이 없었다고 말했다(브루스 커밍스, 1986: 111-117).

해방과 동시에 열린 이른바 해방공간은 브루스 커밍스의 설명에서

처럼 어떻게 이처럼 광범위한 근대적 국민국가 건설의 경로를 추동해갈 수 있었을까 하는 것은 3·1운동 이후 한국 현대 사상사의 구성문제로 접근하여 해명되어야 할 것이다. 아울러 북한정권이 구축되는 과정 또한 논의해 볼 필요가 있다. 북한에서는 1946년 11월 인민위원회선거의 실시, 1947년 2월 북조선인민위원회가 결성되었다. 김일성은 그로서 인민정권구축의 기초를 마련하면서 민족문화 건설의 기치를 들고(김일성, 1994a: 262-266; 1994b: 245-248) 건국사상총동원운동의 전개를 통해 전 인민의 정치사상적 수준을 제고해 나가고자 하였다.[7] 이는 1946년 토지개혁과 1947년 인민경제개혁의 제창으로서 사회주의국가 건설의 물적 토대를 이루어가는 과정과 함께 북한체제 형성의 특수성을 해명해주는 중요 고리가 된다(백원담, 2013).

> "북조선에서는 인민들의 정치적 각성을 더욱 높이고 민주개혁의 성과를 공고히 하며 나라의 민주주의적 발전을 다그쳐야 할 필요성으로부터 전인적으로 되는 건국사상총동원운동을 광범히 전개하였다. 건국사상총동원 운동은 일본제국주의시대의 낡은 사업방식과 사업태도를 반대하며 타락적이고 퇴폐적인 악습과 관념을 청산하며 전체 인민을 고상한 애국주의 사상으로 무장시킴으로써 우리 인민이 민주주의 새 조선의 인민 으로서 응당 소유 하여야 할 민족적 기풍과 생활태도와 사업태도를 군중적 투쟁으로 창조하기 위한 것… 건국사상총동원 운동이란 인민들의 애국심을 높여 전체 인민들로 하여금 새 조국 건설 사업에 총동원되도록 하는 운동이다…"(김일성, 1994c: 414-431)

후대 교육사업과 민족간부양성사업을 발전시키는 것은 새 조국을 건

---

[7] 이에 대한 연구로는 김재웅(2005), 정현수(2006), 서동만(2005) 참조.

설하기 위하여 제기되는 매우 중요한 과업의 하나입니다. 우리나라에는 일제식민지통치의 후과로 인하여 민족간부가 얼마 없습니다. 민족간부가 부족한 것이 지금 커다란 애로로 되고 있습니다. 우리는 민족간부 문제를 해결하기 위하여 종합대학을 비롯한 여러 개의 대학을 세우고 근로인민의 자녀들로 새로운 인테리를 양성하고 있습니다. 머지않아 우리는 자체의 힘으로 양성한 인테리들을 가지게 될 것입니다....앞으로 우리는 대학을 더 많이 세우고 민족간부를 대대적으로 양성하려고 합니다. 그리고 가까운 몇 해 안에 초등의무교육도 실시하려고 합니다. 이와 같은 일은 선생과 같은 인테리들이 맡아서 하여야할 사업입니다. 민족문화도 빨리 발전시켜야 합니다. 일제에게 무참히 유린당하여 온 민족문화를 부흥 발전시키는 것은 새 민주조선 건설에서 커다란 의의를 가집니다. 민족문화를 발전시켜야 우리 인민들에게 민족적 긍지와 자부심을 높여줄 수 있으며 새 민주조선 건설을 촉진할 수 있습니다. ...민족문화유산들 가운데서 낙후한 것은 버리고 진보적이며 인민적인 것은 찾아내어 새 민주조선을 건설하는 오늘의 현실과 인민들의 생활검정에 맞게 발전시키는 것이 문화유산을 계승하는 데서 우리가 견지하고 있는 원칙입니다....언어는 민족을 이루는 공통성의 하나인 동시에 문화의 민족적 형식을 특징짓는 기본수단입니다. 조선어를 발전시키지 않고서는 우리 문화의 민족적 형식을 살릴 수 없습니다....(김일성, 2002: 18-19)

찰스 암스트롱(Charles Armstrong)은 초기 북한정권의 '인민개조'원칙과 방식을 들어 아시아 마르크시즘의 민족주의적·인민주의적 특징을 논파할 수 있는 근거를 제시한다. 김일성은 전형적인 레닌주의 방식인 소수 엘리트의 전위정당을 통한 활동보다 사회의 빈곤하고 소외된 계층 사이의 지지를 모으는 방식을 선호했으며, 이는 김두봉으로 대표되는 연안파 공산주의자들과 그가 주도하는 조선신민당도 선호하는 방법으로, 소련식 표준이 아니라 중국에서 수년간 대중적 반일투쟁을 위해 활동한 조선공산주의자들의 경험을 반영한 방법이었다는 것이다(찰스 암스트롱, 2006: 121-122).

김일성은 해방과 분단 초기부터 건당, 건국, 건군 사업의 필요성을 제기하고 조선혁명의 전진과 조선인민 자신의 손에 의한 부강하고 자주적인 독립국가 건설의 전망과 구체적 경로를 가시화하였다(김일성, 1994d: 1-18).**8** 특히 인민주권의 형성을 촉진하여 인민위원회의 광범하고 강고한 건설을 위로부터 이행해나가면서 사회주의 정권에서 대표성 정치가 구현될 수 있는 구조를 구축한다. 1946년 북조선 임시인민위원회에서 밝힌 구성비 자료에 따르면, 노동자와 농민이 전체 3,459명의 도·시·군 인민위원 가운데 51.1%를 차지하고 여성의 비율은 453명으로 전체의 13.1%에 이르는 것이다(김일성, 1994c: 416). 암스트롱은 이러한 인민주권의 구축과정을 신(新) 전통주의로 명명하며 급격한 사회적 위계의 변화를 살피고 있다.

> 인민대중들은 새로운 정치체제에 대한 정치적 협조로 얻는 이익뿐만 아니라 정치동원과 조직화를 통해 정체성을 획득하고 자각하면서 매우 새로운 차원의 집단정체성을 가지게 되었다...북한의 대중들은 법률문서, 구직원서, 학력기록, 그리고 정치적·사회적 조직 가입기록

---

8 이 글은 『김일성전집』 제1권 첫 장에 게재, 김일성이 북한정권의 주도권을 잡기 이전에 발표된 것이다. 이는 북한정권의 초기단계부터 국가건설과정에서의 건설이념과 국민화 과정에 민족주의적 인민주의적 경향을 확인하게 한다.

등과 같이... 새로운 사회분류에 의해 재규정되었다. 북조선임시인민 위원회가 주도한 조직화는 북한의 사회적 정체성 구조의 일부가 되었다. 이는 여성, 빈농, 노동자 및 청년 등이 단순히 이미 존재하는 것이 아니라, 정치적으로 행동하기 위해 대기 중인 자각집단임을 의미한다. 즉 근대국가가 그들에게 정치적 목소리를 부여하고 그들의 지지를 구한다는 의미에서 이들은 '구성된constructed' 범주에 속하였다… 각각의 집단들은 새로운 정치체제에 의해 '해방'되었으며 광대한 사회조직 속으로 흡수·동원되었다. 이들 사회조직은 국가정책을 지지하고 실행하는 핵심적 도구였다. 북한혁명에서 사회계층구조의 전복은 매우 강력하고 독특한 의미를 가졌다…각 개인의 사회적 성분을 꼼꼼하게 기록함으로써 사회적 범주를 보다 명확하게 하고자 했다. 그러나 일단 이러한 범주화작업이 끝나자, 국가는 기존의 위계질서를 뒤집어 '좋은 성분'을 강등하거나 '피억압계층'을 위계의 꼭대기에 올려놓고자 했다…북한혁명의 결과는 한국전쟁 이후 명확하게 나타나는데 사회적 위계가 재건된 것이 아니라 위계의 순서가 급격히 변화된 것이었다. 여기에서 우리는 북한사회주의의 신전통주의를 볼 수 있다. 위계적인 사회 계급화는 조선과 그의 표면적인 모델인 중국을 구별하는 중요한 특징 중의 하나였다(찰스 암스트롱, 2006: 122-124).

그렇다면 냉전의 체제화과정에서 북한사회주의정권의 국민국가 건설과정의 특징으로서 민족화와 인민화, 그 '신전통주의'는 전근대와 사상사적 단절을 이루고 반근대성적 근대의 기획을 구현해낸 것으로 의미화할 수 있을까. 확실히 북한의 사회주의적 근대기획의 실현과정은 혁명적 '담론 구성체'의 한 귀결로 보기에는 어려운 점이 있다. 국공내전을 통해 건국에 이른 중국사회주의가 한국전쟁을 통해 신민주주의단계를 건너뛰고 급격한 사회주의노선으로 전화하는 과정과 대비할 때 유사성의 정치가 이루어지는 것은 사실이다. 그러나 소비에트의 건설과 인민전쟁의 귀결로써 중화인민공화국이라는 사회주의 국가건설과 그 반근대성적 근대기획의 한 실현맥락을 이룬 것과는 확실히 다른 경로이다. 무엇보다 시간적·구조적·인종적으로 '우리'와 '저들'을 구획하는 '단절'이 필수적으로 요구되는 담론구성체의 등장 없이 근대정치 공간의 이데올로기-헤게모니 투쟁은 성립되기 어렵다'고 했을 때 북한정권이 주도한 위로부터의 계급전복을 어떻게 동아시아의 20세기 사상사적 지평에 맥락화할 것인지 문제적이다.

그러나 북한의 신전통주의와 중국 특색의 혁명과 사회주의건설이 갖는 예외성이라는 것 또한 서구적 근대의 산물, 근대 극복의 이행결과라는 점에서 그것이 보편사와 길항하는 대목들을 아시아 근현대사를 관통하는 근대 추수와 근대 극복, 근대 극복과 적응의 이중 과제의 관점에서 맥락화하는 작업은 긴요하다. 무엇보다 그것은 일국사의 관점에서는 해명될 수 없고, 전후 냉전의 체제화과정에서 사회주의 국가 간 체제와 당제(黨際)가 '민족'과 '인민'을 동시에 구성해가는 과정은 백승욱이 말한 혁명적 세계사에 대한 '동조화'와 '독특성'을 동시에 보여주는 것이 사실이다. 따라서 3·1운동과 5·4운동 100년의 역사 다시쓰기는 복수(複數)의 솔질이 필수적이다. 그것은 남한과 북한의 다른 경로, 중국과 대만·홍콩의 '그 혁명적 과거들'을 목적론적으로 총체화하는 것이 아니라 각기 다른 "그 '근대적 단절'의 의미를 토착화하기 위한 시도이자 그 담론에 기반해 고유한 정치·경제적 제도를 만들어 낸" 과정을 하나의 정사로 수렴하기보다 새로운 관계지향을 위한 사상자원화의 과정으로 의미화할 수 있기 때문이다. 그런데 정작 중요한 지점은 백승욱 연구의 기본 문제인식으로 다시 돌아가서, 근대의 기점 100년을 불러오기 하는 역사

다시쓰기가 그 100년의 사상사적 맥락을 이어내고 있는가 하는 것이 문제이다. 과연 어떤 사상자원을 가지고 오늘의 한반도와 복수의 중국 지평에서 식민-냉전-전지구화의 중첩된 모순을 돌파할 수 있는 새로운 사상적 지평을 열어낼 수 있는가. 이의 해명을 위해 백승욱이 5·4 이후 사상사적 실재를 이루어왔다고 궤적화한 5·4 100년의 시점에서 중국의 사상지형을 살펴보고자 한다.

3. 5·4 100주년에서 중국의 사상지형과 5·4연구의 위상학

1) 21세기 중국 사상지형과 5·4연구

5·4운동은 현대 중국의 중요한 전환을 이루는 역사시기마다 5·4 정신의 지양과 계승 문제가 제기되면서 다양한 재평가와 방대한 연구가 지속되는 가운데 1세기를 맞기에 이르렀다. 그러나 5·4는 국민성 개조라는 계몽의 문화기획과 반제구국(反帝救國, 救亡)운동이라는 점에서 그에 대한 연구는 주로 중국 근현대사 전개라는 일국사적 맥락에서 어떻게 근대적 국민국가를 건설할 것인가와 국민화라는 문제틀에 결박되어 있었다고 해도 과언이 아니다.**9** 특히 문혁 이후 1980년대 5·4연구는 제2의 5·4운동이라 할 만큼 5·4에 집중하여 신계몽운동을 제창했다. 5·4운동은 반제국운동의 임무는 완성했으나 민주와 과학의 계몽운동으로 중국을 근대화하는 데는 실패했으며, 그런 점에서 신계몽운동으로 근대기획을 다시 추동해나가야 한다는 것이다. 린위성의 '전반적 반전통주의

---

9 관련논의로는 다음 참조. 林毓生(1989), 李澤厚(1985), 張頤武(1994), 賀桂梅(1999; 2001).

(全般性 反傳統主義)', 리저호우(李澤厚)의 '계몽(啓蒙)과 구국(救亡)의 이중 변주 속에서 구국에 의한 계몽의 압도'로 대표되는 연구, 그리고 1990년대 중국식 포스트 모더니스트인 후현대론자(後現代論者)들의 '현대성재평가 (重估現代性)' 맥락에서 '계몽지도자(啓蒙導師)'에 의한 '서구적 근대추수의 기획의 예정된 몰락'으로서 가름되는 5·4 사상문화운동에 대한 재평가 등은 문혁이라는 폭력으로 귀결된 중국식 사회주의의 역사를 소거하고 서구적 근대를 보편모델로 한 새로운 근대에 대한 중국 지식사회의 강렬한 지향을 목도하게 한다(백원담, 1999).[10]

20세기 말기 5·4연구는 중국 사상문화계의 포스트 사회주의의 사로(思路)를 전형적으로 반영한다. 무엇보다 그것은 중국식 사회주의에 대한 평가에 집중해있다. 그리하여 중국혁명은 정당성을 갖지만 서구자본주의에 대한 반근대성적 근대기획으로서 중국식 사회주의를 파종시킨 장본으로서 5·4를 명기한다. 5·4의 급진전통은 사회주의중국을 추동했지만, 그것은 낙후된 근대기획에 불과하다는 것이다. 따라서 1980년대 5·4의 재조명은 근대극복을 위해 서구적 근대를 다시 불러오기하고, 1990년대는 '본토성'이라는 이름으로 해체·전도를 통해 근대 자체를 소거하고 탈근대라는 텅 빈 기호를 가져오는 것이다. 그런데 그 두 시기 5·4의 소환 모두 여전히 동/서 혹은 중/서, 전통/ 근대라는 이분법, 야만과 문명의 구도인 사회진화론을 벗어나지 못한 점이 문제적이다.

요컨대 1980-90년대의 중국에서의 5·4논의는 5·4의 반제국주의라는 저항적 내셔널리즘에 대한 정당성을 인정하면서도 그 운동의 중요한 사상기초에 대한 의도적 배제나 선택적 제한적 이해를 통해 5·4의 반봉건 기치를 반전통으로 과도하게 적대시하고 그 문화적 내셔널리즘

10　이하 중국에서 8·90년대 5·4운동에 대한 평가내용은 백원담(1999)을 참조.

에 모든 역량을 소진해버린 양상이다. 문제는 20세기말 5·4 논의는 여전히 일국적 맥락에 있다는 것이다. 동/서, 신/구의 이분법 속에서 5·4 운동의 발화가 당대 세계 및 지역과 이룬 사상연쇄, 자본주의적 근대문명에 대한 성찰과 새로운 근대 기획의 도모, 제1차 세계대전의 파괴적 결말과 러시아혁명의 성공이라는 절망과 희망이 타율적 근대맥락에 있는 아시아 지식인들에게 초래한 긴장과 기대를 사상자원화하지 못한 것이다. 특히 천뚜슈가 역설한 바와 같이 5·4는 아시아에서 제1차 세계대전 전후부터 궐기한 아시아 내셔널리즘의 강력한 추세 속에 대두했다. 그런 점에서 5·4 신문화운동을 아시아 내셔널리즘의 한 양상으로 파악하고 그것을 동시대 아시아에서의 다양한 근대극복의 지향들과 나란히 아시아적 지평에 재맥락화해내는 작업이 20세기말이나 오늘에 이르기까지 아직 담론화의 지평을 열지 못하고 있는 것은 안타까운 일이 아닐 수 없다.

거자오광(葛兆光)은 중국 대륙에서 20세기 90년대에 사상사는 의외로 중국 역사와 현실을 새로이 인식하는 중요한 영역이 되었다(거자오광, 2008)고 하였다. 1990년대 말엽에 이르러 중국의 지식사회에서는 '사상사'가 주요 논제가 되었고 어떻게 다시 쓸 것인가가 핵심문제였다. 거자오광은 그것은 새로운 사고방식과 새로운 저술 방식을 꾀하는 것으로서 과거 사상사의 습관적인 저술방식-전통적인 유가의 '도통', 서양철학의 분석 방식, 20세기 30년대 이래 형성된 마르크스 역사 유물주의 학설-을 넘어서는 것이라 하였다. 거자오광의 이러한 언술로부터 우리는 중국 지식계가 근현대사상사의 두 개의 골짜기를 빠져나오고 있음을 알 수 있다. 하나는 5·4이고 다른 하나는 문혁이다. 1990년 중기 신좌파와 자유주의파의 일대 논쟁은 5·4와 현대성에 갇혀있던 사상문화의 겹문을 밀치고 나온 의미가 있다.

그것은 한편으로는 1992년 덩샤오핑(鄧小平)의 남순강화(南巡講話) 이후 급격한 경제개혁이 이루어지면서 중국의 사상논전이 5·4가 아니라 현실문제 곧 중국의 개혁에 대한 합법성 문제를 쟁점으로 광범위하게 이루어진 경관에서 확인된다. 쉬지린(許紀霖)은 이 대논전의 핵심문제는 '자본과 권력이 상호침투하고 이익이 고도로 분화되는 90년대의 배경 아래 어떤 개혁이 합법성을 지니는가'에 있다고 정리했다(쉬지린·뤄깡 외, 2014). 사상사작업에 있어서도 다시 5·4로 돌아가는 것이 아니라 급격한 변화에 걸맞은 새로운 사고방식과 서술방식을 가지고 중국 현대성 논의를 함으로써, 80년대에 성행했던 '문제의식'을 고쳐 쓰게 된 것이다(뤄깡, 2014). 허꿰이메이(賀桂梅)는 자신의 80년대 문학에 대한 연구를 평가하면서 그것이 줄곧 5·4와 연결 짓는 문제가 있었다고 토로하면서, 이후 연구과정을 통해 1980년대와 5·4의 관계를 역사화할 필요가 있다는 것을 인식했다고 하였다. 양자의 동일관계가 어떻게 역사적으로 구조화되었고, 80년대의 문화실천이 왜 5·4전통의 합법성을 빌려올 필요가 있었는가하는 것이고, 80년대는 그 자체의 복잡성과 풍부성이 있으므로 5·4 전통으로 통섭할 수 없다는 것이 허꿰이메이의 고쳐쓰기이다. 그리고 그러한 고쳐쓰기가 사상사의 실재로 구현되는 것은 2004년 신좌파의 대표격인 왕후이가 '중국의 현대성'으로 중국문제와 글로벌화의 내적 관계를 해명하고자 한 『현대 중국사상의 흥기』(2004)를 제출하면서 본격화된다.

1990년대 개혁논쟁으로 사상적 분화가 이루어지면서 5·4의 재조명은 더 이상 이전처럼 활성화되지 않았다. 그리고 2008년 개혁개방 30년, 중국모델의 베이징 컨센서스가 "새로운 미국의 세기 프로젝트"의 실패에 이른 금융폭풍 속에 있는 미국의 워싱턴 컨센서스에 대한 승리를 구가하는 시점에서 중국의 개혁개방의 성공요인으로 중국식 근대역사 발전의 예외성을 입증하는 작업이 사상사작업의 주된 줄기를 이루게 된 것이다.

중국사회 전체 그리고 지식사회가 경제 개혁에 휩쓸리고 개혁론에 대한 신좌파와 자유주의파의 양대 축을 중심으로 벌인 광범위한 논쟁으로 사상의 분기가 이루어지고 새로운 담론구성체가 형성되는 당시 상황은 왕샤오밍(王曉明) 설명으로 확인할 수 있다.

90년대 말에 사회에서 개혁자체에 대한 비평과 비판의 목소리가 드디어 나오기 시작했습니다. 그리고 비판자의 상당한 부분은 이전에 마오쩌둥을 비판했었지만, 이전에 증오의 대상이었던 마오에게 돌아가서 그것의 긍정적인 측면을 다시 보기 시작했습니다...그렇지만 대다수 중국인들, 특히 오늘날 40세 이상의 중국인에게 마오쩌둥은 추상적 사상으로 남아있는 것이 아니라, 전체 역사의 아주 생생한 한 부분으로 남아있는 것입니다... 따라서 만약 오늘의 사회에 대한 비판을 마오의 이름으로 진행한다면 많은 사람의 반감을 불러일으킬 수밖에 없습니다. 더군다나 이러한 반감은 오늘날의 통치체제에 의해 이용될 가능성도 많습니다. 간단하게 말해서 만약 지금 현실에 대해 비판을 하면, '그러면 너 문혁으로 돌아갈거냐' 라는 반문이 자연스럽게 이런 배경으로 인해 가능합니다. 심지어는 신좌파라는 말, 개념 자체에 대한 반감이 엄청나다는 것이지요. 바로 좌라는 말 자체가 중국 사람들에게 주는 반감이 그만큼 크다는 것입니다. 이것이 바로 지금 중국의 특수한 상황이라고 하겠습니다. 그러나 그보다 중요한 것은 중국의 변화, 세계의 변화. 그 현실적 변화가 워낙 커서 30년 전과는 완전히 다르고, 그런 점에서 마오이론이 지금 현실을 설명하기에는 턱도 없이 부족하다는 것입니다. 그래서 오늘날 현실에 대한 비판은 더 많은 다양한 이론적 자원을 모색해야 할 것입니다(왕샤오밍·백원담, 2002).

21세기 중국 지식계는 1990년대 중반부터 제기된 신좌파 자유주의 논쟁 등 사상논쟁국면은 다변화되고 추상에서 구체로 그 실천지점들이 운작(運作)되고 있는 것으로 개괄할 수 있겠다. 요컨대 좌파 내부에 신좌파 이외에 마오좌파(毛左派)가 대두되었고, 자유주의 내부에는 사회주의 민주주의파의 행보가 두드러진다. 그리고 새로운 변화라고 할 수 있는 것은 대륙 신유가(新儒家)가 등장, 중국굴기를 하나의 국민국가의 성공신화가 아니라 천하질서의 재현 혹은 실현의 가능성으로 제출하고 있는 것이다. 이러한 중국 지식계의 사상분화의 지형은 단지 담론 차원에서만 전개되는 것이 아니라 구체적인 실천지점을 보유하고 있다는 점이 특징이다.

예컨대 신좌파의 경우 총칭(重慶)모델의 구현, 사회민주주의파의 경우 〈염황춘추(炎黃春秋)〉를 무대로 한 중국특색 사회주의 노선에의 비판적 개입과 지구적 냉전사연구의 주도 속에서 마오쩌둥의 동방의 세계체제 구축의 역사개진 등에 대한 비판적 '역사 다시 쓰기', 자유주의파의 경우 광둥(廣東)의 우칸촌(烏坎村)주민자치위 구성 등 아래로부터 풀뿌리 민주주의 추동과 남방언론그룹의 「남방 도시신문(南方都市報)」등 언론 자유화 흐름 주도, 신유가의 '천하'담론의 새로운 문명질서 제기, 21세기 새로운 천하주의와 중국몽의 가능성을 여는 '공민종교'로서 유학의 재제도화요구 등이 그것이다.

여기에서는 지면 관계상 상론할 수 없지만 위와 같은 사상지형에서 21세기 5·4연구는 어떤 위상학을 갖는가. 21세기 초기단계에서 5·4는 주로 8-90년대 5·4연구에 대한 성찰이 주를 이룬다. 그 또한 새로운 전환을 위한 인식의 문턱을 넘는 과정이라고 할 수 있을 것이다. 그런데 그것은 중국굴기라고 하는 경제개혁의 2008년 고지를 넘으며 중국 현대화 과정의 예외성을 제기하는 방향으로 전환된다는 점, 거기서 다시 근대

기점으로서 5·4의 사상문화운동이 소환된다는 것이 문제적이다. 여기서는 왕후이(汪暉)의 5·4 연구사에 대한 간략한 논의를 통해 이 문제에 접근해보고자 한다.

왕후이의 5·4 연구는 대개 10년을 주기로 현실정치와의 연관 속에서 5·4의 함의를 포착해낸다는 점에서 21세기 전후 중국 5·4연구의 중요한 맥락을 구성한다. 요컨대 「예언과 위기(預言與危機)」(1988), 「문화와 정치의 변주－－전쟁, 혁명과 1910년대의 "사상전"(文化與政治的變奏－－戰爭、革命與1910年代的"思想戰")」, 「5·4 문화운동의 정치; 5·4에 관한 문답 "五四" 文化運動的政治－－關於"五四"的答問」(2014), 「다시 5·4를 말한다: 문화운동을 방법으로(再談 "五四", 以文 化運動爲方法)」(2019) 등이 그것이다. 이러한 5·4 담론화는 왕후이가 '5·4가 다양한 사람들에 의해 보여지지만 5·4 또한 우리를 본다'고 한 바와 같이 하나의 역사적 사태가 어떻게 현재화하며 역사적 오늘을 문제 삼는가에 대한 집요한 성찰과 전망의 작업으로 볼 수 있다.

「예언과 위기」는 1980년대 신계몽운동이 사실상 끝나가는 시점에서 쓰여 졌다. 당시 왕후이는 80년대를 관통한 계몽서사에 다음과 같이 총결했다. "5·4를 계몽으로 볼 것인가 아닌가, 문예부흥인가 아닌가에 대한 많은 토론이 있었다. 그러나 신문화운동으로 부르던 5·4 계몽운동이라 하던 모두 가능하다. 그것은 확실히 새로운 문화운동이고 각오, 각성, 개성의 환기, 개체의 일깨움, 사회를 각성시키는 것을 전제로 할 뿐만 아니라 그것은 또한 지식의 해방을 포함하고 사람의 자유를 강조한다. 이러한 것이 계몽의 기본이념과 일치하는 것이다."

「예언과 위기」는 천안문사건이라는 거대한 사회사건을 표지로 삼고 있는데, 그것은 무엇보다 왕후이가 실제로 그 사태에 직접 참가했다는 점에서 의미심장하다. 이 점이 바로 5·4신문화 운동이 5·4학생운동으로 귀결되는 과정과 유사하기 때문이다. 「예언과 위기」는 5·4의 내재적 모순에 대한 탐구 속에서 특히 문화운동의 동기와 충동에 관심을 두면서 그것이 5·4반제운동으로 전화하는 지점을 성찰한 것으로, 그것은 왕후이 자신이 중국의 1980년대에 대한 이해를 구해나가는 과정에 해당한다(汪暉, 2019).

10년 뒤 왕후이는 「5·4 문화 선회, 중국인의 '자각, 각오'; 서양문명을 참조한 자각이 아니라 서구문명의 위기 속에서 자신을 되돌아본 자각」을 발표한다. 당시 5·4 90주년을 기념하여 칭화대학 주최로 열린 회의[11]는 형식과 시간성 자체가 주목을 끄는데 전 세계에서 27명의 학자들이 사흘 동안 지속적으로 5·4에 대한 발표와 토론을 진행하는 방식이었다. 전체 주제는 〈20세기 중국역사 속의 문화와 정치: 5·4를 장역으로 한 성찰〉로서 회의는 정치의 장소로서 5·4운동에 대한 논의를 집중하였다. 이는 당시 베이징 올림픽의 성공적 개최와 베이징 컨센서스의 승리로 중국굴기의 기치가 어느 때보다도 고조되고 '문명'중국이라는 화두가 새로운 근대 이후를 사고할 수 있는 계기를 이끌던 시기였다. 거기서 사카모토 히로코는 5·4시기를 전후로 한 중국민족주의의 인종주의적 내함에 대한 문제를 제기했다. 그러나 이에 대한 적극적 관심이나 토론은 이어지지 않았다. 그것이 학술담론장을 관통한 중국굴기의 시간성이다.

---

11 紀念五四運動90周年學術研討會 5·4운동 90주년 기념 국제학술회의 (2008.10.26-30일, 베이징), 주제; '20세기 중국역사 속의 문화와 정치: 5·4를 장역으로 한 성찰(二十世紀 中國歷史中的文化與 政治 - - 以五四爲場域的反思, Culture and Politics in 20th Century China History: May 4th as a Site for Rethinking)', Organised by Beijing Pamirs Culture and Art Academy, 清華大學 高等人文社會研究所.

"5·4"의 "문화적 전환"을 추동한 것은 기물과 제도의 변혁측면에서 비롯되는 미래를 향한 진보 관념일 뿐만 아니라 새로운 문명을 재창조하는 "각오"이기도 하다. 제1차 세계대전과 중국의 공화 위기 속에서 18세기와 19세기 유럽 근대성 모델은 심각한 위기 속에 있었다. 자산계급 민족국가 자유경쟁의 자본주의 경제 및 이와 관련된 가치체계는 갑자기 자명한 선진성을 잃었다. 공화국 위기와 국가 위기는 더 이상 단순히 중국 전통에 책임 지워지는 것이 아니라 19세기 서구 근대 문명의 산물로 간주된다. 공화국의 제도와 가치를 평가하는 방법, 19세기 후반 이후 모범으로 간주된 서구 모델을 어떻게 대면할 것인가 하는 문제 및 이로부터 야기된 중국 전통을 어떻게 다룰 것인가 하는 등의 문제가 "5·4 문화 선회"의 근본 문제였다.

문화적 전환의 측성에 있어서는 유럽 전쟁과 혁명 시대의 서양 이미지의 변화 또한 중요한 요인이다. 즉 량치차오(梁啓超)의 초기 『신민설』과 유럽전쟁 기간에 쓴 『유럽 여행 기록』을 비교해보면, 우리는 전자가 내함한 완벽한 서양 이미지를 발견하기 어렵지 않은 반면, 후자는 서구 문명의 수백 가지 구멍을 보여준다. 량치차오가 이때 담론한 '중국인의 자각'은 더 이상 서양문명을 참조한 자각이 아니라 서구문명의 위기 속에서 자신을 되돌아본 자각이다. 1917년 4월 두야취엔(杜亞泉)은 『전후 동서문명의 조화』에서 다음과 같이 주장했다… '이번 대전은 서양문명의 파탄을 드러냈으며', 일종의 '동서양의 현대생활은 모두 원만한 생활로 여겨질 수 없고', '동서양의 현대문명은 모두 모범적 문명으로 허용될 수 없다'는 '깨달음'이 저절로 생겨났고, "신문명의 발생은 또한 인간의 마음의 깨달음으로 인한 것이라는 것이 지체할 수 없이 세를 이루고 있다."(汪暉, 2009)

왕후이는 발표에서 5·4운동의 문화적 선회를 중심으로 특히 중국 인의 '자각'과 '각오'가 제1차 세계대전 전후, 러시아혁명의 성공이라는 분위기 속에서 전반적으로 서구문명의 위기를 진감하고 중국과 자신을 성찰, 새로운 각오로 대안적 근대를 사고하는 계기로서 5·4를 통찰한다. 그리고 문화와 정치의 관계 속에서 5·4운동이 문화운동의 방식으로 정 치운동을 전개한 점에 주목, 중국 특색의 문화와 정치의 관계 및 그 혁명 적 개진을 설명한다. 그러나 사카모토는 왕후이가 자각의 실례로 가져 오기 한 량치차오의 담론, 서구문명의 위기 속에서 자신을 되돌아본 자 각이 실은 '보국의 민족주의'를 추동하고 그것은 서구 근대화담론인 사 회진화론을 근저로 함으로써 그 차별주의적 한계를 떨치지 못하고 자기 안에 내장하게 된다고 비판한다. 따라서 보종과 보국으로 현현된 애국적 내셔널리즘이 '제2의 백인'으로서 황인종의 상상, 인종과 젠더에 차별을 야기하는 뒤틀린 모습으로 '진화'해 온 것이 아닌가하는 점을 5·4시기 의 중국인의 '자각'과 '각오'의 이면으로 제기하는 것이다(사카모토 히로코, 2006).

그런데 왕후이는 『현대 중국사상의 흥기』에서 이미 송대부터 중국 사상사의 전환을 추적·해명해온 만큼 중국 특색의 문화와 정치에 관한 논의를 5·4시기에 한정하지 않는다. 신해혁명 이전 시기로 거슬러 올라 가 청말민초(淸末民初)의 사상가 장타이옌(章太炎)의 사상을 가져오기 하 여 그 제물평등(齊物平等)개념을 차이의 평등, 다양성의 평등으로 해석하 고, 법률적 제도적 평등의 역사적 담론화를 통해 사카모토의 논의를 빗 겨갈 수 있는 사상적 근거를 마련한 것이다. 그리고 개혁개방 30년 시점 에서 티베트문제가 불거지고[12] 세계적인 관심이 고조되는 가운데, 중국

___

12 티베트의 '분신자살' 세력과 신장(新疆) 지역의 분리 독립을 주장하는 '3

내 소수민족문제의 역사적 해결과정은 국제적 다원 평등의 실제적 내용을 이룬다고 역설하였다. 요컨대 제물평등이라는 사상담론의 역사적 실재는 국가 간 평등과 한 사회 내부의 평등에 국제적 성격이 내재되는 문제, 그리고 주권에 대한 존중 차원을 넘어 생태적 다양성과 문화적 다양성의 존중 문제를 담지한다는 것이다.

왕후이의 5·4논의는 이후 중국의 당-국가 체제문제를 비판하면서 이러한 사회주의 정당의 위기는 비단 중국만이 아니라 중국을 넘어 서구 대의제 민주주의 역시 근대적 정당의 대표성 정치의 위기문제에 처해있다는 지점까지 확장된다. 자본의 전지구화라는 조건 속에서 '헤게모니는 단일 국가의 영역 또는 국제관계 영역에만 규정되는 것이 아니라 단일 국가나 국제관계의 영역 속에 있으면서 동시에 그것을 초월하는 시장관계 속에서도 규정된다.' 따라서 왕후이는 이러한 삼중의 패권 구성에 주목, '국가적'이나 '초국가적'이라는 범주의 총체성을 깨뜨리고, 그 범주 안에서 균열을 발견하고, 새로운 정치공간을 찾아낼 것을 촉구한다. 문화정치의 장소로서 5·4를 재정위하는 것은 그 기점을 확인하기 위한 것이다. 왕후이는 천뚜슈의 언설을 빌려 5·4의 문화정치가 21세기 재현을 이룰 것을 제기한다.

> 5·4 문화운동의 출현은 위기의 결과였으며, 하나는 공화주의의 위기이고, 다른 하나는 전쟁의 위기였으며, 후자는 문명의 위기를 돌출했다. 이 위기는 오래된 문명의 위기가 아니라 새로운 문명이나 현대 서

종세력' 즉 폭력공포세력, 민족분열세력, 종교극단세력이라는 소수민족의 민족주의와 중화민족주의가 끊임없이 충돌하는 와중이었다. 관련논의로는 조경란(2008) 참조.

구의 위기다. 이 이중 위기는 현대 정치 시스템과 그 가치에 대한 재평가를 일으켰다. 이것이 정치 위기가 문화 운동과 문화 정치를 촉발하는 이유이기도 하다. 즉 전통을 바꾸고, 혁명이나 변화를 계속하거나, 오래된 문명을 다시 방문하고 새로운 가치를 탐구해야 하는가 추문하는 것이다. 이 투쟁은 문화적 가치를 중심으로 전개된 것이다. 『신청년』과 『신조(新潮)』는 청소년 문제, 성별 문제, 결혼 문제, 교육 문제, 노동 문제, 언어 및 문학 문제를 오래된 정치와 구별하기 위한 새로운 문화정치 문제로 간주하고, 이로써 오래된 정치와 구별된다. 오래된 정치가 지칭하는 것은 국가의 정치와 정당의 정치이고, 이러한 국가정치와 정당정치는 또한 통상 군벌정치 혹은 무인정치와 직접 관련이 있다. 따라서 그들이 보기에 새로운 문화운동이 잉태한 정치는 구정치의 정치와는 다른 것이다. 이는 20세기에 중요한 전환이 문화의 전환점뿐만 아니라 정치의 전환점으로 일어날 것을 의미한다…바로 문화 운동의 전환을 거쳐, 청년, 언어, 성별, 결혼, 노동, 평등 등이 모두 현대 중국 정치의 필수 내용을 구성했다. 주권과 여타 정치는 소멸되지 않았지만 그러나 문화정치를 통해 개조가 이루어진 것이다(汪暉, 2019).

왕후이 역시 5·4를 통한 새로운 담론구성체의 형성과 그 정치적 귀결을 주목하는 것이다. 그러나 여기서 문제는 중국의 예외성이다. 왕후이는 20세기 중국이 남긴 정치적 유산으로서의 중국적 대표성 정치를 '초월적 대표성'으로 명명한다. 전통중국에서는 물론 중국의 근현대 역사에서 문화의 위상과 역할이 매우 독특하다는 점을 중국의 예외성으로 제기하며, 5·4 신문화운동의 전개와 이후 중국 현대정치의 활력은 언제나 문화와 정치의 상호작용 속에서 생성된다는 점에서 문화를 새로운 정치적 주체성이 끊임없이 자라나오는 공간장으로 자리매김하는 것이다.

그러나 2019년 5·4 100년에 이르러 5·4라는 사상문화운동의 기원은 과연 새로운 정치적 주체성이 자라는 정치의 장역으로서 자리매김되고 있는가. 왕후이는 5·4 100년을 맞으며 다시 '문화운동을 방법으로 하여'라는 제하에 5·4를 담론했다. 그것은 두 가지 문제를 제기한다.

우선 왕후이의 문화운동이라는 방법은 당–국가 체제의 문제를 통해 탈정치화된 정치의 재정치화를 제기했던 시점과 비교하면 우회적 접근방식에 해당한다. 일대일로의 유라시아 경제협력네트워크나 상하이협력기구 등 다자간 협력체계가 형식적으로는 중국정부가 호혜경제와 인류운명공동체를 표방하고, '신시대 중국 특색의 사회주의'를 통해 체제경쟁과 이데올로기 경쟁에 나선 상황에서 문화 운동이라는 방법은 무엇을 겨냥한 것일까. 5·4에서 반제국주의의 전투성이 사상된 문화운동이라는 방법은 제국화하는 중국에 과연 세 번째 5·4운동의 도래를 이끌어 낼 수 있을 것인가. 왕후이는 21세기 중국과 세계의 탈정치화에서 재정치화의 경로는 '군중노선'과 '인민민주'의 복원으로부터 가능하다고 하였다. 그렇다면 중국공산당의 영도가 어느 때보다 강화된 현실에서 '군중노선'과 '인민민주'는 누구에 의해 어떻게 복원되어 중국과 세계의 미래를 담보해나가는 새로운 5·4의 사상사적 개진을 이룰 것인가.

두 번째, 5·4 100년의 시점에서 5·4 담론장 자체가 사라진 문제이다. 물론 중국공산당과 정부가 주도하는 형식적 혹은 정치적 성격의 기념과 사상강화 학습은 중국공산당의 사상적 책무로서 이루어졌다. 그러나 5·4 관련은 물론 건국 70주년임에도 불구하고 지식사회의 담론장이 사라진 정황과 조건에 대해 어떻게 대면해야 할 것인가. 거기서 왕후이가 말한 문화운동이란 방법은 과연 '문화적 가치'를 중심으로 하여 '청소년 문제, 성별 문제, 결혼 문제, 교육 문제, 노동 문제, 언어 및 문학 문제를 오래된 정치와 구별하기 위한 새로운 문화정치'를 일으킬 수 있을 것인가.

4. 포스트 지구화 시대 역사다시쓰기의 함의와 복수의 정치학 개진 문제

21세기의 오늘, 3·1운동과 5·4운동에 대한 역사적 술질들은 탈식민지적 담론생산은 물론 민족주의 역사서사와는 확실히 다른 궤적과 회로를 보여줄 것이다. 예컨대 중앙아시아의 고려인들이나 탈북자, 그리고 중국 반환 22주년을 맞은 홍콩에서 '반송중' 투쟁을 전개하고 있는 다수의 홍콩인들에게 3·1운동과 5·4운동은 어떻게 기억·기념될까.

스탈린시대 중앙아시아 각지로 강제 이주된 고려인들은 전지구화 시대 다시 이주하기 시작했다. 그 귀환과 순환의 이동 경로는 구미유럽의 제1세계, 러시아와 중국의 제2세계와 무관하지 않지만 다른 궤적을 그린다. 그리고 전지구화시대 G2 미·중의 새로운 각축, 중국의 일대일로(The Belt & Road, 一帶一路)와 상하이협력 기구와 같은 유라시아 이니시어티브, 그리고 한반도 평화프로세스 구도와도 무관하지 않지만 국가주도의 유라시아나 중앙아시아에 대한 관심과 전략, 신한반도 체제와 신북방노선의 기획과 연동될 수 있지만 그러나 추상적 구도와는 다른 공간화실천의 양상을 가진다. 그렇다면 그 '포스트 소비에트 중앙아시아의 디아스포라로부터 도착하고 있는 밑으로부터의 세계주의 지식생산을 보여주는 모바일 아카이브'(김소영, 2015)는 어떤 문제를 제기하는가. 이 새로운 아카이브는 한반도와 중국, 동아시아와는 전혀 다른 경험의 성좌로서 포스트 지구화 시대 예측 불가능한 코스모폴리타니즘, 다문화/다민족의 예기치 않은 결연(affiliation)의 관계상을 펼쳐내고 있다는 점에서 21세기 담론구성체의 구성경로에 대한 다른 시각이 요구되고 있다.

그런데 다시 1919년 아시아적 근대의 기점으로 돌아가 보면 100년의 시간성은 식민-근대-지구화의 중첩된 모순을 돌파해온 사상사적 진경을 아직 복수의 자본주의 문명이 아닌 다른 새로운 문명사의 전환의 지향으로 펼쳐내지 못하고 있다는 데 우리의 고민이 있다. 오히려 한반도, 중국, 아시아는 역사문제와 경제전쟁, 군사안보적 긴장으로 식민-냉전-전지구화가 중첩된 모순이 더욱 꼬인 형세이다. 미·일 간의 1905년 태프트 가스라 밀약, 러일전쟁의 승리로 인한 한일합방, 그리고 제1차 세계대전과 1917년 미·일 간 일본의 21개조 요구에 대한 이시이-랜싱 협정(Ishii - Lansing Agreement)으로 1919년 한국과 중국에서는 각기 3·1운동 과 5·4운동이 일어났다. 그러나 제2차 세계대전의 전후처리로서 미국의 강권으로 체결된 1951년 샌프란시스코 조약과 일본의 주권 회복 및 미·일 간 군사동맹으로 이루어진 샌프란시스코체제, 한국전쟁으로 인한 한반도 정전체제는 아직 건재하다. 그리고 1972년 미·중 간 데땅트와 1980년대 중국의 신자유주의 세계체제로의 자발적 편제와 2008년 베이징 컨센서스의 승리와 2018년부터 지속되는 미·중 무역전쟁, 한반도 평화 프로세스와 중국의 굴기는 한 세기 동안 역사적 굴곡의 힘겨운 도정만큼 다시 벼랑 끝에 서있는 것이다.

여기서 가장 문제의 화살을 한 몸에 받고 있는 것은 다시 민중이고 청년층이다. 징용이라는 역사문제로 촉발된 한일 간 경제전쟁은 고스란히 이 땅의 노동자 민중에게 희생을 전가했다. '일본 수출규제 대응 장관회의'에서 제기된 대책은 화학물질에 대한 규제 완화와 특별연장근로 인정 등 52시간 노동제 예외 인정과 탄력근로제 도입이다. 중국에서도 광동성 선전(深川) 자쓰과기유한공사(佳士科技股份有限公司) 노동자들의 경제투쟁과 이에 동조한 베이징대 마르크스 연구회의 노학연대와 그에 대한 정부의 탄압, 그리고 홍콩에서도 우산혁명에 이은 범죄인 중국 송환법 반대 투쟁(反送中)에 나선 200만의 시민들과 청년들.

확실히 대만과 홍콩의 반중국 정서에는 왕후이(汪暉)가 제기한 중국의 탈정치화문제, 사회주의 중국이 그 이념적 기능을 제대로 가동할 수 없는 문제가 있다. 중국은 일국양제로 홍콩을 하나의 정치 실험에 올려놓았고, 2017년에는 신시대 중국특색의 사회주의를 표명하고 이데올로기와 체제의 경쟁을 표방했다. 그러나 '하나의 중국'이라는 원칙과 그 당위적인 체제화논리 외에 어떤 사상적 이념적 지향을 공통으로 추구해나갈 수 있는 정치사상적 사회문화적 동력을 일으키지는 못하고 있다. 중요한 것은 그 해바라기운동과 우산운동이 한국의 촛불 항쟁으로 점화되고 다시 홍콩의 '반송중' 항쟁으로 재점화되었다는 사실이고, 그것이 이에 동참하고 동의하는 젊은 세대들의 보편 시각을 이룬다는 점이다. 그 21세기 정치화 경험의 탈경계적 연쇄가 갖는 의미망에 대해서는 본격적으로 문제화할 필요가 있지만 주목할 지점은 21세기 아시아에서 부단히 새로운 정치의 장소들이 구축되고 있다는 사실이다.

그런 점에서 3·1과 5·4 100년의 역사 다시쓰기는 지식사회나 각국 정부가 아니라 이들 새로운 수행주체들에 의한 문화와 정치의 새로운 절합에 의해 담론이나 이데올로기가 아니라 몸에 각인된 정동의 정치로 이루어지고 있다고 해야 할 것이다. 그것은 3·1운동과 5·4가 21세기에 사상사적으로 실재하는 방법이기도 하다. 그리하여 그 동력학을 이해하기 위해서는 오래된 미래로 돌아갈 필요가 있다. 루쉰(魯迅)선생의 100년 전 토로가 그것이다.

중국의 고유한 정신문명은 기실 공화(共和)라는 두 글자에 의해 전혀 매몰되지 않았다. 다만 만주인이 자리에서 물러났다는 것만이 이전과 조금 다를 뿐이다...이른바 중국의 문명이란 사실 부자들이 누리도

록 마련된 인육(人肉)의 연회에 지나지 않는다. 이른바 중국이란 사실
이 인육의 연회를 마련하는 주방에 지나지 않는다...러셀이 시후(西湖)
에서 가마꾼이 웃음을 짓는 것을 보고 중국인들을 찬미했는데, 이것
은 또 다른 의미가 있는지 모르겠다. 그러나 가마꾼이 만약 가마에 앉
아 있는 사람을 보고 웃음을 짓지 않을 수 있었다면 중국은 벌써 현재
와 같은 중국이 아니 되었을 것이다. 이 문명은 외국 사람을 도취시켰
을 뿐만 아니라 벌써 중국의 모든 사람들을 다 도취시켜 놓았다...왜
냐하면 고대부터 전해져 지금까지도 여전히 존재하는 여러 가지 차별
이 사람들을 분리시켜 놓았고, 드디어 다른 사람의 고통을 더 이상 느
낄 수 없게 만들어 놓았기 때문이다. 또한 각자 스스로 다른 사람들을
노예로 부리고 다른 사람을 먹을 수 있다는 희망을 가지고 있어 자기
도 마찬가지로 노예로 부려지고 먹힐 수 있는 가능성이 있다는 것을
망각하기 때문이다...
이러한 인육의 연회는 지금도 베풀어지고 있고, 많은 사람들이 여전
히 계속 베풀어 나가려 하고 있다. 이 식인자들을 소탕하고 이 연회석
을 뒤집어 버리고 이 주방을 파괴하는 것이 바로 오늘날 청년들의 사
명이다!(魯迅, 1925)

참고문헌

거자오광(2008), 『사상사를 어떻게 쓸 것인가』, 이연승 옮김, 영남대학교출판부.

김동택(2009), 「한국 근대국가 형성과 3·1운동」, 박헌호·류준필 편, 『1919년 3월1일에 묻다』, 성균관대출판부.

김소영(2015), 「하위주체의 세계주의」, 『황해문화』 89.

김일성(1994a), 「문화인들은 민족문화건설에 매진하라(조쏘문화협회결성회에서 한 축사)(1945년 11월 11일)」, 조선로동당출판사 편, 『김일성전집 1』, 조선로동당출판사.

김일성(1994b), 「진정한 인민적 문화예술을 창조하자(사회주의10월혁명 28주년 경출예술공연관람에 참가한 일군들과 한 담화(1945년 11월 7일)」, 조선로동당출판사 편, 『김일성전집 1』, 조선로동당출판사.

김일성(1994c), 「민주선거의 총화와 인민위원회의 당면과업(북조선림시인민위원회 제3차 확대위원회에서 한 연설)(1946년 11월 25일)」, 『김일성전집 4』, 조선로동당출판사.

김일성(1994d), 「해방된 조국에서의 당, 국가 및 무력건설에 대하여 (군사정치간부들 앞에서 한 연설)(1945년 8월 20일)」, 『김일성전집 1』, 조선로동당출판사.

김일성(2002), 「홍명희와 한 담화」, 『김일성전집 10』, 조선로동당출판사.

김재웅(2005), 「북한 건국사상총동원운동의 전개와 성격」, 『역사와 현실』 56.

김지훈, 「진보 역사학계 "문재인 정부 '임정 정통론'은 냉전의식 강화" 비판」, 〈한겨레〉(2019.4.14).

藤井昇三(1966), 『孫文の研究; とくに民族主義理論の發展を中心として』, 勁草書房.

魯迅(1925), 「燈下漫筆」, 『莽原』.

뤄깡(2014), 「'현대화'의 기대인가, 아니면 '현대성'의 우려인가」, 쉬지린·뤄깡 외(이주노·김명희·김하림 등 옮김), 『계몽의 자아와해』, 전남대학교출판부.

백승욱(2019), 「동아시아 단절의 담론구성체 형성의 맥락에서 살펴본 3·1운동의 사상사적 전환의 공백」, 『사회와 역사』 121.

백원담(1999), 「5·4는 반전통주의인가」, 『中國現代文學』 16.

백원담(2008), 「아시아 내셔널리즘과 5·4: 5·4운동에서 '문화'와 '민족'의 재인 식」, 『중국현대문학』 47.

백원담(2013), 「한국전쟁과 동아시아상(像)의 연쇄」, 백원담·임우경, 『냉전아 시아의 탄생: 신중국과 한국전쟁』, 문화과학사.

브루스 커밍스(1986), 『한국전쟁의 기원』, 김자동 옮김, 일월서각.

사카모토 히로코(2006), 『중국민족주의의 신화』, 조경란·양일모 옮김, 지식의 풍경.

서동만(2005), 『북조선 사회주의체제 성립사 1945~1961』, 선인.

쉬지린·뤄깡 외(2014), 『계몽의 자아와해』, 이주노·김명희·김하림 외 옮김, 전 남대학교출판부.

왕샤오밍·백원담(2002), 「아시아의 숨결/ 중국편」, 『실천문학』 68.

汪暉(2009), 「文化與政治的變奏--戰爭, 革命與1910年代的"思想戰"」, 『中國社 會科學』 4.

汪暉(2019), 「以文化運動爲方法」, 『東方學刊』(2019.05.02).

이상범(2014), 「20세기 후반기 한국에서의 5·4운동 연구」, 『중국근현대사 연 구』 64.

이정식(2008), 『몽양 여운형』, 서울대학교출판부.

李澤厚(1985), 『中國近代思想史論』, 人民出版社.

林毓生(1989), 「邁出五四以光大五四」, 林毓生 等, 『五四:多元的反思』, 三聯書店 有限公司.

張頤武(1994), 「重估現代性與 漢語書面語論爭」, 『文學評論』 9.

정현수(2006), 「북한의 사회주의체제 형성기의 당국가체제 연구: 노회문서를 중심으로」, 『해외자료로 본 북한체제의 형성과 발전 II』, 선인.

조경란(2008), 「중국의 주변문제, 티베트를 보는 다른 눈: 한족 출신 양심적 지 식인 왕리숑과의 대담」, 『역사비평』 85.

차태근(2016), 「5·4운동 시기 문명 전환론과 사회주의」, 『중국현대문학』 53.

찰스 암스트롱(2006), 『북조선 탄생』, 김연철·이정우 옮김, 서해문집.

추스제(邱士傑)(2012), 「신채호를 통해 본 조선과 대만 무정부주의자들의 교
　　　류」, 최원식·백영서 편, 『대만을 보는 눈: 한국-대만 공생의 길을 찾
　　　아서』, 창비.
賀桂梅(1999), 「八十 - - 九十年代對"五四"的重構」, 『中國現代文學硏究叢刊』4.
賀桂梅(2001), 「"現代"·"當代" 與"五四" - - 新文學史寫作範式的變遷」, 陳平原
　　　(編), 『現代中國(集刊)第一輯』, 湖北敎育出版社.
賀桂梅(2010), 『'新啓蒙' 知識檔案: 80年代 中國文化硏究』, 北京大學出版社.
賀桂梅(2014), 『思想中國: 批判的當代視野』, 廣東人民出版社.
황선희(1996), 『한국근대사상과 민족운동 Ⅰ: 동학·천도교 편』, 혜안.
Sun Yat-sen(1920), *The International Development of China*, Commercial
　　　Press.

왕후이(汪暉)

중국 칭화대학 인문학원(淸華大學人文學院) 교수. 칭화대학최고문화자심교수(首批文科資深教授), 칭화대학 인문과사회과학고등연구소장. 중국사회과학원 박사. 하버드대학 방문교수. 중국의 비판적 지식인의 대표. 장강독서상(長江讀書獎, 2000), Luca Pacioli Prize(2013), Anneliese Maier Research Award(2018) 수상. 잡지『독서』의 편집주간 등 역임. 국내에 번역되어 있는 주요저서『새로운 아시아를 상상한다』,『죽은 불 다시 살아나』(2005),『탈정치 시대의 정치』(2014),『아Q 생명의 여섯 순간』(2015),『아시아는 세계다』(2011),『世紀的誕生:20世紀中國的歷史位置』(2017),『颠倒』(2015),『現代中國思想的興起』(2004－2009),『反抗絶望』,『亞洲視野:中國歷史的敍述』(2010),『別求新聲』(2009)『去政治化的政治』(2008),『現代中國思想的興起』등이 있고,『The End of Revolution: China and the Limits of Modernity』(2010), China's Twenti-eth Century: Revolution, Retreat and the Road to Equality(2016) 등 해외에서 번역된 저서들이 다수 있다. 최근 논문으로「革命者人格与胜利的哲学－－纪念列宁诞辰150周年」등이 있다.

번역 백원담(白元淡)

성공회대 중어중국학과/국제문화연구학과 교수, 동아시아연구소 소장, 中國上海大學文化研究學系 해외교수, 계간『황해문화』편집위원, 臺灣『人間思想』편집위원. 한국냉전학회/한국문화연구학회 회장 역임, 논저로는『열전 속 냉전, 냉전 속 열전』(2017),『신중국과 한국전쟁』(2013),『냉전아시아의 문화풍경 Ⅰ·Ⅱ』(2008, 2009)(공저),『동아시아 문화선택 한류』(2005), 주요논문으로「아시아가 만드는 세계; 38미터의 관계학에서 신시대 평화연대로」(2018),「The 60th anniversary of the Bandung Conference and Asia」(2016) 등이 있다.

• • • •

제3장 20세기 중국역사의 시각에서 본 아시아 평화
항미원조전쟁(6·25)을 다시 보며[1]

왕후이

조선정전(朝鮮停戰) 60주년이 지난 오늘의 시점, 즉 이른바 전지구화와
탈냉전시대에 한반도의 분단체제, 타이완해협의 분리상태는 여전히 존

---

1 이 글의 원제는 「二十世紀中國歷史視野下的抗美援朝戰爭」(『文藝縱橫』, 2013
年)이며, 2013년 중국에서 처음 발표되었을 당시 한국전쟁 전문가(楊奎松등)와
대규모 논전이 있었다(이 글의 최초 저본은 장샹(張翔)과의 방담이고, 장샹과 가
오진(高瑾)의 채록과 관련자료 및 주석정리, 쑨거(孫歌), 창중투어(倉重拓)의 일
본참전 자료제공 등의 도움을 거쳐 여러 번 수정·증보되었다. 초고는 「문화종횡
(文化縱橫)」에 발표되었다. 楊奎松은 「東方早報·上海書評」(2013.12.29.)에 「이론
으로 역사를 접근하는 것의 곤경(以論帶史的困境)」이라는 글로 이 글을 비판했다.
이후 논전은 중국사회에 파장을 일으켰고 결과적으로 글쓴이의 취지가 오늘의 중
국 혹은 중국정부가 당·국체제하에서 탈정치화된 문제에 대한 비판적 제기에 있
다는 것이 공표화되는 계기를 이루었다. 이후 글쓴이는 이 글에 대한 수정보완을
거쳐 역사문제와 영토문제, 미국의 '아시아 회귀Pivot to Asia', 북핵문제 등 아
시아 동아시아에 재현되는 군사적·정치적·경제적 긴장상태에서 아시아 평화를

속하고 있다. 이러한 분리상태는 또한 역사기억의 영역을 체현한다. 즉 한국, 조선, 미국, 일본, 중국대륙과 타이완은 각기 서로 다른 역사기억과 역사해석을 가지고 있는 것이다. 서울의 전쟁기념관과 평양의 조국해방기념관을 대비하고, 중국대륙에 조선전쟁과 관련이 있는 서술과 미국의 조선전쟁에 대한 사력을 다하는 듯한 망각을 참조한다면, 우리는 명확하게 이 사건의 상이한 면모를 확인할 수 있다. 1950년 6월 25일 시작된 '조선전쟁'을 (북)조선은 '조국해방전쟁'으로 일컬었으며, 한국은 '6·25사변' 및 '한국전쟁'이라고 명명하였고, 미국은 '한국전쟁Korean War'이라고 하였다. 중국은 1950년 10월 8일에 이 전쟁에 개입했는데, 그때 미군은 인천에 상륙했을 뿐만 아니라 압록강 근처까지 군대를 이

위해 그 진정한 성찰의 장소로 다시 돌아가는 방식을 택하였고, 그것을 사상정치의 문제로 접근하여 제기하고자, 계간『황해문화』2014년 여름호에 게재하였다. 당시 계간『황해문화』의 특집주제는 〈다시 동북아시아의 평화를 생각한다〉였다. 당시 특집기획의 초점은 문제의 원점으로 돌아가 사태의 원상(原狀)과 그에 대한 각기 처한 입장과 관철의 역사적 맥락에 대한 이해를 구하는 사상적 전회의 방식을 취하고자 하였다. 기존의 국민국가 위주의 사안에 따른 즉자적·일회적 대응이 아니라 진정한 아시아 평화를 위해서는 상호의 역사적 진전에 대한 진정한 이해를 전제로 해야 하고, 이를 위해서는 공통의 역사국면에 대한 성찰의 거울을 비춰보는 과정이 필요하고 그를 통해 획득된 상호의 문제인식을 동아시아 역사의 맥락에 궤적화하는 한편, 그를 평화아시아의 미래를 위한 사상자원으로 삼는 것의 중요성을 역설하고 있는 것이다. 따라서 당시『황해문화』편집진은 이러한 다소 우회적이지만 사상회통의 방식을 수용하고 왕후이의 글이 한국전쟁과 분단이라는 아직도 해결되지 못한 우리 역사의 교착지점에 대해 중국의 입지에서 전혀 다른 시각으로 문제를 제기해왔다는 점에도 불구하고 하나의 역사적 사태에 대한 극명한 인식의 차이가 있음을 직시하게 한다는 점에서 글을 게재하였다. 이 책은 당시『황해문화』의 입장에 동의하며 이 책의 한 편장에 수록하게 되었다.

동했으므로, 중국은 이 전쟁을 "항미원조(抗美援朝, 保家衛國 미국에 항거하여 조선을 지원하고, 집안과 나라를 보위한다)전쟁"이라 불렀다.

　명명의 정치는 기억의 정치이기도 하다. 중국 군대가 전장에서 만나 대면한 상대는 미국의 주도하에 한국 군대에 포함되어 있던 16개 국가의 군대로 조성된 이른바 유엔군이었다.『일본해군의 전후 재군비』라는 저서에 따르면, 일본은 일찍이 비밀리에(鈴木英隆, 2013: 17(각주 26〈大久保武雄, 1978: 208~209〉, 각주 27〈James Auer, 1972: 121〉 참조) 선박과 인원을 파견하여 전쟁에 참전했다. 곧 "1950년 10월 2일부터 12월 12일까지, 소뢰정 46척, 압력형 수뢰(水雷)를 탑재한 대형구축함, 해군 전력이 있는 군인 1,200명 등을 조선의 항구 원산, 군산, 인천, 해주와 남포에 출동시켜 행동을 했던 것이다. 일본군은 모두 327킬로미터의 항로와 607평방해리의 해역에서 수뢰를 제거했다."(James E. Auer, 1973: 66)

　일본은 미군에 후방 지원만 제공했던 것이 아니라, 인천상륙작전 당시 47척의 탱크 상륙정 중 30여 척을 일본인이 운전했다(Curtis A. Utz, 2007: 76). 따라서 일본을 포함한다면, 미국을 비롯한 유엔군은 17개 국가인 것이다. 1953년 7월 27일, 조선 및 중국과 미국을 비롯한 유엔군은 조선정전협정을 체결했다. 그보다 앞선 4월 12일 한국의 이승만 대통령은 성명을 발표하여 정전에 강경히 반대하며 단독으로 북진하겠다고 주장했다. 또한 4월 21일 북진통일 결의가 통과됐다는 이유로 협정서에 조인하지 않았다. 조선전쟁의 정전 담판 기간에 명확하게 정전에 반대를 표시하며 대투쟁을 요구했던 것은 미국의 보호 속에 요행히 살아남은 장제스(蔣介石) 정권이었다. 이 두 가지의 세부 맥락은 지금까지도 잘 제기되고 있지 않으며, 사람들은 마오쩌둥(毛澤東)이 '38선'을 넘은 것만 비판하는 경향이 더 짙다.

　과거 20년 동안, 조선전쟁 연구는 중국 역사연구 가운데 가장 활발한 영역의 하나였다. 소련 기밀문서, 미국 기밀문서와 일부 중국 기밀문서 및 당사자 기획의 출판과 공표를 결합하여, 학자들은 당대 사회과학과 역사연구의 새로운 규범에 따라 조선전쟁을 연구하였다. 특히 중국이 조선전쟁에 개입한 역사문제는 탈이데올로기화라는 이름으로 항미원조전쟁을 냉전사 연구의 분석틀 아래 놓는 것이 연구의 주된 추세를 이루었다.

관점이 각기 다른 연구에서 우리는 대개 하나의 방법론상의 민족주의를 귀납해낼 수 있다. 그 특징은 국가 간 관계 및 국가이익을 중심으로 이 전쟁의 역사적 의의를 탐구하는 것이다. 중국의 항미원조전쟁을 지지하는 사람은 이 전쟁이 신중국의 국가건립전쟁(立國戰爭)이었던 점을 강조한다. 비판적 연구자는 이 전쟁이 많은 사상자를 낳았을 뿐만 아니라 중소 동맹과 중미 대항의 냉전구조를 가속화하고 공고화하였으며, 아울러 중국대륙이 타이완을 수복할 기회를 상실하였다고 생각한다. 냉전구조는 각종의 이익관계로 말미암아 구성된 것이고, 그 가운데 민족과 국가의 척도는 중요한 위치를 점하고 있다. 그러나 이 말은 결코 이 시대의 열전과 냉전의 동인과 동기가 민족적·국가적 이익척도로 환원될 수 있다는 의미는 아니다.

이 글은 당대 중국대륙의 조선전쟁과 관련한 최신 연구 성과들을 결합하여 '항미원조전쟁'을 20세기 중국 혁명과 전쟁의 맥락 안에서 새롭게 논의해보고자 한다. 이른바 '20세기 중국의 혁명과 전쟁의 맥락'은 일종의 '내재적 시각'이고, 그것은 우리가 이 중대한 사건의 정치결단 및 그 형성을 이해하는 데 실마리를 제공한다. 이 '내재적 시각'과 기타의 '내부 시선'은 서로 얽혀 있고, 병치·충돌하는 가운데 그 시대의 정치생성의 동력을 공통으로 구성했다. 정치결단을 역사내재적 시각에 두고자 하는 시도는 스스로 객관적 위치에 처한 사회과학자들처럼 철저하게 그 시대 지배적인 사람들의 행동원칙, 가치관, 그리고 대항적 정치를 배제해버릴 수가 없다. 동북아시아의 내부 분단, 분열과 대항이 지속되는 과정에서 우리는 이러한 국면을 돌파할 정치에너지를 찾을 필요가 있다. 그런 의미에서 우리는 단지 국가이익의 범주에서 전쟁을 사고할 수 없으며, 정치결단이 형성해낼 수 있는 역사맥락 속에서 그 과정을 탐색할 필요가 있다.

20세기 중국의 혁명과 전쟁 안의 어떠한 경험과 교훈이 기억하고 취득할 만한 가치가 있는 것일까?

1. "중국, 조선, 동방, 세계에 모두 이롭다"; 항미원조전쟁의 역사조건

1) 항미원조, 보가위국과 신중국의 의미

해제된 기밀파일과 당사자들의 기억에 의하면, 조선전쟁이 폭발했을 때 중국과 미국 쌍방 모두 전면 개입할 준비는 되어있지 않았다. 그러나 이 것이 전쟁의 폭발이 우발적 사건임을 의미하지는 않는다. 1949년 10월 부터 1950년 9월까지 중국이 전쟁에 말려들어갈 가능성이 처음 명확하게 제출된 것(毛澤東, 1999a: 93-94)은 신중국 건립이 채 1년도 되지 않은 시점이었다. 해결해야 할 사업들이 산적한 가운데 중국공산당 내부의 주류 관점은 전쟁에 개입하지 않는다는 것이었다. 1949년 비교적 강조된 사업은 국민당 잔당의 숙청, 중국 인민해방군과 각급 당정 기관의 신속한 직능 변화, 농촌에서 도시로의 근무 중심 이동, 해방군의 정규화, 문화교육의 실행, 이미 일정을 제출한 민족구역문제 등이었으며, 그리고 특히 말할 필요도 없는 전후의 회복과 재건이었다. 1950년 6월 전국정치협상회의 제2차 회의가 열렸을 때, 회의가 반복·강조한 사업은 바로 토지개혁이었다(毛澤東, 1999b: 79). 곧 마오쩌둥은 전체 당을 향해 "사면 (四面)출격을 하지 말라"고 경고하였다(毛澤東, 1999c: 73). 조선전쟁이 폭

발했을 당시, 중국 인민해방군의 주력부대는 신장과 티베트로 가는 도
중이었으며, 아울러 동남쪽에서 국민당과 연해의 도서를 쟁탈하는 중이었
다. 요컨대, 신중국은 이 전쟁에 참가할 준비가 되어있지 않았다는 것이다.

　　그러나 이것은 결코 조선전쟁의 폭발이 중국과 전혀 관계가 없다
고 하는 것과는 다르다. 중국과 조선의 관계상, 일본의 식민지통치하에
서 조선반도의 저항에너지는 일찍이 중국인민의 민족해방전쟁과 밀접
한 관계가 있었다. 1945년 5월, 마오쩌둥은 중국 해방전쟁에 참가했고,
원래 중국인민해방군 제4 야전군에 소속되어 있던 3개의 조선사단을 조
선으로 입국시키는 데 동의했고, 그 가운데 2개 사단은 그해 7월 조선에
밀입북했으며, 다른 1개 사단도 1개 사와 1개 단으로 재편, 1950년 3월
에서 4월 중에 조선쪽으로 이전했다(金東吉, 2006: 103). 이것이 중국혁명
과 주변관계의 역사적 확장이며, 또한 중국혁명가의 조선반도 남북 대치
국면에 대한 실질적인 대응이기도 하였다. 미국의 아시아 전략이라는 각
도에서 보면, 조선전쟁과 타이완해협문제는 처음부터 하나로 연관되어
있었다. 1950년 6월25일 전쟁이 폭발한 후 이틀째 되던 날, 트루먼은 조
선전쟁을 확대한다는 성명 발표와 동시에 타이완, 베트남, 필리핀을 연
계하였으며, 정확하게 중국을 겨냥하여 말했다. "공산당부대가 타이완을
점령하는 것은 장차 태평양 지역의 안전 및 그 지역에서 합법적으로 업
무를 진행할 필요가 있는 미국부대를 직접 위협할 것이다. 따라서 나는
이미 제7함대가 타이완에 대한 어떠한 공격도 저지하도록 명령했다."(金
沖及 主編, 1998: 1008) 1950년 10월 초 마오쩌둥은 참전을 결정했다. 이
결정은 누가 전쟁을 일으켰냐는 문제에서 출발한 것이 아니라, 그것이
전체 세계국면에 미칠 영향에 대한 판단에 따른 것이다. 마오쩌둥은 당
시 소련에 있던 저우언라이(周恩來)에게 전보를 띄워 참전이라는 적극적
인 정책을 취하면서 "중국, 조선, 동방, 세계에, 모두 지극히 이롭다"(毛澤

東, 1999d: 103)고 지적했다.

"항미원조"라는 구호는 정확하게 중국 참전이 "중국에게, 조선에게" 매우 유리한 측면을 개괄했다. 미군은 인천 상륙 후 군사적 우세를 빌려 신속하게 북진하였고, 중국의 동북을 위협했으며, 조선은 군사 붕괴의 위기에 직면했다. 미국 CIA는 일찍이 중국 출병의 가장 직접적인 원인은 유엔군이 동북지방에 침입하여, 쉐이펑(水豊) 수력발전소와 압록강변의 발전시설을 파괴할 것을 우려한 것으로 추정했다.[2] 1950년 11월 10일 프랑스는 유엔에 의안을 제출하여 중국군이 조선에서 철수할 것을 호소하고, 중국 변경이 침범받지 않는다는 것을 보증한다고 하였다. 이 의안은 즉각 미국과 영국 등 6개국의 지지를 받았지만, 도리어 소련에 의해 부결되었다. 이러한 사실은 또한 당대 역사서술에 소재를 제공한다. 즉 중국은 당시 상황을 오판했으며 소련이 프랑스 제안에 반대하여 전쟁에 개입하였다는 것이다.

미국이 중국에 진공할 계획이 없었다면, '보가위국(保家衛國)'의 의미는 어디에 있는가? 여기에서 잠시 두 가지 해석을 제시한다. 첫째는 미국 대통령과 국무원의 한두 개 전문, 혹은 미국이 조정하고 유엔에 의해 통과된 한두개의 결의가 결코 전쟁 진행과정을 결정할 수 없다는 것이다. 제국주의 전쟁은 늘 그들의 '계획'을 뛰어넘는다. 브루스 커밍스(Bruce Cummings)는 다음과 같이 지적한 바 있다. 조선전쟁에 대한 간섭과 미국 외교정책 결정은 항상 하나의 의사결정 매트릭스에서 만들어진 것이지, 개인의 지시가 아니라는 것이다(Bruce Cumings, 2007). 맥아더

---

2 1950.11.1. 미국중앙정보국장 월터 스미스가 대통령에게 보낸 비망록, *FRUS1950*, vol. 7, Korea, 1025-1026쪽. http://digital.library.wisc.edu/1711. dl/FRUS.FRUS1950v07 2013.11.17. 열람.

장군이 북상했을 때 효과적인 저격이 없었다면, 조선과 중국 변경의 군사태세가 결국 어떻게 발전하지를 짐작할 수 있는 방법은 없었다. 사실상, 프랑스가 의안을 제출한 지 얼마 되지 않아 미군은 이미 11월 8일에 압록강 위의 도로와 교량에 대한 폭격을 시작했고, 미국은 교량 폭격 당시, "중국 영공에 침입했고, 때로는 중국 변경의 도시와 농촌지역[城鎭]과 항구에 폭격발사를 진행했다."(軍事科學院軍事歷史研究所, 2011: 303) 이전 1950년 8월 27일부터 미군 비행기는 여러 차례 중국·조선의 변경을 넘어왔으며, 도시, 향진, 항구에 발사와 폭격을 가하여 재산 손실과 인명 살상을 야기했고, 미 해군은 공해상에서 중국상선을 무장으로 차단했다. 중국 정부가 미국에 항의를 제출하고 유엔안보리에 공소를 제기한 뒤에도(世界知識出版社 編, 1960a; 1960b: 146-149) 미군 비행기의 침입과 공습행위는 여전히 지속되었다(伍修權, 1960: 309).

두 번째로, 중국이 용납할 수 있는 최저선은, 미군에게 중국을 공격하지 말 것을 요구하는 게 아니라 미군이 '38선'을 넘는 것을 용인하지 않는 것이었다. 1950년 10월 3일 저우언라이는 주중 인도 대사 파니카르의 회견에서, 그를 통해 미국과 영국에 만약 미군이 "38선"을 넘는다면 중국은 반드시 조선에 출병할 것이라는 의사를 전달했다. 하지만 미국 정부는 이것이 중국의 마지노선임을 인식하지 못했다(金沖及 主編, 1998: 1016). 10월 7일 미국의 조종하에 유엔은 소련에 의해 거부됐을 수도 있었던 유엔 안보리 회의를 직접 소집하여, 미국 주도의 북한 점령, 더 나아가 조선 통일 결의를 통과시켰다. 그리고 다음 날 미군은 '38도선'을 넘었다. 마오쩌둥은 다음의 사실을 강조했다. 출병하지 않으면 우선 동북지역에 불리하며, 동북 국경수비대 전체가 빨려들어가게 되고, 남만주의 전력(電力)도 장악당하게 된다는 것이다. 이런 판단의 배후에는 즉 신중국이 군사 위협을 받는 것을 절대 용인하지 않겠다는 결단이 있었다.

　중국의 군사와 정치의 마지노선은 미군이 38선을 넘는 것을 허락하지 않는 것뿐만 아니라 쉐이펑 수력발전소 및 압록강 연안시설을 보호하는 것처럼 간단했다. 이 마지노선은 얼른 보기에 미국의 대조선 전략과 중첩되지만, 그러나 그 내함에 있어서는 전혀 다르다. 사실상 마오는 38선을 넘을 수 없는 분계선으로 여기지 않았다. 그는 조선 진입 작전의 초기 두 번의 전투가 끝난 뒤 "반드시 38선을 넘어야 한다"고 말한 적이 있다(毛澤東, 1999e: 114). 1950년 12월 13일, 영국과 미국은 중국군에게 38선에서 멈출 것을 요구했다. 이 이전에 지원군이 평양에 진공한 다음날인 12월 7일, 인도 재중대사 파니카르는 중국 외교부 부부장 장한푸(章漢夫)에게 한 통의 비망록을 전하며, 13개 아시아 아프리카 국가연합이 38선에서 정전을 제창했다고 하였다. 그러나 저우언라이는 반문하며 말했다. 왜 미군이 38선을 공격했을 때 당신들은 거론하지 않았는가? 왜 13국 외국군대가 조선에서 철수하고 조선과 중국에 대한 미국의 침략을 비판한다고 공개적으로 선언하지 않는가? 유엔이 조선전쟁 쌍방에 군사 행동정지 요구안을 통과시킨 다음날, 트루먼은 미국이 전쟁상태에 돌입했음을 선포했다.

　따라서 마오가 38선을 넘은 것은 두 가지 동기를 가지고 있었다. 첫째는 영국과 미국의 결심을 동요시키는 것이었다. 두 번째는 연합군이 패퇴하는 상황에서 미국이 유엔을 이용하여 결의를 발표, 쌍방이 '38도선'에서 정지할 것을 요구했기 때문이다. 마오쩌둥이 보기에 당시의 유엔은 미국이 조종하는 전쟁 상대로서의 "국제기계"일 뿐이었고, 따라서 중국으로서는 유엔의 결의나 규정을 접수할 의무가 없었다. 이런 의미에서 '38도선'을 공격하는 행위는 미국 패권을 승인하는 주변세력이 되기를 거절하는 것이고, 군사형식으로 그 정치공세에 대해 반격하는 것이라

할 수 있다. 1951년 4월 맥아더는 군사적 실패라는 배경에서 중국 본토를 폭격할 것과 국민당 군대를 무장하여 조선전쟁에 개입시킬 것을 건의했다. 하지만 중국과 전면전을 초래할 가능성 때문에 트루먼은 맥아더를 신속하게 교체했다. 트루먼의 이러한 결정은 중국이 조선전장에서 미군을 통렬하게 공격한 것과 밀접한 관계가 있다.

중국은 장구하고 고난에 가득 찼지만 마침내 승리를 획득한 혁명을 통해 비로소 노예의 운명을 벗어난 아시아국가였다. 그것은 통상적 의미에서의 강국이 아니라 제국주의시대의 국가와는 확연히 다른 국가의 승인을 표징하며, 역사상 기왕의 국가 혹은 왕조와 다른 태세에 대한 상징이고, 인민이 국가의 주인되는 민주적 사회주의국가에 대한 승인을 표징한다. 1950년 9월 5일, 마오쩌둥은「조선전쟁 국면과 우리의 방침(朝鮮戰局與我們的方針)」이라는 글에서 명확하게 중국혁명을 조선전쟁과 연계시켜내었다. "중국혁명은 세계적 성질을 띠는 것이다. 중국혁명은 동방에서 첫 번째로 세계인민을 교육한 것이며, 조선전쟁은 제2차 세계인민을 교육했다."

1951년 10월 조선 참전 1주년 되던 당시, 마오쩌둥은 전국 정협 제3차 회의의 개막사에서 조선전쟁을 언급했다. 그는 지적했다. 첫째, 이 전쟁은 가정을 보호하고 국가를 보위하는 것이며, 미국 군대가 우리나라의 타이완을 점령하지 않고 조선민주주의인민공화국을 침략하지 않았다면, 우리나라의 동북변경을 공격하지 않았다면 중국인민은 미국 군대와 전쟁을 치르지 않았을 것이다. 둘째, 미국 침략자들이 우리를 공격한 이상, 우리는 침략에 반대한 깃발을 들지 않을 수 없으며, 그것은 정의의 전쟁으로 비정의의 전쟁을 반대하는 것이다. 셋째, 조선 문제는 당연히 평화적으로 해결되어야만 하며, 미국 정부가 공평하고 합리적인 기초에서 문제를 해결하기를 원하기만 한다면, 조선의 정전협상은 성공할 수 있다.

어떤 역사학자는 다음과 같이 지적한 바 있다. 부산 전역이 전면전으로 전개되기 전에 중국이 조선에 참전했다면, 미국은 인천에 상륙할 기회를 잃어버렸을 것이라는 것이다(沈志華 主編, 2009: 845). 이러한 관점은 1950년 10월 맥아더와 트루먼이 웨이크섬(Wake Island)에서 중국과 소련의 참전 여부를 두고 토론할 때(1950.10.15)의 관점과 일치한다. 즉 중국이 가장 적절한 출병기회를 놓쳤고, 따라서 결국 참전하지 않을 것이라 여긴 것이다. 군사적 각도에서 보면 이러한 판단은 일정한 근거가 있지만, 그러나 이처럼 순수한 군사적 관점에서 전쟁 진행 과정을 판단하는 방식은 마오쩌둥이 전쟁을 포착하는 방식과 경향적으로 크게 다르다.

왜 이렇게 말하는가? 앞에서 언급한 "침략에 반대한다(反侵略)"라는 측면 이외에 우리는 또한 미국의 전쟁 진행과정의 각도에서 분석해 볼 필요가 있다. 미국은 전쟁 초기 조선 측에서 남침을 하였으므로 미국의 군사간섭이 국제법을 집행하는 경찰행동이라 해명한 바 있다. 유엔의 제약이 한편에 있다고는 하지만, 미국은 자신의 간섭을 유엔이라는 구조하에서 합법화한 것이다. 전쟁 초기, 이 합법구조는 미국의 군사행동을 제한하기도 했다. 예컨대 국회 하원의원 논쟁 당시 하원의원들과 정부를 대표하는 발언인들은 모두 대통령의 권한을 38도선 이내로 제한한다는 것에 동의하면서, 미군이 이 임시분계선을 넘어 조선 군대를 추격하는 것을 금지한 것이다(Glen D. Paige, 1968: 218-219). 그러나 인천상륙작전 이후, 이 구조는 즉각 혁파되었고, 주미 유엔대사 오스틴(Warren Robinson Austin)은 "침략자의 군대"가 "상상 속 분계선의 보호"를 받는 것을 용인할 수 없다고 발표하였다(John W. Spanier, 1959: 88).

미국이 조선반도에 진군한 것에 대한 자기합법화는 이 지점에서 이중의 전복을 받는다. 우선, 조선의 남진과 국내통일전쟁을 "침략"으로 보는 것은 이미 충분히 지적한 바와 같고, 애치슨은 전쟁 초기에 전쟁 목표가 통일조선이라는 것을 부정했는데, 이는 미국의 내정간섭이 국내법 집행 가운데 "범죄를 제지하고 원상을 회복하는 것"과 유사함을 암시하는 듯하다(邁克爾·沃爾澤Michael Walzer, 2008: 133). 다음으로 38도선을 넘는 것은 일찍이 미국 측이 말한 유한전쟁의 구조를 타파했을 뿐만 아니라, "미국의 목표를 무력으로 조선을 통일시키고 새로운 (민주적) 정부" 즉 "무력으로 전체 국가를 정복하는 것으로 변화시켰다."(마오쩌둥) 미국이 조선 북측의 남진을 모두 '침략'이라고 간주한다면, 미국은 어떻게 스스로 "원상을 회복한다status quo ante라는 전쟁 목표를 벗어난 행동을 규정한 것인가? 미군이 38도선을 돌파한 그 시각부터, 미국의 조선전쟁은 이미 정체(政體)의 개변과 최종 승리를 전쟁 목표로 삼은 것이고, 따라서 미국 초기의 승인과 미국이 조종한 유엔이 윤허한 구조에서 보면 이 전쟁 또한 어떠한 정의성도 없다고 하겠다.

따라서 미군이 38선을 돌파한 뒤, 중국이 조선 전쟁에 개입한 것은 침략에 반대하는 이유를 가짐은 물론 국제법의 근거를 획득했다. 마오쩌둥이 전쟁 개입을 선택한 시기와 신중국의 전쟁 기간 및 전쟁 종식 이후의 민첩한 외교투쟁은 모두 마오쩌둥과 저우언라이 등이 가진 전쟁의 정치성에 대한 이해 및 그들의 전쟁과 국제법 지식에 대한 능숙한 운용을 확실히 해명해주었다. 사실상 1953년 말 제출된 평화 5개항 원칙은 바로 이 기초 위에서 제출된 것이고, 그것은 중국 지도자들이 미국 지도자들보다 국제법의 원칙을 더욱 잘 운용함으로써 전쟁과 외교의 정의라는 원칙을 확립했음을 표명해주었다.

신중국의 공고화 과정에는 냉전 국면을 돌파하려는 계기가 포함되어 있었다. 우선 제1차 세계대전 이후 10월 혁명의 포화 속에서 소련이 탄생했다. 그러나 독일·이탈리아·일본 3개 제국주의 국가가 세계 패권을 기도했던 사실을 저지하지는 못했다. 마오쩌둥은 이제 국면이 완전히 다르다고 생각했다. "외국 제국주의 패권시대는 영원히 종식을 선언했다. 사회주의 소련의 성립으로, 중화인민공화국의 성립으로, 각 인민민주국가의 성립으로, 중소 두 위대한 국가의 우호적이며 상호협조 동맹조약을 기초로 한 견고한 단결로, 전체 평화민주진영의 공고한 단결과 세계 각국 광대한 평화인민들이 이 위대한 진영에 대한 깊은 동심으로 인해 제국주의 패권시대는 영원히 종식을 고한 것이다."

다음으로 20세기 중기에 세계역사상 전대미문의 국면, 하나의 새로운 세계체계가 출현했으며, 아시아에서 중국혁명의 승리와 그것이 대두하고 고무된 반식민지주의 과정이 바야흐로 점차 전개된 것이었다. 이 역사진행의 목표는 제국주의에 대한 저항을 통해 평화를 실현하고 따라서 평화를 실현하는 방법으로 전쟁수단을 포괄했는데, 곧 마오쩌둥이 말한 "전쟁을 평화로 전화하고 평화를 전쟁으로 전화하는 것"이 그것이다. 이것은 중국혁명전쟁 속에서 확장되어 나온 전략이다. 일찍이 항일전쟁이 전면 폭발되기 전 마오쩌둥은 명확하게 지적하였다. 전쟁을 소멸시키는 수단은 다시 하나밖에 없다. "그것은 바로 전쟁으로 전쟁을 반대하는 것이고, 혁명전쟁으로 반혁명전쟁을 반대하고, 민족혁명전쟁으로 민족반혁명전쟁을 반대하며, 계급혁명전쟁으로 계급반혁명전쟁에 반대하는 것이다." 조선전쟁은 바로 반침략전쟁으로 침략전쟁에 반대한 것이다. 이것이 바로 정의와 비정의 전쟁이라는 정치분야이다. 마오쩌둥의 입장에서 신중국은 "국내 국제의 위대한 단결의 역량"이 응집하는 전제이며, 항미원조전쟁과 그 이전의 모든 중국혁명 과정에서의 전쟁 간의 분기점이었다. 항미원조의 승리가 없었다면 1949년 10월 1일 천안문 성루(城樓)에서의 선서는 증명될 수 없었던 것이다.

지난 10여 년 동안 중국대륙의 조선전쟁 연구는 하나의 전환을 맞이했다. 철저하게 국제주의 시각을 벗어나 비교적 단순한 민족주의 시각에서 조선전쟁을 해석하려는 시도 외에 다른 하나의 추세는 연구의 중심을 중국과 미국의 경쟁에서 중소의 관계로 전환하려는 것이다. 비교적 영향력있는 관점은 다음과 같다. 첫째, 스탈린과 김일성이 함께 손을 잡고 마오쩌둥이 조선전쟁을 계획하도록 하였고, 중국 참전을 유도했다는 것이다(沈志華, 2003; 紀坡民, 2011). 둘째, 소련이 조선의 통일전쟁을 방기한 것은 중국의 동북지방을 제어하는 데 신뢰감을 잃었기 때문이고, 중국이 조선에 참전한 목적은 소련이 미국의 국경 압박을 이유로 동북지방의 주둔군을 강화하여 소련의 지휘를 받게 하는 것을 피하기 위해서라는 것이다(沈志華, 2003, 2013: 133). 어떤 이는 소련이 조선의 진공을 지지한 것은 마오쩌둥이 아시아의 티토가 되는 것을 막기 위해서였다고 한다(紀坡民, 2011: 69-76). 셋째, 소련은 조선전쟁에서 최대 손실을 입은 당사자의 하나이다. 소련은 중국 동북지방에서의 이익을 잃었을 뿐만 아니라 중국에 156개 중대한 공사를 원조하였으며, 이로써 신중국의 공업화를 이루는 기초를 다졌다는 것이다(張文木, 2010: 720-726; 紀坡民, 2011: 69-76). 네 번째, 조선전쟁은 중소동맹의 진행을 가속화하였고, 미국과 관계 개선의 기회를 파괴했다는 것이다(沈志華, 2003: 359, 361). 여기에서 자연스럽게 나오는 문제가 있다. 중소관계는 중국의 조선 출병에 얼마나 영향을 끼쳤는가 하는 것이다.

우선 조선에 출병하는 문제를 논의할 때 마오쩌둥은 중국, 조선에 유리할 뿐만 아니라 특히 동방과 세계에 유리하다는 문제를 제기했다. 동방은 동서양 전선 속의 동방이고, 특히 소련을 중심으로 한 사회주의 진영이며, 중소동맹은 바로 '동방' 범주의 핵심내용의 하나이다. 세계는 제국주의의 억압에서 해방되어 나오고자 시도하는 전세계 피압박민족을 지칭한다. 건국에서부터 항미원조에 이르기까지, 다시 또 이후 일련의 시기까지 중국 대외정책의 중심은 소련과 동유럽 국가와의 결맹에 있었다. 이것은 돌발적인 전환이 아니라 중국혁명의 진행과정에서 이미 확정된 동맹관계의 연속이다. 전쟁이 군사 협력을 촉진했다고 하더라도, 중국과 소련의 결맹은 조선전쟁의 폭발에서 기인한 것이 아니라는 것이다. 중국과 소련, 그리고 다른 사회주의 국가 간의 결맹은 매우 중요한 새로운 형세의 결과이다. 대혁명시대의 국민당은 일찍이 소련과 동맹을 맺었지만, 대혁명 실패 후 중국공산당과 국제공산주의 운동 및 소련의 관계는 조선전쟁이 일어날 때까지 기다릴 필요가 없었다. 그러나 1945년 이후 국공내전 시기 국민당에 대한 미국의 편파적 지지는 끝내 바야흐로 새롭게 탄생하고 있던 신중국이 급격하게 소련으로 기우는 것을 촉성시킨 데에 긍정적 측면이 없지 않다.

마오쩌둥은 미국 및 그 종속국들이 조선반도에 군사적으로 개입하는 것에 반대했고, 동시에 사회주의 진영의 승인을 지키고자 했다(張文木, 2010: 634-636, 652-654). 그의 수사는 두 가지 측면을 포함한다. 한편으로 중국과 조선에게 이롭다는 수사는 전체 중국인민과 민족자본계급을 설득하여 항미원조전쟁을 지지하게 만들 수 있는 이유였다. 다른 한편 동방과 세계에 이롭다는 수사는 전 세계 국면에 대한 기본 판단과 관련된 것이다. 이 세계 국면의 새로운 특징은 동·서 양대 진영이 출현한 것이었는데, 중국은 바로 동방진영의 일원이었던 것이다. 1950년 1월, 조선전쟁 폭발 5개월 전 소련은 중국이 유엔에 되돌아오는 제안이 통과되지 않자 안보리에서 탈퇴를 선포하였고, 따라서 6월 25일 조선전쟁을 토론하기 위해 열린 안보리 회의에 참석하지 않았다. 이 사건에 대해 지금 일부 학자들은 '방류[放水]' 행동으로 해석한다. 곧 소련이 안보리 회의에 불참하면서 부결권을 행사할 방법이 없었고, 그래서 유엔이 미국 주도로 조성된 유엔군을 조선내전에 진입할 수 있게 하는 의제를 통과시켰다는 것이다(沈志華, 2003; 紀坡民, 2011). 그러나 이미 소련이 북한의 통일전쟁을 지지했다면, 또한 어떤 이유에서 그처럼 많은 유엔군이 합법적으로 조선전쟁에 개입하도록 했을까? 비교적 설득력 있는 증거는 소련학자가 폭로한 문서인데, 곧 스탈린이 체코슬로바키아 대통령에게 보낸 전보가 그것이다. 이 이후의 사태발전은 스탈린의 예측을 어느 정도 인증했다. 안보리 결의 후 트루먼은 극동지역의 미국 군사세력에게 이승만 정권을 지원할 것을 명령했고, 동시에 제7함대에 타이완해협을 봉쇄할 것을 명령했으며, 중국이 타이완을 공격할 가능성을 저지하였다. 스탈린의 계산으로 놓고 볼 때, 미국의 주의력은 확실히 유럽에서 극동으로 옮겨갔지만, 미국의 입장에서 보면, 미국의 극동의 사안에 대한 개입, 그리고 소련과 이 지역에서 세력범위를 쟁탈하는 태세가 모두 1950년에 시작된 것은 아니다. 소련의 안보리 회의 불참은 조선에 군사개입한 관건적 요소가 결코 아닌 것이다.

동방집단 내 소련의 특수한 지위로 인해 어떻게 그 행위 속에서의 국가패권과 냉전정치국면에서의 정치적 영도권을 구별할 것인가 하는 것은 여전히 심도 있는 분석을 요한다. 스탈린 시대로부터 흐루쇼프 시대까지 소련은 거대한 국제주의의 책임을 담지했지만, 또한 다른 정도, 다른 형식 및 다른 성질의 패권주의로 존재하고 있었다. 즉 중소관계의 측면에서 양 공산당은 상호 합작에서 내부 분기로, 그리고 다시 공개적인 논쟁으로 발전했다. 양국은 정치 합작에서 정치 충돌로, 다시 군사 대항으로 나아갔다. 소련의 1950년대 행보는 1960년 이후와 중요하게 구별된다. 제2차 세계대전 이후 동북에서의 소련의 지대한 영향으로 당시 서방 특히 미국에서는 소련이 장차 중국 동북지역을 완전히 병탄할 것이라는 주장이 재차 출현했고, 1949년 후기부터 1950년 조선전쟁이 폭발하기 전, 미국 국무원은 다시 이 문제를 거론했다.

소련이 상대적으로 장기간에 걸쳐 동북에서 일정한 영향력을 갖기를 희망했지만 그러나 이로부터 중국이 동북지역을 상실하리라 추정하는 것은 근거가 부족하다. 중소관계는 제2차 세계대전 후 가장 중요한 대국 관계 중 하나이다. 그러나 이런 대국 간의 관계는 기존의 대국 관계와는 다르다. 그것은 신중국과 소련의 관계이고, 막 출현한 사회주의진영 내부의 관계이다. 사회주의국가 간의 관계는 국제주의의 경향을 내포하고 있었으며, 중소관계는 또한 동방집단 내부의 관계이기도 하였다. 이 관계의 핵심은 당과 당의 관계이며, 따라서 이데올로기와 가치관이 국가간 관계에 지극히 중요한 작용을 일으킨다는 것이다.

중국의 참전 조건 중 하나가 소련의 지지였다. 그러나 이 조건이 결코 중국이 참전 여부를 결정 지은 가장 결정적인 요소는 아니었다. 1950년 10월 13일에 저우언라이 총리에게 보낸 전문에서 마오쩌둥은 제3, 4항을 파악하지 못했다고 말하였다. 이른바 제3항이란 1950년 5월 11일 스탈린과 저우언라이가 함께 중공에 보낸 전보를 가리킨다. 이 전보에는 소련은 중국이 필요로 하는 비행기, 대포, 탱크 등의 장비를 완전히 만족시킬 수 있다고 약속하고 있었다. 마오쩌둥은 그것이 임차 방식인지 소련 무기를 구매하는 방식인지를 물었다. 그는 임차를 원했다. 신중국 건립 초기 경제, 문화 등의 항목의 건설비용과 일반 군정비용을 충당할 자금이 절박했기 때문이다. 절대 부족한 자금사정에서 무기를 사게 된다면 중국의 경제회복 속도가 침체될 뿐 아니라 중국의 민족자본계급과 소자본계급 모두의 반대에 부딪히게 될 것이고, 그렇게 되면 "국내 대다수인의 단결을 확보유지"할 방법이 없는 것이다. 10월 11일 저우언라이는 마오쩌둥과 중앙에 전보를 보내고 몇 시간 후 소련 측이 준비가 충분하지 못하여 지원 공군을 파병할 수 없다는 몰로토프의 전화를 받았다. 마오쩌둥은 한편으로는 저우언라이에게 더 소련에 체류하면서, 소련측의 보다 명확한 승인을 얻어내라고 요구했다. 그러나 소련 공군의 지원이 없을지라도 중국 참전의 결심은 이미 확정했다. 상술한 전보를 보낸 다음 날인 10월 14일, 마오쩌둥은 지원군의 조선 진입 작전 배치를 시작했다. 10월 23일, 그는 펑더화이(彭德懷)와 가오강(高崗)에게 편지를 보내 "타당함과 신뢰(穩當可)"의 기초 위에서 모든 가능한 승리를 쟁취하라고 하였다(毛澤東, 1999f: 107-109).

3) 냉전체제의 확립과 탈냉전의 계기

조선전쟁의 초기 단계에서 마오쩌둥은 세계 각국의 일은 각 국가의 인민이 관리하고, 아시아의 일은 아시아 사람이 관리할 것을 제기했다. 이 관점은 몇 년 뒤 반둥회의 원칙 속에 체현되었다. 이 원칙이 바로 마오쩌둥이 중국의 항미원조전쟁을 필요불가결하고 정의로운 전쟁으로 여기게한 정치적 전제였다. 카이로회담에서부터 이미 미국은 아시아 지역의 다른 세력을 어떻게 연합하고, 전후 일본과 국민당 통치하의 중국을 포괄하여, 그것을 통해 소련을 억제할 것인지를 도모했다. 제2차 세계대전이 끝나갈 무렵 얄타회담과 포츠담회담이 잇따라 소집됐다. 거기에서는 전후 각자의 세력범위를 어떻게 확정할지가 이미 미소 간 경쟁의 현실적 과제가 되었다. 미국은 1945년 여름 이미 조선반도에 진입하였고, 아울러 소련과 세력범위를 쟁탈하기 위해 솔선하여 군사분계선을 확정하였다. 이란 사건 이후 1946년 3월 처칠은 철의 장막이 강림했다고 선포했다. 1947년 7월의 마셜플랜은 아직 소련을 포괄하지 않은 상태였다. 소련은 김일성의 남진을 지지하였는데 이는 크게는 미국의 발칸반도와 중동에서의 도발에 대한 회응이었다. 1949년 4월에서 8월 북대서양조약기구NATO가 성립되고 각국에서 비준 수속을 완료하였던 것도 소련과 동방집단에 중요한 자극이 되었다. 1949년 8월 소련의 첫 번째 원자탄 실험이 성공했고, 핵억제위협구조가 조성되었다.

조선반도의 분리통치 국면은 최초로 얄타회담의 구조에서 국제 신탁통치 형식으로 형성되었다. 그러나 조선은 결코 전쟁추축국도 패전국도 아니었고, 그 인민은 도리어 자신들의 운명을 결정할 사태에 참여할 기회조차 없었다. 조선의 이웃 나라인 중국 또한 이러한 "국제결정"에 참여하지 않았다. 베를린 함락에 따라 미소 양국은 전쟁의 중심을 극동지역으로 옮겼다.

신중국의 건립에 따라 아시아지역에서 미국의 새로운 임무는 신중국을 제어하는 것이었고, 신중국이 성립되기 전, 중국공산당 지도자는 이미 소련과 동맹을 맺고 동방진영에 가입할 방침을 확립했다. 이 국면이 아마도 스탈린이 조선 북측의 남진을 반대하는 입장에서 그것을 지지하는 태도로 전환하게 된 주축일 것이다. 문서에 근거해 보았을 때, 1950년 1월, 스탈린은 조선의 남진을 지지한다는 태도를 마오쩌둥에게 통보하지 않았다. 그러나 신중국 건립 및 중소우호조약협정이 스탈린의 태도 변화를 가져왔다고 추정해볼 수 있다. 따라서 전쟁은 결코 1950년의 산물이 아니라 앞서 설명한 과정의 확장인 것이다. 이른바 "세계 각국의 사정은 각국 인민이 관장하고, 아시아인의 사정은 아시아인이 관장하라"는 입장이 겨냥한 것은 1945년 얄타회담 이후, 특히 포츠담회담 이후 패권국가가 약소국가의 운명을 주재하고, 장차 그것을 자신의 세력범위에 받아들인 국면이었다.

소련군이 대대적으로 조선에 들어가 서울에 이르렀을 때 미군은 소련이 조선의 전 지역을 장악하는 것을 방지하고자 했다. 이를 위해 북위 38도선을 미소가 각자 일본의 항복을 받는 군사분계선으로 삼는다는 결정을 내렸다. 이런 점에서 보면 조선전쟁과 중국 내전은 그 안에 민족통일의 요구가 내포되어 있다는 점에서 비슷하다 할 수 있고 여타의 침입사건과 다르다 하겠다(Bruce Cumings, 1981).[3] 기왕 내전이라면 어떠한 외래의 군사간섭 - 특히 패권적 전략이익을 기초로 한 군사간섭 - 도 모두 정당한 이유를 가질 수 없다. 1945년 9월 미군이 남쪽에 내려온 뒤, 먼저 전용기로 10월 중순 미국에서 장기 체류해온, 대한민국임시정부와 일정한 모순에 있었던 이승만을 운송하여 귀국시켰고, 국민당 정부가 지지해준(石源華·蔣建忠 編, 2012: 1505-1506),[4] 충칭에 망명해있던 대한민국임시정부요원(우익의 김구, 좌익의 김규식 등)에게 개인 신분으로 귀국할 것을 명령했다(金九, 2006: 274). 김구 등은 11월 5일 충칭에서 상하이로와 10여 일을 체류한 뒤, 국민당 정부가 미군과 교섭한 이후에야 미군이 비로소 전용기로 김구 등을 귀국시켰다.

　　1945년 12월 모스크바 삼국(미·소·영) 외상회의는 미국·소련·중

---

3 1990년 이후, 브루스 커밍스는 이 조선문제와 관련한 대량의 저작을 발표하고 이 문제를 토론했다. 최근 저작은 Bruce Cumings(2010).

4 관련 내용은 『중국국민당 비서실이 장제스에게 올린 보고문中國國民黨秘書處向蔣介石呈文』(中國國民黨黨史會 韓國檔案 016-26-5)의 한국관련 항목에서 확인할 수 있다.
"한국 전체를 점검해보면, 미국과 소련이 따로 통제하고 있고, 그 국내상황은 우리나라가 개입할 여지가 없다. 소련과 중국 공산당이 함께 싸우고 있고, 옌안(정부)의 지원을 받은 조선 공산주의자들이 북한에서 권력을 잡았다. 그런데 국민당중앙이 지지했던 김구의 무리들은 남한에 입국한 뒤 끝내 중대한 영향력을 일으키지 못했다. 미국과 소련이 동시에 퇴각하면, 남한의 모든 민주 세력이 북한 공산주의에 의해 소멸될 가능성이 희박하지는 않다."
위 내용은 石源華·蔣建忠(2012)에서도 확인할 수 있다(글쓴이는 김구 부문에 대해 좀더 인용했으나 여기에서는 생략했다.-옮긴이 주).

국·영국이 조선에 5년을 기한으로 하는 국제신탁을 진행할 것을 확정했고 그 결과 조선 남쪽 민중의 항의를 촉발했다. 미군은 서울의 여론을 오도하는 데 주력했고, 국제신탁을 소련이 앞장서 주장한 것으로 호도하여 반탁운동의 예봉을 반소로 향하게 하였다(曹中屛·張璉瑰 等 編著, 2005: 42). 동시에 북측은 토지개혁을 개시하였고, 소련군은 조선 북쪽에서 대부분의 주둔군을 철수했다. 1946년 미국 점령군이 집행한 경제정책이 엄청난 통화 팽창을 야기하였으므로 남쪽 인민들은 항쟁을 일으켰다. 최대 규모는 9월 총파업이었고, 10월에는 또한 300여만 명이 참가하고, 300여 명이 사망하고 3,600여 명이 실종되고, 26,000여 명이 부상당한 인민봉기를 일으켰다. '10월 민중항쟁'(金九, 2006: 274)의 폭동에 참가했던 농민들의 구호 중 하나는 북조선과 똑같은 토지개혁을 집행해야 한다는 것이었다.

　　1947년 10월 미국은 유엔을 통하여 1948년 3월 31일 이전에 남북한 동시 선거를 치르고 통일정부를 성립할 것을 제안하였다. 1948년 2월 10일 "한국의 국부"라고 불리던 김구가 「삼천만 동포에게 눈물로 고함」이라는 성명을 발표하여 남한의 독자적 정부수립을 반대했으나 성과가 없었다. 김구는 남북협상이 통일정부를 건립할 것을 제출하고, 한국 단독으로 대선을 치르라는 유엔의 결의에 반대했으며, 아울러 조선을 방문하여 김일성과 담판을 했다. 그러나 남한 단독 선거는 그해 5월에 거행되었고, 8월 5일 이승만은 대한민국 대통령에 당선되었음을 선포하였고, 즉시 유엔의 승인을 얻었다. 같은 해 9월 9일 북한은 남한이 먼저 단독 선거를 치렀다는 전제하에 김일성이 조선민주주의인민공화국 주석으로 당선되었고, 동방그룹의 승인을 받았다. 그해 말 소련군은 모두 북한에서 철수했고, 미군은 다음해 6월 남한에서 대부분 철군했다. 1949년 6월 26일 미군이 철수하던 시각, 김구는 한국 육군 소위 안두희에게 암

살당했다.

　　미소의 철군 후 남북조선의 적대상태는 수시로 폭발 지경에 이르렀고, 북한은 적극적으로 전쟁을 준비했으며, 미국도 제멋대로 남한을 무장시키고 있었다. 그리하여 양측의 마찰이 빈번하게 일어났다. 흐루쇼프의 회고에 의하면 1949년 말 김일성은 스탈린에게 통일전쟁을 발동하려는 의도를 보고하였고, 이후 상세한 전쟁계획도 세워 스탈린의 지지를 얻었다(董萬吉, 1997: 194). 전쟁 폭발 전인 1950년 6월 18일 덜레스가 갑자기 '38도선'에 출현했다. 동방진영은 이것을 미국의 전쟁 발동 신호로 간주했고, 미국은 이것을 우연의 일치로 간주했다. 우연인가 아닌가 여부와는 상관없이 조선전쟁은 제2차 세계대전의 후속 발전이고 미국과 소련의 전략적 평형이 균형을 잃어 빚어진 산물이다. 따라서 전쟁의 동인은 경쟁관계에 있던 미소 쌍방의 전략적 변동과정을 통하여 판단해야 하는 것이다. 누가 조선반도의 분열국면을 만들었을까? 누가 남북한에 의해 가능한 통일과정을 타파했을까? 또한 누가 대치하는 국면을 만든 후 다시 자신의 요구에 따라 전략적 균형을 타파했을까? 전쟁의 원인을 추문해볼 때, 이런 문제는 누가 먼저 방아쇠를 당겼는가보다 더 중요하다.

　　"동방에 유리하다"는 것이 중소동맹 및 사회주의 진영의 존재를 물질적·이념적 전제로 하는 것이라면, "세계에 유리하다"는 것은 더욱 광활한 역사진행 과정에서 평가해볼 필요가 있다. 1951년 조선전장에서 좌절당한 상황에서 미국은 일본을 다시 무장시키고자 시도하였고, 그해 여름 일본과 '미일협정'을 기초하여 9월 샌프란시스코에서 서명하기로 확정했었다. 일본이 조선전쟁에 참가한 내밀한 이유와 관련해 미국과 일본이 끝내 인정하지 않은 것은 크게 두 가지 원인으로 볼 수 있다. 하나는 독일·일본·이탈리아 등 추축국과 관련된 「유엔헌장」 중 53, 77,107

조는 제2차 세계대전의 추축국을 겨냥한 항목이고, 이 국가들을 "적국"이라 일컬었다. 일본이 조선전쟁에 참가한다면 국제정황을 복잡하게 할 가능성이 컸다. 둘째, 미일 단독 강화를 체결하고 미국이 일본을 조선전쟁에 개입시키려는 움직임이 일자 인도·필리핀·버마·인도네시아 등의 반대에 봉착했고, 대규모의 민중 항의를 야기했다는 사실이다.

요시다(吉田) 내각은 헌법 제9조 위반을 우려하여, 오쿠보(大久保) 비밀행동을 명령했다. 샌프란시스코조약협정 전의 민감한 시기에 일본 정부는 일본 재무장에 대해 우려를 표명하지 않으면 안 되었다. 1951년 9월 8일 미일안보조약이 샌프란시스코 조약을 맺은 그날 체결되었고, 소련 등의 국가들은 샌프란시스코 조약에 서명을 거절하였다. 1953년 조선전장에서의 전쟁과 담판은 교착상태에 빠졌고, 아이젠하워는 동남아 전쟁 개입을 통해 동남연해에서부터 중국에 대한 압력을 가하여 조선전쟁에서 중국의 병력을 견제하고자 하였다. 그러나 조선전쟁에서 실패한 교훈에 비추어, 중국이 '38선' 넘는 것을 허용하지 않겠다는 경고를 두려워한 나머지, 베트남전쟁에서 미국은 북위 17도선을 시종 넘지 않고 – 이것은 중국 정부가 명확하게 표명한 마지노선이었다 – 월맹에 군사공격을 감행했다. 이것이 조선전쟁에서의 군사적 실패가 미국에 가져온 장기적 약속이었다. 이런 측면에서 미국이 베트남전쟁에 개입하여 실패를 고한 것은 조선에서의 좌절과 관련이 있다고 하겠다. 이로 미루어 군사와 정치는 상호 전화하는 것이며 전쟁과 평화도 또한 상호 전화하는 것이지만, 평화를 쟁취하는 것은 군사상의 승리이지, 군사적인 실패와 타협은 아니라는 점을 알 수 있다.

조선전쟁이 끝난 뒤, 저우언라이는 인도 대표단과의 회견에서 평화공존 5개 원칙을 제출했다. 1954년 4월 조선문제와 인도차이나문제를 주제로 한 제네바회의가 개최되었고, 중국, 소련 및 조선 측은 모든 외국 군대의 조선 철수와 전 조선에서 자유선거의 거행을 주장했다. 그러나 미국이 거절하자 남한대표는 중국과 소련의 반대에 봉착할 대한민국 헌법에 따른 선거 진행을 주장했다. 제네바회의에서 조선문제와 관련이 있는 국제담판은 미국이 전혀 성의를 보이지 않아 성공하지 못했다. 그러나 두번째 인도차이나 관련 담판에서는 도리어 진전을 이루었다. 이러한 담판과정을 거쳐 미국과 영국 및 기타 동맹국 사이의 동맹관계에는 국부적인 변화가 일어났다. 어떤 의미에서 이것은 마오쩌둥이 1970년대에 제출한 "제3세계" 이론의 정치적 전제였다. 1년 뒤, 1955년 4월 아시아-아프리카국가 민족독립의 추동을 중심 의제로 한 반둥회의가 개최되었다.

조선전쟁, 베트남전쟁은 상술한 정치진행 과정과 긴밀한 연계를 가지며, 또한 제국주의전쟁에 반대하는 군사투쟁은 광활하고 복잡한 정치과정을 수반한다는 것을 분명하게 설명해준다. 이러한 진행 과정에서 제국주의 패권의 약화와 퇴각은 하나의 추세가 되고 있었다. 1960~1970년대에 이르러 식민지해방운동과 민족해방운동은 아시아·아프리카·라틴아메리카 각국에 널리 퍼져나갔으며, 미국과 서구세계 내부에서의 반전운동과 제3세계 민족해방운동을 지지하는 운동도 구름처럼 일어났다.

1950년대 유엔은 미국의 전쟁정책을 지지하는 정치기계로 전락하고 말았지만, 국제조직의 운용형태는 여전히 유지하고 있었다. 유엔은 유독 조선전쟁 중에서만 제국주의 패권의 꼭두각시 성질을 여실히 드러냈는데, 따라서 그것은 이후 유엔 내부에서 벌어진 정치투쟁의 창구를 열어낸 경우가 되었다. 항미원조전쟁 및 그것이 야기한 일련의 후과가 없었다면, 아시아지역에서 1960년대 점차 고조되고 있었던 민족해방운동의 형성은 아주 곤란했을 것이다. 항미원조의 군사투쟁, 제네바회담에서 중국과 서방세계 내부에서 일어난 분기, 중국과 베트남 및 기타 국가 사이의 연맹, 반둥회의가 전달한 민족해방운동의 새로운 기운 및 이후 베트남전쟁에서의 군사투쟁과 정치게임을 연계해본다면 항미원조가 열전으로 평화를 촉진하는 방식을 통해 전 세계 피압박민족의 통일전선을 촉진하였으며 민족해방운동의 새로운 시대를 촉성했다고 단언할 수 있는 이유는 충분하다 하겠다.

그런 의미에서 신중국의 성립, 세계인민의 단결, 동방집단의 출현 및 그 배경에서 터져나온 민족해방운동은 전체 근대 이후의 역사적 구조를 타파했다. 반제국주의 전쟁논리는 이미 항미원조전쟁과 이후 아시아·라틴아메리카·아프리카 반식민주의와 제국주의 패권에 반대하는 식민지해방운동을 연계시켰다. 이는 전대미문의 정치 주체의 출현이 비로소 만들어낼 수 있는 구조였다. 이런 역사의 진행 과정에서 출발할 때만이 마오쩌둥이 말한 "동방, 세계 모두에 극히 이롭다"라는 말의 함의를 비로소 이해할 수 있을 것이다. 그러나 이런 함의를 당대 여러 역사학자들은 일부러 감추어 왔다. 그들은 소련으로 전체 동방을 대체했으며, 20세기 중반에 확실히 존재하고 있던 "동방진영"과 피압박민족의 해방운동 및 그 관계를 단순한 중소 간의 국가관계로 치환해버렸다. 항미원조전쟁에 포함된 국제주의적 성격, 더 정확히 말하면 제국주의의 침략과 패권에 반대하는 민족해방운동이 필연적으로 포함하고 있던 국제적 의의를 철저하게 말살해버렸던 것이다. 미국인의 "한국전쟁"이란 개념으로 "항미원조전쟁"이라는 개념을 대체하는 것과 같은 이러한 역사연구 속 수사의 변화는 전쟁의 정치적 함의를 바꿔치기 해버렸다. "세계에 유리하다"는 이러한 판단과 앞서 설명한 광활한 역사의 진행 과정에서 출발하여 다음과 같은 점을 증명할 수 있다. 중국의 조선전쟁 참전의 단기적 효과는 중소동맹의 공고화이지만, 장기적 효과는 냉전의 패권구조에 대한 해체를 포괄했다는 것이다.

따라서 지원군이 조선에 들어간 것은 다중적 함의를 가지고 있었다.

거기에는 조선에 대한 지지, 동북에 대한 보호, 미국이 대만 해협을 봉쇄한 것에 대한 반격, 유엔이 중국을 거절한 행위에 대한 항의, 패권이 세계를 주도하는 국면에 대한 반대 등의 모든 의미가 내포되어 있었던 것이다. 유럽에서 1948년은 냉전체제 확립의 분수령이 된 해이고, 아시아에서 이 1년이라는 시간은 또한 조선반도가 통일을 희망하는 남북의 분할정치로부터 남북 저항의 전쟁체제로 전향하는 전환점이었다. 조선전쟁 중에 미군의 군수물자 공급을 보장하기 위해, 미국은 일본의 군사산업 회복을 허가했고, 아울러 전쟁 배상에 쓰일 850곳의 군수기업을 일본 정부에 환원하여 조선전장에 군수물자를 공급하도록 하였다. 일본은 조선전쟁을 이용하여 경제를 회복했고, 미국은 극동 최대의 냉전 맹우를 만들었으며, 아시아 최대의 군사기지인 오키나와 또한 이 전쟁에서 정식으로 투입, 사용되었다.

1953년 조선전쟁은 냉전체제를 견고하게 만든 사건이다. 조선전쟁은 바로 이런 세계 국면이 형성된 전환점에 위치하고 있다. 장기적인 관점에서 보면 중국의 항미원조전쟁이 이후의 냉전 국면에 미친 영향은 크다. 관건은 항미원조전쟁이 냉전체제를 흔들 수 있는 계기를 제공할 수 있었는가 하는 것이다. 중국과 미국이 조선전쟁에서 격돌로 대면함으로써 미국은 타이완에 대한 무장, 보호와 타이완해협에 대한 봉쇄를 강화하였다. 1953년 조선정전, 조선반도의 분단-정전체제는 아시아 냉전 구조의 표지가 되었다. 조선전쟁은 상술한 세계구조 형성의 관건적 시점에서 발생했다. 멀리 보면 중국의 항미원조전쟁은 이후의 냉전구조에 아주 중대한 영향을 끼쳤다. 그러나 신중국 지위의 확립, 제네바회담과 반둥회의의 성과, 동남아 민족해방운동의 발전 등 후속 사건 또한 냉전체제를 동요시킨 일련의 계기를 제공했다.

2. 인민전쟁의 정치적 의미

1) 정치 범주로서의 인민전쟁

중국인민지원군의 참전은 기왕의 국내에서 벌어진 인민전쟁과는 차이가 있다. 그것의 두 가지 주요한 특징은 다음과 같다. 우선 이 전쟁은 국내가 아닌 국외에서 벌어진, 국경 밖의 전쟁이었다. 다음으로 이것은 핵위협 아래 이루어진 열전, 즉 이른바 전 지구적 냉전 조건하에서의 열전이었다. 국경 바깥의 작전은 혁명적 성격을 가지는가, 단지 민족적 성격을 가질 뿐인가? 핵 위협의 조건하에서 인민전쟁의 원칙은 또한 어떤 의미가 있는가? 조선전쟁은 중국혁명 속의 인민전쟁과 어떤 관계가 있는가? 이 문제는 항미원조전쟁 및 그것이 20세기 중국 역사에서 가지는 위치를 이해하는 데 중요한 의미를 가지고 있다.

이 문제를 설명하기 위해 인민전쟁에 대해 이론해석을 할 필요가 있다. 인민전쟁은 순수한 군사적 개념이 아니라 정치적 범주라는 것이다. 20세기 중국이라는 독특한 조건에서 인민전쟁은 새로운 정치주체를 창조하는 과정이었고 또한 이 정치주체와 서로 조응하는 정치구조와 그 자아표현 형식을 창조하는 과정이었다. 인민전쟁 속에서 현대정당의 대표적 관계는 근본적으로 전화되었다. 농민을 주요 내용으로 하고, 노동자-농민연맹을 정치 외형으로 하는 인민이라는 주체의 탄생은 일체의 정치적 형식(소비에트 지역 정부, 정당, 농민회와 노동조합 등등과 같은)의 산생 혹은 전환을 촉구했다. 중국공산당이 창건되었을 때, 주로 프티부르주아 계급의 지식인으로 조성되었으므로, 그들과 노동자 농민의 관계는 국민당과 그들 노동자-농민의 관계만큼 깊지 못했다. 국민당은 북벌시기의 주요 정치창신을 위해 두 가지 점에 집중했다. 그 하나는 구 군벌세력을 타파하고, 당군(黨軍)을 건립하는 것이었다. 두 번째는 공산당과 함께 농민운동과 노동운동에 종사하여, 군중운동을 북벌전쟁에 배합시키는 것이었다. 당군이라는 개념은 무장한 혁명으로 무장한 반혁명을 반대하는 것이다. 초기 단계에서 그것은 결코 공산당의 발명이 아니라 혁명단계에 있었고 국제 공산주의 운동의 영향을 받았던 국민당이 고안해낸 것이었다. 그러나 1927년 이후 국민당은 점차 사회운동을 방기하였고, 그 당국(黨國) 일체에 따라 군대의 정치성 또한 대폭 쇠락했다. 성원 구성면에서는 물론 사회적 기초 측면에서, 작업 형식면에서 뿐만 아니라 혁명정치의 내포라는 측면에서 1921년 탄생한 소수 지식인으로 조성되었으며, 노동계급·농민계급과 모두 실질적 관계에 없었던 정당은 장시소비에트 지구(江西蘇維埃, 江西蘇區, 1931년 11월 7일 제1차 전국노농병대표대회에서 중화소비에트공화국 건립) 시기의 정당과는 거대한 차이가 있다. 치우취바이(瞿秋白), 리리싼(李立三), 왕밍(王明)이 주도한 도시폭동과 노동자투쟁 또한 노동역량으로 도시를 포위하는 것을 군사전략으로 하여 점차 전개된 인민전쟁과는 다르다. 정당은 인민전쟁 속에서 군대와 결합하였으며, 인민전쟁 속에서 홍색정권과 결합하였고, 인민전쟁 속에서 토지혁명을 통해 농민을 주체로 한 대중과 결합하였고, 인민전쟁 속에서 여타 정당과 기타 사회계층 및 그 정치대표와의 관계를 개변하였다. 이것은 모두 인민전쟁을 들깨워 역사상의 정당과는 전혀 다른 정당유형을 창출하였고, 역사상의 프롤레타리아계급과 전혀 다른 농민을 주요 성원으로 하는 계급주체를 창조해냈다. 나는 이런 정당을 초정당요소를 내포하는 슈퍼 정당이라고 일컫는다.

다음으로 인민전쟁은 또한 전쟁의 독특한 형식을 창조했다. 추수기의(秋收起義)와 남창기의(南昌起義)의 부대가 징강산(井岡山)에서 합류하여 장시 소비에트 혁명 근거지를 창건하였는데, 이는 인민전쟁이 전개될 수

있는 이정표를 이루었다. 근거지에서 토지개혁과 무장투쟁은 정당정치
가 대중운동으로 전환하는 기본 방식이었다. 징강산 투쟁의 중심문제는
이로부터 혁명전쟁 조건하의 토지개혁과 정권건설문제로 바뀌었다. 당
과 군대의 결합, 당의 군대를 통한 농민운동과 토지개혁과의 결합, 당과
그 영도하에 있는 소비에트 정부의 경제생활에 대한 관리, 당이 민중활
동 속에서 전개한 문화운동은 혁명의 구체적 내용과 중심적 임무를 변
화시켰을 뿐만 아니라 또한 정당, 군대, 정권과 농민운동의 다중 결합을
통해 전혀 새로운 혁명의 정치주체를 창조하였다. 이것이 바로 인민전
쟁의 정치적 기초라고 하겠다. 마오쩌둥은 병사(兵)와 인민(民)이 승리의
근본이라고 하였는데, 이 명제가 바로 인민전쟁의 일반원칙을 포함하였
다. 즉 첫째는 군중을 동원하고 의지해야만 비로소 전쟁을 진행할 수 있
다는 것이다. 둘째, 강한 정규군이 있어야 함은 물론 반드시 지방의 무장
과 민병이 있어야 한다는 것이다. 셋째, 병민(兵民)의 범주는 군사투쟁과
밀접한 관련이 있는 토지개혁과 정권건설을 중심으로 한 정치과정을 의
미하는것이었다.

　　세 번째로 인민전쟁의 관건적 성과의 하나는 할거적 홍색정권의 확
립이었다. 홍색정권의 주요 정치 형식은 변방지역 혹은 변방소비에트
이다. 변방지역 정부는 일상생활의 조직형식이고, 따라서 또한 중국과
외국의 역사상의 국가경험을 참조하였다. 그러나 이 정권형식은 일반
적 의미에서의 부르주아계급국가와는 다르다. 지속적인 정치와 전쟁동
원 속에서 그것은 자각적 계급을 획득한 정치형식이었던 것이다. 「중국
의 홍색정권은 어떻게 존재할 수 있었나?(中國的紅色政权为什么能够存在?)」
(1928.10.5)라는 저명한 문장에서 마오쩌둥은 다음과 같이 지적했다. 중
국은 제국주의국가도 아니고, 제국주의국가가 직접 통치한 식민지도 아
니라, 내부발전이 불균형적인 제국주의의 간접통치를 받은 국가이다. 이

런 조건에서 군벌들이 각기 다른 제국주의에 의존함에 따라 국가 내부의 분열 국면은 피할 수 없는 현실이었고, 이러한 국면이 바로 계급통치의 취약한 지점을 만들어냈었다. 이것이 바로 중국의 홍색정권이 존재할 수 있었던 외부적 조건이었다. 대혁명은 실패했지만, 그러나 혁명 시기 형성된 국내동력은 불씨처럼 살아있었고, 다행히 살아남은 중국공산당은 기왕의 경로와는 다른 길을 탐색하지 않으면 안 되었다. 이 정당은 전쟁이라는 조건하에서 독립적으로 할거적인 홍색정권의 건립을 시도하여, 정당, 군대, 정권과 대중의 상호결합을 통해 인민전쟁이라는 새로운 정치를 창조해냈다. 이것이 바로 홍색정권이 존재할 수 있었던 내부적 조건이었다. 항일전쟁 시기, 중국공산당 및 그 정권은 거대한 발전을 이루었고, 무장투쟁, 군중노선과 통일전선은 승리를 보장하는 기제가 되었다. 해방전쟁 시기 항일유격전쟁은 대규모의 기동전으로 전화되었고, 중심도시를 탈취함에 따라 기동전과 진지전은 유격전을 대체하여 전쟁의 주도형식이 되었다.

네 번째로 인민전쟁의 조건하에서 중국공산당과 근거지 정부가 처리한 것은 간단한 군사문제가 아니라 일상생활의 조직문제였다. 이것은 정당과 정부의 대중노선문제를 일으켰다. 우선, 가장 광대한 대중을 위해 이익을 도모하는 것이 당 활동의 출발점이자 귀결점이었다. 다음으로 변경지역 정부는 군중생활의 조직자로서, 단지 모든 노력으로 대중문제를 해결하고, 대중의 생활을 절실하게 개량시킬 때만이 대중의 변경지구 정부에 대한 믿음을 얻을 수 있으며, 비로소 광대한 대중을 동원할 수 있고, 홍군에 가입하여, 전쟁을 돕고, 국민당의 포위를 분쇄할 수 있었다는 것이다. 마오쩌둥은 거듭 공산당원들을 다음과 같이 일깨웠다. 대중의 옹호를 얻고자 한다면, 대중이 전력해서 전장으로 나아가게 하려면, 대중과 함께 해야 하고, 대중의 적극성을 발동시켜야 하며, 대중의 고통에 관심을 가져야 하고, 대중의 이익을 도모하는 데 진심으로 성실하게 다가가야 하며, 대중의 생산과 생활문제, 소금, 쌀, 주택, 출산문제 등등을 해결해야 한다. 대중노선은 인민전쟁의 기본전략이고, 그것은 정당의 정책이며, 또한 정당을 구축하는 방식이다. 곧 한편으로는 조직이 없다면 대중이 어디에 있는지 모를 것이며, 다른 한편으로는 대중과 하나가 되고, 대중에게 배우는 과정이 없다면 조직은 활력적이고 대중을 뛰어넘는 구조를 이루지 못할 것이다. 아직 산업화되지 않은 광활한 농촌에서, 농민을 주체로 한 정당은 운동 과정에서 정치적 표달형식을 획득했던 것이다. 이런 의미에서 인민전쟁이라는 조건하에서의 정당 및 그 대중노선은 계급적 자아표현방식을 창출해냈으며, 또한 정치적 계급을 창조해냈다.

2) 국방전쟁과 국제주의전쟁

20세기 중국 역사에서 항미원조전쟁은 인민전쟁의 확장이었지만, 전통적인 인민전쟁과는 구별된다. 항미원조전쟁을 홍색시기의 혁명전쟁, 항일전쟁, 해방전쟁의 서열 속에 놓고 관찰해보면, 이 전쟁의 약간의 특징을 살펴볼 수 있다. 첫째, 항미원조전쟁은 신중국의 첫 번째 국경 밖 전쟁이었고, 홍군 시기의 혁명전쟁 및 항일전쟁과 비교해보았을 때 후자의 전쟁주체는 백색지구 속의 홍색정권 혹은 항일의 적후 근거지였다. 그러나 항미원조전쟁은 도리어 신중국의 건립을 전제로 한 것이었다. 전쟁형태는 이로부터 전통적인 인민전쟁에서 국방을 주요 내용으로 하는 전쟁형식으로 전화를 일으켰다. 중화인민공화국이라는 진지는 상실할 수 없을 뿐만 아니라 그 주권과 영토는 조금의 손실도 허용할 수 없는 것이었는데, 이것이 바로 인민전쟁에서 국방전쟁으로 넘어가는 전환점이었다. 항미원조전쟁은 지원군 형식으로 출현한 국방군과 미군이 주도한 유엔군 사이에 국경 밖의 죽음을 무릅쓴 박투였다. 항미원조전쟁의 목적은 국경 밖에 근거지를 마련하는 데 있었지만, 인민전쟁을 통해 새로운 정치적 계급을 창출해내는 것이 아니라 신중국의 보위를 목표로 한 것이었다. 바로 이러한 전쟁 속에서 중국인민해방군은 새로운 단계로 나아갔다. 곧 혁명화, 정규화, 현대화된 국방군을 건립하는 것이었다. 과거에는 혁명군대였고, 농민의 토지혁명의 파종기, 선전대에 참여하고, 무장의 혁명으로서 무장한 반혁명에 대처하는 폭력기기였지만 당시는 보가위국을 첫 번째 책임으로 감당해야 하는 정규부대였던 것이다.

다음으로 항미원조전쟁 속에서 군대와 국방건설은 산업화 과정과의 사이에서 심각한 관계를 야기했다. 고양된 전쟁동원 속에서 신중국의 도시를 중심으로 한 첫 번째 5개년 계획이 순조로이 진행되었던 것이다. 보가위국의 구호는 전 사회의 정치열정을 고무시켰고, 전대미문의 사회동원을 창출했는데, 이것이 바로 전후 회복의 주요 동력이었다. 즉 전쟁 속에서 결맹관계를 통해 중국은 소련의 대규모 원조를 얻을 수 있었고, 이는 곧 중국 산업화에 기초를 제공했다(溫鐵軍, 2012: 10-44; 沈志華, 2001: 1期(53-66), 2期(49-58)). 조선전쟁 또한 중국을 핵보유국가로 가속화시킨 관건적 요소였다.

세 번째로 국방의 요구는 항미원조전쟁에 정치적 마지노선을 제공했다. 곧 미국의 중국에 대한 위협, 조선의 궤멸을 용인하지 않겠다는 것이다. 따라서 중국과 조선의 군대는 38선에서 퇴각할 수 없었다. 1952년 10월, 담판과정에서 미군은 휴회를 선포하였고, 6일 뒤 상감령 전투를 일으켰다. 이 공방전은 쌍방에 모두 정치적 의미가 있었다. 곧 신임 미군 총사령관 클라크는 미국 민주당의 지원을 받아 피선되었고, 중국군의 진지전은 38선에서 퇴각할 수 없다는 정치원칙을 최후의 보루로 삼은 것이다. 국경 밖의 작전이었으므로 항미원조전쟁의 기본형태는 조국의 후방에 의탁한 기동 공격과 기동 방어를 중심으로 하지 않을 수 없었다. 지원군과 조선인민지원군이 공동 작전을 펼치고, 조선민중의 지지를 얻었으며, 간혹 교란과 유격전을 채용하기도 했다. 그러나 전쟁의 기본형식은 기동전과 진지전이었다.

항미원조전쟁은 여전히 인민전쟁의 약간의 특징을 계승했다. 우선, 전쟁은 국경 바깥에서 전개되었지만, 그러나 그것은 중국전쟁사상 드물게 볼 수 있는 전국적 동원을 전제로 한 것이었다. 20세기 중국에서는 단지 전국 인민을 총동원한 전쟁이 두 차례 있었다. 한 번은 항일전쟁으로, 국민당이 주도하는 전면 전장과 정치구조라는 전제하에서 중국공산당은 항일통일전선의 형성을 계기로 전면적인 항전동원을 촉성했던 것이다. 두번째가 바로 항미원조전쟁이었다. 파란만장한 혁명과 전쟁을 거쳐 중국은 타이완지역 이외의 전국적 통일을 실현하였고, 정치동원, 경제동원, 문화동원, 군사동원에 전제를 제공했다. 1950년부터 1953년 전후까지 마오쩌둥의 염려와 최후의 결심은 모두 이 전쟁이 전 중국인민의 지지를 얻을 수 있는지에 있었다.

두 번째로 국경 바깥에서의 전쟁이라는 조건에서 군대와 인민의 관계에는 중대한 변화가 발생했다. 인민전쟁에서 군대와 근거지 인민의 물과 물고기 관계와 같은 친밀한 관계는 다시 나타나기 아주 어려운 것이었다. 그러나 지원군이 조선에 출정한 뒤 초국가적 조건 속에서 이러한 관계가 재건되었다. 1950년 10월 8일 마오쩌둥이 서명한 「중국인민지원군을 조성하는 명령」에는 특별히 지원군이 조선에 들어간 후의 문제를 언급했다. "반드시 조선인민, 조선인민군, 조선민주정부, 조선노동당, 기타 민주당파 및 조선인민의 지도자 김일성 동지에게 우호와 존중을 표시해야 하며, 엄격하게 군사기율과 정치기율을 준수해야 한다. 그것이 군사임무의 완성을 보장하는 지극히 중요한 정치적 기초이다."

세 번째로 항미원조의 국내적 전제는 신중국의 건립이었고, 그것의 국제적 전제는 인민민주국가를 주체로 한 동방체계와 이를 기초로 한 국제 단결이었다. 전쟁은 더이상 과거의 인민전쟁이 아니었지만, 초국가적 전쟁 조건 속에서의 인민전쟁 전통의 확장이었으며, 그 속에는 통일전선과 대중노선 등 요소가 포함되어 있었다. 그러나 기본환경에 변화가 발생하였다는 점에서 그 함의 또한 변화를 일으켰다. 전쟁조건 속에서 전 세계인민민주국가(소련 포함)와 아시아·아프리카·라틴 아메리카의 각 지역에서 출현한 식민지해방운동이 공통으로 국제적인 통일전선을 구성했던 것이다. 중국 참전의 동방과 세계에 대한 의미를 음미해볼 때, 이 전쟁의 정치적 의미는 그것과 새로운 세계구조하에서의 혁명의 연속이라는 문제 사이에서 긴밀하게 체현될 것이다. 항미원조, 보가위국의 정치는 두 진영의 대치라는 조건 속에서 발생하였고, 따라서 전쟁의 정치성은 일반적인 이른바 국가 간 전쟁의 의미를 넘어선 것이었다. 항미원조전쟁은 민족전쟁의 성격을 지닌 동시에 제국주의에 반격하는 국제주의전쟁이기도 하였다. 새로운 역사적 조건 아래 정치적 전쟁이라는 성격을 가지는 것이다. 무장투쟁, 군중노선, 통일전선 등 인민전쟁의 논리가 국제영역에서 확전된 것이라는 점에서 보면 항미원조전쟁은 20세기 중국 혁명 전쟁의 연속이었다.

국경 바깥 전쟁의 핵심문제는 전쟁의 성격이다. 그것이 국제주의 원칙에 기초한 원조전쟁이었는가 단순히 국가이익에 기초한 민족전쟁이었는가 하는 것이다. 포괄적이고 구분 없이 민족전쟁을 부정하는 논조는 민족전쟁의 정치적 함의를 확정하지 못한다. 민족주의로 말하자면, 억압민족과 피억압민족의 민족주의, 제국주의전쟁과 민족해방전쟁, 구세계의 민족주의와 신중국 및 기타 민족의 반제 반식민 민족주의 등의 차이가 존재하고 있다. 중국의 입지에서 말하자면, 항미원조전쟁과 항미원월전쟁(抗美援越戰爭)은 모두 제국주의와 식민주의를 반대하는 전쟁이었고, 따라서 국제주의적 성격을 띠고 있었다. 그러나 1979년 월남에 대한 "자위반격전"은 도리어 이러한 정치적 성격을 갖추지 못했다. "자위반격전"은 중국의 "짧은 20세기" 내부에 있었던 것이 아니라 이 혁명의 세기가 막을 내리는 시기의 전쟁이라고 하는 것이 나을 것이다.

3) 핵 억제위협 조건에서의 첫 번째 전쟁:전쟁의 성질을 결정하는 것은 사람인가 물질인가?

조선전쟁은 인류 역사상 핵무기가 출현한 후 폭발한 첫 번째 대규모 전쟁이다. 1945년 미국이 핵무기로 일본의 히로시마와 나가사키를 폭격한 다음 처음 "냉전"이라는 개념을 사용한 사람은 「1984」의 작가인 조지 오웰George Orwell이다. 왜 "냉전"이라고 하였던 것일까? 핵무기와 핵억제위협이 출현했기 때문이다. 핵위협이라는 전략적 균형하에서 전쟁은 냉전의 형식으로 출현한 것이다. 조선전쟁에서 중국은 당시 유일하게 핵무기로 타격을 가할 능력을 가진 슈퍼 제국주의 대국과 군사적으로 지극히 불균형한 전쟁을 벌였다.

　미국은 조선전쟁에서 핵무기를 사용하려는 구체적 계획을 두 번 정도 세웠다. 이 두 번의 계획은 또한 모두 일본을 다시 새롭게 무장시키고 타이완을 참전하게 하려는 계획과 연관되어 있었다. 1950년 11월 말 미군이 군사적 붕괴 국면에 처했을 때 맥아더는 장제스에게 전보를 보내 52군을 파견하여 조선전장을 지원할 것을 요구했으며, 장제스의 신속한 호응을 얻어냈다. 그 이전에도 맥아더는 중국 군대와 중국 후방을 핵무기로 공격하는 '지체기획'을 제기한 바 있으며, 12월 30일 그는 또한 미 육군에 다음과 같은 군사조치를 취해야 한다고 건의하였다. ①중국해안을 봉쇄한다 ②해군과 공군의 화력으로 중국의 전쟁을 지원하는 산업시절을 파괴한다. ③타이완 국민당 군대의 지원을 획득한다. ④국민당군대

에 대한 당시 제한을 철회하여 중국 군대를 견제하고, 그로써 중국대륙
에 대한 반공을 발동한다(FRUS, 1950: 1630-1633). 1953년 아이젠하워는
대통령에 오른 후 구태의연한 방식을 다시 사용했다. 재차 핵공격 계획을
시동하는 한편 쟝제스 군대에게 중국대륙을 공격하라고 책동한 것이다.

　　마오쩌둥은 결코 핵무기의 위력을 모르지 않았다. 1945년 미국이
핵무기를 사용한 뒤, 마오쩌둥은 1945년 8월 13에 발표한 「항일전쟁 승
리 후의 시국과 우리의 방침」에서 핵무기를 직접 거론하며, 원자탄만 있
을 뿐 인민의 투쟁이 없다면 전쟁을 종결할 방법이 없다고 지적했던 것
이다. 단순한 군사관점, 대중을 벗어난 관료주의와 개인주의, 무기지상
주의[唯武器論]는 바로 핵억제 위협이라는 조건하에서 출현한 사상적 탈
변에 해당한다.

　　1946년 8월, 마오쩌둥은 미국 기자인 안나 루이스 스트롱Anna Lou-
ise Strong과의 인터뷰에서 원자탄은 "종이 호랑이"라는 저명한 명제를 제
출했다. 마오쩌둥은 물론 원자탄이 대량살상무기라는 것을 알고 있었다.
그러나 그는 전쟁의 승부를 최종 결정하는 것은 인민이라고 믿었다. 그
런 점에서 이른바 "원자탄은 '종이 호랑이'"라고 한 비유는 사실판단이
아니라 정치적 결단이라 하겠다. 핵 억지력이라는 조건하에서 중국이 미
국과 조선전장에서 투쟁을 진행하는 입장에 서지 않았다면 다음의 선언
은 아Q식의 호언장담에 지나지 않았을 것이다. 먼저 중국인민은 사기
당한 역사는 다시 반복하지 않는다는 선언, 이른바 동방은 10월 혁명으
로 인해, 소련, 중화인민공화국과 다른 인민민주국가의 건립으로 말미암
아 제국주의 패권이 욕망하고 누리고자 했던 국면을 다시 반복하지 않
을 것이라는 선서가 그것이다. 중국이 미국의 침입을 효과적으로 저항할
수 없다면 중화인민공화국 건립의 전체 역사적 함의는 모두 다시 쓰여
질 수 밖에 없고, 심지어 동방세계의 출현으로 형성된 세계구조 또한 다

시 쓰여질 수 밖에 없었을 것이다. 마오쩌둥의 선언은 후퇴할 수 없는 정치라는 성격을 가지고 있었다.

전쟁의 승부를 결정하는 조건은 무기인가 아니면 사람인가 하는 문제는 인민전쟁과 제국주의전쟁을 구별하는 관건적 명제의 하나이다. 왜 미국이 핵무기를 운용하고자 하는 건의를 아주 빠르게 철회하였는가. 오히려 이 전쟁은 최종 승리를 목표로 하지 않는다는 것을 확인하고 따라서 평화담판으로 가능성을 열고자 하였는가? 이것은 마오쩌둥이 전 지구적 정치와 군사국면에 대한 분석에 근거하여 이루어낸 정확한 군사적 판단이고, 더욱이 전쟁의 승부를 결정짓는 것은 사람이지 물질이 아니라는 이러한 인민전쟁 논리가 핵억제 위협을 주축으로 한 논리에 승리한 것이라고 할 수 있다. 인민전쟁의 기본 원칙은 사람의 역량에 의탁하여 인민의 일상 생활동원이라는 기초 위에서 지혜로운 전략전술과 강인한 전투 의지를 통해 상대방과 싸워 이기는 것이다. 사람의 힘을 중시한다고 해서 결코 무기의 중요성을 부정하는 것은 아니었다. 마오쩌둥은 전쟁 초기에 소련의 공군 지원과 무기장비 지원과 기술 지원을 요구했고, 중국인민해방군의 현대화를 고도로 중시했다. 그러나 이 사실이 그의 전쟁 진행과정 및 그 정치성격에 대한 판단을 바꾼 것은 아니다. 1950년 마오쩌둥은 해방군에게 문화를 공부할 것을 호소하였으며, 군대제도의 정규화 보폭을 분명하게 가속화하였다. 그러나 군대의 정규화든, 전쟁에서 유격전이 아니라 기동전과 진지전을 주요 전법으로 한 군사사상이든 무기가 아니라 사람을 중심으로 한다는 인민전쟁의 이념은 변화시키지 않았다.

항미원조는 신중국군대의 첫 번째 국경 바깥에서의 작전이었고, 인류 역사상 핵이라는 조건하에서 폭발한 첫 번째 대규모 전쟁이었으며, 신중국 성립 이후의 첫 번째 국방전쟁이었다. 그렇다면 이러한 세 가지 조건에서 이루어진 전쟁은 대체 인민전쟁인가 비인민전쟁인가. 능동적 주관 정치는 중국혁명정치의 한 특징이다. 항미원조는 혁명시대의 대중노선을 신중국의 전면적 사회동원으로 전화하여 정치의 능동성을 잘 현시해내었다. 톈진의 민족자본가가 이런 전쟁을 지지하자, 마오쩌둥은 매우 기쁘게 여겼다. 민족자본계급이 모두 동원되어 전쟁을 지지한다면 그것은 곧 중국인민이 이미 충분히 동원되었고, 인민전쟁의 논리과 통일전선의 논리와 완전히 상이한 전쟁조건 속에서 새롭게 결합된 것을 의미한다.

전쟁은 정치의 연속이고, 인민전쟁은 정치의 최고형식이었다. 항미원조전쟁은 한판의 정치적 전쟁이었으며, 단순한 기술적 전쟁이 아니었다. 전쟁의 고도정치성은 바로 인민전쟁의 특징이다. 마오쩌둥은 1936년에 발표한 「중국혁명의 전략문제」에서 전쟁은 "민족과 민족, 국가와 국가, 계급과 계급, 정치집단과 정치집단 간 사이"의 상호투쟁의 최고형식이라고 하였다. "전쟁의 상태, 전쟁의 성격, 전쟁 이외의 사정과의 연관성을 모른다면, 전쟁의 규율을 모르는 것이고 어떻게 전쟁을 지도해야 할지를 모르는 것이니, 승리를 얻을 수 없는 것이다." 무장투쟁은 반드시 군중노선, 통일전선, 근거지 건설 등의 정치과정과 서로 배합되어야 한다는 것은 바로 전쟁의 정치성의 체현이다. 전쟁은 정치성을 띠는 것이므로, 전쟁의 결정적 요소는 사람이며, 이에 따라 정의로운 전쟁과 정의롭지 못한 전쟁의 구별이 존재하는 것이다. 제국주의의 세계분할을 획책하는 전쟁은 정의롭지 못한 것이며, 제국주의패권 및 그 피압박민족을 분할통치하는 전쟁에 반대하는 것은 정의로운 전쟁이다. 이러한 판단이 바로 정의로운 전쟁 개념의 기초이다. 항일전쟁과 항미원조는 형태는 다르다. 그러나 모두 제국주의가 세계를 분할하고, 세계를 패권적으로 지배하는 세태에 저항하는 것이었다. 무장 혁명으로 무장한 반혁명을 패퇴시키는 것이 중국혁명의 특징이고, 초국가적인 전쟁의 형식으로 제국주의전쟁에 대항하는 것이 바로 신중국 건립 초기 보위와 화평을 위해 채용한 군사적 정치수단(혹은 정치적 수단)의 하나였다.

항미원조는 국내혁명전쟁, 민족해방전쟁 등 인민전쟁과 구별되는 정의로운 전쟁이었다. 정의전쟁의 범주는 두 가지 판단을 포함한다. 즉 한편으로는 평화를 목표로 하며, 다른 한편으로는 반드시 일반적인 이른바 평화주의를 넘어, 전쟁으로 평화를 촉진하는 것이다. 마오쩌둥은 조선전쟁이라는 배경 속에서 '지구전론'에서 탐색했던 평화와 전쟁의 변증법을 거듭 천명하면서, 핵위협의 조건이 형성한 전략평형은 결코 평화를 이끌어낼 수 없음을 지적하였다. 정의전쟁의 개념은 제국주의전쟁 논리를 반드시 종식시킨다는 호소와 밀접한 관련이 있다. 혁명전쟁, 정의전쟁의 최종 목표는 영구평화이다. 그러나 이미 전쟁을 하고 있다면, 평화의 목표는 반드시 효과적으로 적을 타격하는 실전 역량과 관련이 있는 것이다.

제2차 세계대전 후 미국은 핵무기를 보유했을 뿐만 아니라 세계에서 가장 선진적인 비행기, 군함, 탱크 화포와 각종 경무기·중무기로 장비를 갖춘 강대한 해·육·공군을 보유하고 있었다. 바야흐로 유럽과 아시아에서 전쟁을 거쳤으므로 미국은 전쟁 경험에서도 풍부했다. 조선전쟁에서 미군은 육군 제1사단, 기병 제1사단 등 정예부대를 거느리고 있었고, 절대적인 제공·제해권 또한 보유하고 있었는데, 그러나 미군은 중무기를 시연할 방법이 없는 유격전이라는 조건이 아니라 대 병단작전에 유리한 기동전과 진지전의 대첩에서 승리할 수 없었다.

이러한 군사적 실패가 단지 전쟁 초기 미처 손쓸 새 없는 상태에서 발생한 것이라면 혹여 일련의 변명의 이유를 찾을 수 있다. 그러나 전쟁 중기와 후기에, 미군은 지원군의 후방 보급이 곤란하고 실탄과 양식이 끊긴 상태에서야 비로소 군사를 수습하고 한정적인 타격을 입혔을 뿐이며, 전체적으로 기우는 형세를 돌려놓지는 못했다. 군사적 실패 속에서 미국 군대의 지도자들은 죽음도 불사하지 않는 중국 군대의 용기와 지혜롭고 탁월한 전술에 경의를 표하지 않을 수 없었다. 중국은 이미 과거의 중국이 아니었고 중국 군대는 더이상 과거의 중국 군대가 아니었던 것이다. 미국은 조선전쟁과 "베트남전쟁"에서 모두 이중의 실패를 겪었다. 즉 군사적 실패와 정치적 실패가 그것이다. 베트남전쟁의 정치적 실패는 미군에서 더 잘 알고 있다. 그러나 이런 실패의 기초는 조선전쟁의 실패와 관련이 있다.

전쟁과 평화가 능히 상호 전화할 수 있고, 전쟁과 평화 사이에 변증법적 관계가 존재하는 것은 주로 전쟁의 정치성으로부터 결정되는 것이다. 전쟁의 정치성은 적아관계의 확립과 전환 속에서 체현된다. 전쟁은 적군과 아군의 분명한 규정을 전제로 하며, 따라서 전쟁은 모두 자기를 보존하고 적을 궤멸하기 위해 전개하는 것이다. 그러나 전쟁은 정치의 한 형식이기 때문에 정치범주의 적아관계는 역사조건의 변동에 따라 변화될 수 있는 것이고, 이에 따라 전장에서의 적아관계 또한 여타 조건에서 비적아관계로 전화될 수 있다. 곧 적이 비적으로 전화될 수있고, 맹우로 전화될 수도 있는 것이다. 적아모순은 비적아모순으로 전화될 수 있고 투쟁하기도 하고 단결하기도 하는 관계로 전화될 수 있다. 적아모순의 전화는 적아모순의 취소가 아니며, 모순전화의 결과를 가지고 모순전화 이전의 투쟁을 평가할 수는 없다. 항일전쟁 당시 민족모순이 주요 모순으로 상승함에 따라 노동계급, 농민계급과 민족계급, 지주계급 사이의 적아모순은 점차 투쟁하기도 하고 단결하기도 하는 부차적인 모순으로 전화되었고, 광범한 민족통일전선은 바로 이러한 모순전화 속에서 성립된 것이었다. 이러한 모순 및 그 전화의 논리는 항미원조전쟁시기의 국내 국제 관계에도 마찬가지로 존재하였다. 전쟁은 정치의 형식이며, 또한 신정치의 전개에 경로를 열어주는 것이다. 모순 및 그 전화에 대한 이해가 없으면 신정치가 전개될 수 있는 전제를 이해할 수 없다.

3. 결론에 대신하여; 정전 체제와 탈정치화 조건에서의 전쟁

조선 정전 60년 후, 정전 체제는 여전히 한반도에서 연속되고 있다. 조선은 고립되어 있는 상태에 처해 있고, 핵억제 위협은 반도의 유핵화과정을 야기해냈다. 한반도의 핵문제는 미국이 조선반도에 개입한 시대부터 시작된 것이다. 이 점은 어떤 순간에도 잊어서는 안된다. 미국이 이른바 '다시 아시아로 돌아오는 전략Pivot Asia'(사실 일찍이 떠난 적이 있는가?)을 가시화함에 따라, 중국과 일본, 한국과 일본, 중국과 동남아 국가, 조선과 한국 간의 모순과 충돌은 격화하는 추세이다. 모순과 충돌의 격렬한 정도로 보면 현재가 과거보다 더 위험하다고 할 수는 없다. 그러나 오늘날 전쟁의 정의성과 비정의성의 분명한 구분은 나날이 어려워지고, 제3세계 약소민족 단결을 촉진한 반둥회의는 이미 역사적 유적이 되었으며, 패권체제에 충격을 가할 수 있었던 해방운동과 반항운동은 이미 연기처럼 사라지고 흩어졌다. 우리는 도처에서 패권과 압박의 구조를 볼 수 있지만 오히려 이런 구조를 바꿀 수 있는 능동적 역량을 발견하기란 쉽지 않다. 어디서부터 정치적 역량을 일으킬까? 어디에서 정의의 척도를 산생시킬 수 있을까? 어디에서 냉전구조를 초월한 새로운 국제주의를 찾을 수 있을까? 모든 이러한 문제들이 바로 내가 항미원조전쟁을 20세기 역사진행과정에 놓아두고 고찰하는 이유에 해당한다.

　　마오쩌둥은 『지구전론』에서 일찍이 전쟁이 정치의 최고형식임을 논증하였으며, 정치범주로서의 인민전쟁은 가장 심도 있게 이 명제를 체현해내었다. 그러나 20세기가 종결됨에 따라 이 명제는 거의 수정되었다. 당대 조건에서 전쟁은 정치의 최고형식이라기보다는 차라리 정치실패 혹은 정치소실의 결과이다. 제국주의는 전쟁이라는 명제가 여전히 정확하다는 것을 의미하고 있다. 그러나 전쟁으로부터 혁명을 촉발하는 것은 더이상 현실적이지 않다. 우리들의 시대에 성황을 이룬 것은 탈정치화시대의 전쟁형식이며, 그것은 이미 사람이라는 결정적 작용을 체현할 수 없고, 또한 정의와 비정의를 구분할 방법도 없다. 상이한 국가와 서로 다른 집단[群體]의 운동 속에서 1960년대 서구사회의 반전운동과 여타 지구의 민족해방운동 간의 격동과 힘있는 지지를 일으키기는 어렵다. 이것은 바로 우리가 항미원조전쟁이 갖는 의미를 다시 고찰하는 이유이다.

핵억제 위협이 현실이 된 이후 항미원조전쟁과 이어서 폭발한 베트남전쟁은 또한 결코 오웰이 제기해낸 바와 같은 그러한 냉전으로 빨려들어가지 않았지만, 열전의 형식으로 평화를 쟁취하기 위해 싸우는 정치적 진행과정을 전개했다. 초기의 인민전쟁과 비교하면 기술은 조선전쟁 중에 전대미문의 작용을 일으켰다. 그러나 전쟁 중의 의지, 전쟁목표, 지휘관의 전략 전술과 응변능력, 전투원의 사기, 이념과 기술·전술의 수준은 여전히 전쟁의 승부를 결정하여 왔다. 여기서 말한 "사람의 작용"은 전장에서의 투쟁일 뿐만 아니라, 구름처럼 일어난 민족해방운동, 미국과 서구세계 내부에서 출현한 반전운동 및 유엔 안팎의 외교투쟁을 지칭한다. 이 광활한 정치 진행 과정은 미국의 전쟁을 막다른 골목으로 몰아넣었고, 이 패권국가의 군사와 정치라는 두 전선에서의 동시 실패를 이끌어냈다.

오늘날 이러한 문제를 다시 끄집어내는 것은 어떤 의미가 있는가? 베트남전쟁 이후 제국주의는 말비나스전쟁, 남슬라프전쟁, 두 번의 이라크전쟁, 아프가니스탄전쟁, 리베리아전쟁 및 일촉즉발의 시리아전쟁과 같은 일련의 침략전쟁을 일으켰다. 그러나 전쟁은 결코 20세기 인민전쟁과 같은 저항운동과 사회혁명을 잉태해내지 못했다. 오늘날 전쟁의 성격은 확실하게 변화하였다. 선진무기 없이는 전쟁에서 이길 수 없는 것이다. 대국이 각기 이익을 둘러싸고 진행한 패권게임 외에, 그러한 무장투쟁, 대중노선, 통일전선 및 문화정치가 서로 결합됨으로써 산생해낸 깊이와 넓이를 갖는 정치 진행 과정은 더이상 존재하지 않는다. 이것은 인민전쟁의 기본원칙, 전쟁의 정치적 성격이 점차 취소되었다는 것을 의미하는 것인가?

이 문제에 대해 상이한 회답이 존재할 터이지만 나의 회답은 다음과 같다. 신식무기의 출현이 전쟁의 성격을 변화시킨 것이 아니라 정치적 조건이 변화되었다는 것이다. 따라서 인민전쟁의 논리는 더 이상 주도지위를 점하지 않는다. 전쟁에서의 사람의 작용은 사람과 무기의 대비관계에서 드러날 뿐만 아니라 정치적인 것과 비정치적 것의 구분 속에서 전개되는 것이다. 결국은 전쟁에서 사람의 요소가 바로 전쟁의 정치성인 것이다. 군사영역에서 인민전쟁에 대한 부정, 사람의 결정적 요소에 대한 부정과 군사기술에 대한 숭배는 공통으로 탈정치의 이론배경을 구성하였다. 내가 『탈정치화의 정치』라는 책에서 토론한 것은 탈정치화의 과정은 전쟁과 군사의 범주를 훨씬 넘는다는 것이다. "정당국가화, 정부공사화, 매체정당화, 정객매체화" 등등 복잡한 현상은 바로 이 과정의 표징이다. 이러한 국면을 바꾸기 위해 사람들은 20세기의 역사적 유산 속에서 경험을 흡취하고자 시도하였다. 정치영역과 이론영역에서 대중노선을 다시 제기하는 것이 그 시도의 하나이다. 그러나 20세기와는 완전히 다른 맥락 속에서 인민전쟁의 산물로서 대중노선을 다시 제기하는 일의 정확한 함의는 무엇인가? 형성 중인 정치주체로서 대중의 탄생은 새로운 정치형식의 탄생을 의미하고 있다. 대중노선을 다시 제기하는 것은 일단의 역사에 대한 회귀라기보다는 하나의 가능하고 불확정적인 미래에 대한 탐색이라고 해야 할 것이다. 우리들은 어떠한 정치역량을 창조해야 하고, 어떠한 정치주체를 단단히 버려내야 할 것이며, 어떠한 정치적 미래를 지향해야 하는가?

상술한 토론은 이미 조선전쟁의 맥락을 벗어났다. 그러나 이 전쟁을 둘러싸고 전개된 당대의 변론을 이해하는 데 의미가 있는 것으로 보인다. 이를 하나의 명제로 다시 거론한다면 다음과 같다. 항미원조전쟁 및 그 후 전개된 항미원월전쟁은 20세기 중국 인민전쟁의 확장이며, 그 종결이기도 하다는 것이다. 평화에 대한 탐색은 이미 포스트 인민 전쟁적·탈정치화적 시대맥락 속에 있다. 이러한 새로운 역사시각에서 제국주의전쟁을 제어할 수 있고, 한반도와 해협양안의 분단체제를 타파할 수 있으며 아시아지역 내의 국제 충돌을 완화시킬 수 있는 조건은 어디에 있는가? 인민전쟁은 하나의 정치범주이고, 정치에너지를 충분히 배태해 낼 수 있는 과정이다. 소련의 해체, 동방집단의 붕괴에 대해, 아주 많은 사람들은 고소를 금치 못했다. 그러나 이 과정의 다른 한편은 이라크전쟁, 리베리아전쟁, 미국패권이 거침없이 관철되는 시대의 도래였다. 20세기 중국의 정치창신에 대해 사람들은 그것을 헌신짝처럼 내다버렸다. 당대중국이 1949년과 같이 전대미문의 미래의 정치를 향한 정치 진행과정을 대표하고 있는지는 이미 자명한 문제가 아니다. 현재는 인민전쟁도 없음은 물론 정의전쟁도 없다. 따라서 전쟁은 정치의 끝장을 의미하고 있으며, 더이상 정치의 연속이 아니다.

이런 의미에서 20세기는 종결되었고 다시 새롭게 정치화하는 것이 새로운 시대과제가 되었다.

참고문헌

姜萬吉(1997),『韓國現代史』,陳文壽·金英姬·金學賢 譯,社會科學文獻出版社.

軍事科學院軍事歷史硏究所(2011),『抗美援朝戰爭史·修訂版』上卷,軍事科學出版社.

紀坡民(2011),「夾擊中的奮鬪: 毛澤東出兵援朝的艱難決策」,『香港傳眞』No. HK2011-41.

金九(2006),「白凡金九先生年表」,『白凡逸志』,宣德五·張明惠 譯,重慶出版社.

金東吉(2006),「中國人民解放軍中的朝鮮師回朝鮮問題新探」,『歷史硏究』제6기.

金沖及 主編(1998),『周恩來傳』(三),中央文獻出版社.

大久保武雄(1978),『海鳴りの日々: かくされた戰後史の斷層』,海洋問題硏究会.

鈴木英隆(2013),「朝鮮海域に出擊した日本特別掃海隊: その光と影」,『朝鮮戰爭と日本』,日本防衛省防衛硏究所.

邁克爾·沃爾澤(Michael Walzer)(2008),『正義與非正義戰爭』(Just and Unjust War),任輝獻 譯,鳳凰出版傳媒集團.

毛澤東(1999a),「朝鮮戰局和我們的方針」,『毛澤東文集』第六卷,人民出版社.

毛澤東(1999b),「在全國政协一屆二次會議上的講話」閉幕詞部分,『毛澤東文集』第六卷,人民出版社.

毛澤東(1999c),「不要四面出擊」,『毛澤東文集』第六卷,人民出版社.

毛澤東(1999d),「中國人民志願軍應當和必須入朝參戰」,『毛澤東文集』第六卷,人民出版社.

毛澤東(1999e),「中國人民志願軍必須越過三八線作戰」,『毛澤東文集』第六卷,人民出版社.

毛澤東(1999f),「在穩當可靠的基礎上爭取一切可能的勝利」,『毛澤東文集』第六卷,人民出版社.

石源華·蔣建忠(2012),『韓國獨立運動與中國關係編年史(1919-1949)』下,社會科學文獻出版社.

世界知識出版社 編(1960a),「周恩來外長致美國國務卿艾奇遜電－嚴重抗議美國侵略朝鮮軍隊的軍用飛機侵入我國領空並掃射我國人民」(1950.8.27.),

『中美關系資科彙編』第二輯, 上册, 世界知識出版社.

世界知識出版社 編(1960b), 「周恩來外長致聯合國安理會主席馬立克及秘書長賴
　　　伊電 - 要求制裁美國侵略朝鮮軍隊的軍用飛機侵入我國機空的嚴重罪
　　　行」, 『中美關系資科彙編』第二輯, 上册, 世界知識出版社.

伍修權(1960), 「1950年 1月28日在聯合國安理會的講話」, 『中美關系資科彙編』
　　　第二輯, 上册, 世界知識出版社.

溫鐵軍(2012), 『八次危機』, 東方出版社.

張文木(2010), 『全球視野中的中國國家安全戰略』(中卷·下), 山東人民出版社.

曹中屛·張璉瑰 等 編著(2005), 『當代韓國史 1945-2000』, 南開大學出版社.

沈志華 主編(2009), 「難以作出的抉擇」, 『一個大國的崛起與崩潰』(下), 社會科學
　　　文獻出版社.

沈志華(2001), 「新中國建立初期蘇聯對話經濟援助的基本情況 - 來自中國和俄國
　　　的檔案材科」(上·下), 『俄羅斯研究』1·2期.

沈志華(2003), 「越過三八線」, 『毛澤東, 斯大林與朝鮮戰爭』, 廣東人民出版社.

沈志華(2013), 「保障蘇聯在遠東的戰略利益」, 『冷戰在亞洲: 朝鮮戰爭與中國出兵
　　　朝鮮』, 九州出版社.

Bruce Cumings(1981), *The Origins of the Korean War*(2 *vols*), Princeton
　　　University Press.

Bruce Cumings(2007), "China's Intervention in the Korean War and the
　　　Matrix of Decision in American Foreign Policy", a paper for the
　　　conference(September 16-18) *China and the Cold War*(Bolo-
　　　gna, Italy).

Bruce Cumings(2010), *The Korean War: A History*, Modern Library Chron-
　　　icles.

Curtis A. Utz(2007), "Assault from the Sea: The Amphibious Landing at
　　　Inchon," in Edward J.Marolda ed., *The U.S. Navy in the Korean
　　　War*(Annapolis, MD: Naval Institute Press).

FRUS(1950), 『远东总指挥官 麦克阿瑟 致美国陆军部』Vol. VII.

Glen D. Paige(1968), *The Korean Decision-June 24-30*, 1950(New York:

Free Press).

James Auer(1972), 『よみがえる日本海軍(上)』, 時事通信社.

James E. Auer(1973), *The Postwar Rearmament of Japanese Maritime Forces, 1945-1971*(New York: Praeger Publishers).

John W. Spanier(1959), *The Truman-MacArthur Controversy and the Korean War*(Cambridge, Mass: Belknap Press).

1919와 1949: 21세기 한·중 '역사다시쓰기'와 '다른 세계'

제2부 인터 코리아, 인터 차이나, 인터 아시아

백지운(白池雲)

서울대학교 통일평화연구원 인문한국 교수. 연세대학교 중어중문과에서 「梁啓超의 근대성 담론을 통해 본 계몽사상 재고찰」로 박사학위를 받았다. 최근에는 당대 중국의 사회 변화와 아시아 냉전 유산을 접목하는 연구를 하고 있다. 주요 논저로는 『양안에서 통일과 평화를 생각하다』(공편, 2016) 「독백과 망각의 전쟁-중월전쟁과 아시아 냉전의 역설성」, 「일대일로와 제국의 지정학」, 『혁명후/기-인간의 역사로서 문화대혁명』(역서) 등이 있다.

• • •

제4장 진먼섬 포격과 동아시아 냉전의 역설적 중층성

백지운

1. 냉전-탈냉전의 연쇄

1954년과 1958년 중국은 두 차례에 걸쳐 진먼(金門)과 마쭈(馬祖)섬에 대규모 포격을 가했다. 공식적으로는 이를 제1차, 제2차 대만해협위기라 칭하며 일반적으로는 '진마(金馬) 위기'라 부른다. 진먼섬은 마쭈섬과 함께 중국 푸젠성 근해에 위치한 외도(外島)이다. 대만 본섬이 대륙에서 90마일 정도 떨어져 있는 반면, 진먼은 2마일 거리밖에 되지 않는다. 두 차례의 위기 속에서도 진먼과 마쭈는 끝내 중국에 수복되지 않고 대만의 영토로 귀결됨으로써, 양안(兩岸) 분단 나아가 동아시아 냉전역사에서 매우 독특한 정체성을 지닌 접경지가 되었다.

진마 위기는 당시에는 핵공격 위협이 오갈 정도로 심각한 사건이었음에도 불구하고, 사건의 의도와 성격은 오랫동안 명확히 규명되지 않은 채 모호하게 남아 있었다. 최근 중국 쪽 문서들이 기밀 해제되면서, 진마 열도에 포격을 가한 중국의 의도와 전략에 대한 의문이 다소 해결되었다. 그러나 대체로 진마 위기는 여전히 양안관계 혹은 미중관계라는 제한된 맥락에서 이해될 뿐, 동아시아 냉전의 특수한 성격과 구조의 형성과 연관지어 사고하는 시각은 아직 부족하다. 시간적으로 보더라도 진마 위기는 한국전쟁(1950.6~1953.7), 제1차 인도차이나전쟁(1946.12~1954.8)과 긴밀하게 연동되어 있으며, 이 과정에서 임시 봉인된 모순이 훗날 제2차 인도차이나전쟁(베트남전쟁, 1955~1975) 및 중월전쟁(1979~1991)으로 재차 불거졌다. 또한, 두 차례의 진마 위기 와중에 발생한 중국에 대한 미국의 핵위협은 중국의 핵개발을 촉진함으로써, 결과적으로 1964년 중국의 핵실험 성공의 길을 터주었다. 무엇보다 흥미로운 지점은, 중소간에 잠복해 있던 불신이 두 차례의 진마 위기를 거치며 본격화되어 1960년대 중소 갈등의 국면으로 이어졌으며, 역설적으로 1970년대 미중 데탕트로 시작되는 동아시아 탈냉전의 기초를 닦았다는 사실이다.

2. 세 개의 분단

1950년대 대만해협에서 발생한 두 차례 위기에 대한 서구 학자들의 의문은 과연 중국이 진정으로 진먼과 마쭈를 점령할 생각이 있었는가 하는 것이었다. 그게 아니라면 중국은 단순히 미국을 자극하려고 했던 것인가, 만약 그렇다면 중국이 이를 통해 얻고자 한 것은 무엇인가. 고든 창Gorden Chang과 허 디He Di는 두 차례의 해협위기가 중국의 행위에 대한 미국의 잘못된 해석에 따른 판단 착오에 기인한다고 주장했다(Gordon H. Chang and He Di, 1993: 1500-1524). 이들에 따르면, 1954년의 9·3 포격은 베이징 정부로서는 국공내전의 연장일 뿐 미국과 대결하려는 것이 아니었다. 중국의 저장성과 푸젠성의 동남부 연해에는 1949년 국민당이 대만으로 후퇴한 이후에도, 한국전쟁 기간을 제외하고 1954년까지 내전이 지속되고 있었다. 중국이 한국 전장으로 주력부대를 이동한 사이 국민당은 동남 연해 지역의 30개 외도를 장악했다. 판문점 정전협정이 타결되던 시점, 국민당은 동남연해의 다천(大陳)열도를 중심으로 하는 전선을 구축했고 푸젠성의 동산(東山)섬을 점령하기도 했다(1954.7.16~17). 이런 맥락에서, 창과 허 디는 1954년의 9·3 포격은 국민당이 중국 동남 연해에서 벌인 군사행동에 대한 반격일 뿐, 중국은 진먼과 마쭈 점령은 물론 미국과 대결할 의사가 전혀 없었다고 말한다.

창과 허 디의 주장은 9·3 포격전을 책임졌던 푸저우군구사령군(福州軍區司令員) 예페이(葉飛), 저장성 해안 다천열도 작전지휘관 장아이핑(張愛萍) 그리고 저우언라이(周恩來)와 마오쩌둥의 고문이었던 레이잉푸(雷英夫) 등의 회고와 인터뷰를 근거로 한 것이다. 이들은 한결같이 당시의 군사작전에 진먼과 마쭈 점령 계획은 포함되지 않았으며, 군사력 면에서도 인민해방군은 진먼과 마쭈를 점령할 능력이 없었다고 진술했다. 당시 인민해방군은 저장성 지역을 제외하고는 공군과 해군 병력이 없었고 진먼 포격 때도 두 개 연대의 포병대만이 배치되었을 뿐이었다. 또한, 푸젠성 해안지역에 철도가 연결되어 있지 않아 내륙으로부터 식량이나 군수품 조달도 어려운 상황이었다. 이들은 진먼섬 해방은 사실상 실현 불가능한 정치적 캠페인에 불과했다고 회고했다.[1]

창과 허 디는 미국이 9·3 포격을 중국의 아시아 팽창주의의 발동으로 과대 평가하고 과잉 대응함으로써 제1차 해협위기를 초래했다고

---

[1] 푸젠 지역의 철도는 1955년 봄에 착공되어 1957년 4월에 완공되었으며, 군용 제트기 활주로는 1954년 10월에 착공, 1956년 5월에 완성되었다(Gordon H. Chang and He Di, 1993: 1517-1518).

말한다. 1955년 3월과 4월, 아이젠하워 정부는 미국이 중국에 대해 핵 공격을 감행할 수 있음을 수차례 암시함으로써 전 세계를 제3차 세계대전의 위험에 빠뜨렸다. 창과 허 디가 볼 때, 1차 해협위기가 해소된 것은 순전히 행운이었다. 당시 미국은 장제스의 군대를 진먼과 마쭈에서 철수시켜 대륙 해안의 500마일 수역을 격리한 다음 대만 본섬에 핵무기를 배치한다는 '아이젠하워-덜레스' 계획을 비밀리에 추진 중이었는데, 미국을 믿지 않았던 장제스가 이 계획을 거절했다. 또한, 그 사실을 전혀 모르는 채 반둥회의에 참석 중이었던 저우언라이가 계획에 없던 대만해협 문제를 연설 내용에 넣지 않았더라면 제1차 해협위기는 상상하기 어려운 규모로 전화되었으리라는 것이다. 결론적으로, 제1차 해협위기는 상대에 대한 정확한 정보없이 이데올로기에 기반한 추정으로 왜곡된 정책 결정을 초래한 대표적인 사례였다고 창과 허 디는 주장한다.

창과 허 디의 분석은 당사자들의 생생한 구술을 근거로 제1차 해협위기에 관한 객관적 실상을 보는 데 큰 도움을 준 것이 사실이다. 그럼에도 불구하고 이런 관점은 1954년의 사건을 일국적 범위에 한정함으로써 양안 분단을 동아시아 냉전구조에서 바라보는 시야를 차단한다. 이를 테면, 이 관점은 중국이 제1차 해협위기를 기점으로 양안문제를 국제정치의 맥락에서 사고하게 되었다는 뉴쥔(牛軍)의 주장과 크게 대비된다. 뉴쥔은 중국이 한국전쟁과 인도차이나전쟁을 통해 대만해협 문제를 파악하는 국제적 감각을 얻었다고 말한다. 특히, 한국전쟁 전까지는 대만해협 문제를 '국가통일'의 문제로 보다가 한국전쟁 이후에는 '국가안보'의 문제로 보기 시작했다는 지적이 흥미롭다(뉴쥔, 2015: 344-348). 이는 곧 중국이 대만해협 문제를 국제관계의 관점에서 보게 되었음을 의미하는 바, 중국이 지금껏 양안문제가 '내정'임을 강변해온 상황을 생각한다면 상당히 의미심장한 지적인 것이다.

　한국전쟁과 베트남전쟁을 거치면서 중국은 동아시아 냉전의 핵심 장소가 대만해협으로 이동하고 있음을 감지하고 있었다. 판문점 정전회담(1953.7)과 제네바 정전회담(1954.4~7)을 거치면서, 중국은 미국이 한반도와 인도차이나 그리고 대만해협 세 개의 전략적 방향에서 중국을 위협하고 있다고 판단했다. 중국이 두려워한 것은 한반도의 분단과 베트남의 분단에 이어 다음 차례가 양안의 분단이 되는 것이었다. 중국 정부가 '대만 해방'의 슬로건을 제네바회담 직후인 1954년 7월 23일에 개시한 것도 이런 상황을 잘 보여준다(He Di, 1990: 225; 뉴쿼, 2015: 340-341). 이런 맥락에서 뉴쿼은 제1차 해협위기에서 다천열도 점령(1954.1)과 진마열도 포격(1954.9)을 구별하여 보아야 한다고 주장한다. 전자가 내전의 일환이었다면, 제네바협정 이후 미국과 대만이 미중상호방위조약을 추진하는 상황에서 9월 3일의 포격은, 내전을 넘어 미국에 대한 정치적·상징적 전략 단계로 넘어가고 있었다는 것이다(뉴쿼, 2015: 341).

　뉴쿼의 주장을 각도를 조금 바꾸어 보면, 중국이 판문점회담과 제네바회담을 거치면서 대만해협 문제를 국내적 범위를 넘어 동아시아 냉전지형의 국면에서 파악하기 시작했다고 말할 수 있을 것이다. 여기서 한 가지 중요한 아이러니가 발견된다. 중국이 진마열도 및 양안문제를 내정이 아닌 동아시아 냉전지형에서 파악하는 국제적 감각을 얻을 수 있었던 것은, 앞선 두 차례의 정전협정을 통해 한반도와 베트남의 분단에 가담했던 경험 때문이었다. 판문점 협상은 중국 지도자가 국제무대에서 대국들과 외교담판을 경험한 첫 무대였다. 그리고 이듬해 베트남 분단을 결정짓는 제네바회담에서 저우언라이의 역할은 지대했다. 그는 16도선을 축으로 남북 베트남을 분단시키고 라오스와 캄보디아를 중립화하여 해당 국가에서 미군이 철수하고 이들 국가들이 미국과 동맹을 맺지 않는 것을 협상안으로 주장했고, 1954년 7월 17일 소련과 베트남의 합의를 끌어냈다(뉴쥔, 2015: 324-333). 그러나 결과적으로 한반도의 정전 협정은 중국에 북핵문제라는 부메랑으로 돌아왔고, 제네바에서의 불철 저한 정전협정은 베트남과 미국의 참혹한 전면전 그리고 사회주의 형제 국간의 충격적인 중월전쟁(1979)으로 이어졌으니, 동서 냉전과 사회주의 권 내의 냉전이 중첩된 아시아 냉전의 겹구조 속에서 중국의 역할이 새 삼 역설적이다.

정리하면, 1950년대 동아시아에서 발발한 세 차례의 중대한 사건 인 한국전쟁, 제1차 인도차이나전쟁, 대만해협 위기는 동아시아 분단구 조의 형성 과정에서 서로 긴밀하게 연쇄되어 있었다. 중국과 미국이 한 국전쟁에서 격렬하게 맞붙음으로써 동아시아에서 미소대결이 아닌 미 중 대결 구도의 단초가 마련되었고, 인도차이나 정전협상 과정에서 양국 간의 긴장이 고조되었다. 제네바협상이 타결되자 미중간의 긴장은 신속 하게 대만해협으로 이동했다. 제1차 해협위기는 이처럼 한국전쟁 이후 고조되던 미중 대결의 구조 속에서 중국이 주도권을 장악하기 위해 일 으킨 것이었다. 앞선 두 차례의 정전회담이 한반도와 베트남의 분단으로 미중간의 완충지대를 형성하는 방식으로 동아시아 냉전지형을 구축하 는 가운데, 1954년의 제1차 해협위기는 중국이 다음 차례인 양안의 분 단을 막기 위해 벌인 선제공격이자 심리전이었다.

3. 미국의 핵공세와 중국의 핵개발

제1차 해협위기가 남긴 또하나의 중요한 결과는 핵개발에 대한 중국의 결의를 확고하게 했다는 것이다. 포모사결의Formosa Resolution가 미국 의회를 통과하고 미국-대만 간의 미중상호방위조약이 비준되던 1955년

1월, 중국은 공식적으로 국가 핵개발 프로그램을 선포했다. 그리고 중국은 1964년 10월 핵실험에 성공함으로써 현재 국제사회가 공인하는 다섯 개의 핵보유국 중 하나가 되었다.

중국의 핵개발이 제1차 해협위기와 직접적인 선후관계가 있는지 단언하기 어렵다. 그러나 "미국 제국주의의 핵 위협에 대항"하기 위함이라는 최초 핵실험 당시 중국의 공식 성명을 정당화하는 데 제1차 해협위기가 중요한 역할을 한 것은 분명하다(John W. Lewis and Xue Litai, 1988: 1). 포모사결의와 미중상호방위조약이 통과된 1955년 1월에 고조되었던 위기가 같은 해 4월 저우언라이의 반둥회의 연설로 극적으로 해소되기 전까지, 아이젠하워 행정부는 공식적인 자리에서 진먼열도와 중국 본토에 대한 핵공격을 암시하는 발언을 수차례 쏟아냈다. 1955년 3월 16일 아이젠하워는 "나는 총알이나 다른 것을 쓰는 것과 마찬가지로 핵무기가 사용되지 말아야 할 이유를 찾을 수 없다"고 했고, 다음 날 부통령 닉슨은 "전략적 핵폭탄은 이제는 일반적이며 어떤 공격적인 타겟에 대해서도 사용 가능하다"고 발언했다. 3월 28일 국무장관 존 포스터 덜레스John Foster Dulles는 합동참모본부JCS의 계획에 핵무기 사용이 확실시되고 있다고 말했다. 그는 또한 중국이 진먼과 마쭈를 공격한다면 미국은 상하이와 광둥을 포함한 중국 전역에 징벌적 타격을 가해야 하며 이를 위해서는 "반복적인 핵공격repeated nuclear strikes"이 필요하다고 주장했다. 3월 31일, 해군제독 레드포드Arthur W. Radford는 NSC회의에서 "한두 경우를 제외하면 큰 도시나 인구밀집 지역은 타겟에서 제외된다"는 전략계획을 보고했다. 공군전략사령부 SAC 참모총장 커티스 르메이Curtis Emerson LeMay는 중국 본토 상공에 대한 B-36 폭격이 준비되어 있음을 확인했다. CIA는 예상 사상자를 120만에서 140만 명으로 산출했다. 합동참모본부는 대만에 전략 핵미사일의 배치를 고려하기도 했다. 당시 미군은 일본 본토, 괌, 오키나와, 하와이에 핵무기를 배치한 상황이었다(Appu K. Soman, 2000: 137-139).

　　그러나 아이젠하워는 중국이 진먼과 마쭈섬을 점령할 것인지 확신하지 못했다. 1955년 1월 포모사결의와 미중상호방위조약 통과를 위한 의회 청문회 과정에서, 덜레스를 포함하여 누구도 진먼과 마쭈 지역에 대한 중국측의 점령 징후를 발견하지 못했다. 사실 아이젠하워 행정부는 중국의 군사위협에 대한 대응으로 미중상호방위조약이나 군사작전을 추진한 것이 아니었다. 미국은 처음부터 진먼과 마쭈의 방위에 모호한 입장을 취해왔다. 1950년 트루먼은 중국 외도 문제에 개입하기를 꺼렸다. 한국전쟁이 장기화되면서 대만의 전략적 지위에 대한 인식이 바뀌었지만, 그렇더라도 미국은 대만 본섬과 펑후까지만 방어하겠다는 입장이었다. 1953년 2월, 판문점 정전회담 중 취임한 아이젠하워는 "제7함대는 국민당 군대의 대륙 진공을 저지하지 않을 것"이라고 선언하여(Appu K. Soman, 2000: 117-119) 외도 문제에서 공세적인 태세를 취했지만, 정작 1955년 1월 다천열도에서 국민당 군대의 철수를 결정하는 시점에도 미 행정부 내에서는 미국이 진먼과 마쭈를 방어할지를 두고 의견이 엇갈렸다. 포모사결의문조차 진먼과 마쭈를 방위의 대상 안에 명확하게 기입하지 않았던 것이 그 단적인 예이다. 포모사결의문은 미국이 대만섬과 펑후 열도 그리고 다른 "밀접하게 관련된 지역들closely related localities"을 방어한다고만 말하고 있다(Appu K. Soman, 2000: 130-131). 훗날 아이젠하워는 "진먼과 마쭈의 방어에 참여해야 하는 어떤 협정에도 발을 매이고 싶지 않았"다고 회고했다(John W. Lewis and Xue Litai, 1988: 33). 이로 보건대, 미국은 진먼과 마쭈를 중국이 점령하리라는 확신이 없었을 뿐 아니라, 두 섬을 방어할 가치가 있는지에 대해서도 확고한 입장이 없었다. 그럼에도 불구하고, 두 섬의 방위를 둘러싸고 핵무기 사용을 포함한 '대량

보복전massiveretaliation'과 '위기고조 전략brinkmanship'을 공공연하게 표명하고 있었던 것이다.

말하자면 제1차 해협위기에서 미국 역시 심리전적 요소가 강했다. 다천열도를 중국에 넘겨준 상황에서 대만해협에서 미중간의 힘의 균형을 회복해야한다는 압박도 있었지만, 더 근본적인 원인은 한국전쟁에 있었다. 중국이 한국전쟁과 인도차이나전쟁에서 유리한 고지를 점해왔다는 심리적 불안감이 미국에 크게 작용하고 있었던 것이다(John W. Lewis and Xue Litai, 1988: 33-34).

실제로, 미국은 한국전쟁 직후부터 중국에 핵무기 사용을 고려하고 있었다. 1953년 정전 후 아이젠하워는 미국이 다시는 아시아에서 공산주의자들과 대규모의 육상전을 치러서는 안 된다고 주장했다. 그는 혹여 한반도에서 휴전이 깨지고 중국과 다시 전면전을 치를 경우를 대비하여 새로운 군사전략을 제기했는데, 바로 1953년 10월 29일 NSC 162/2호 문건으로 채택된 '뉴 룩New Look' 정책이다. 이 정책의 핵심은, 동아시아와 유럽의 방위에서 적대 상황이 발발할 경우 미국은 핵무기 사용을 고려할 수 있다는 것이다. 물론 그 주안은 유럽보다는 한반도와 중국에 있었다. 11월 11일의 회의에서 덜레스는 방위비 감축은 한반도에서 미군을 철수하고 "신무기"를 배치함으로써만 실현될 수 있다고 했다. 11월 10일에 제출된 미 합참전략계획위원회 JSPC 보고서 162/2호 문건의 핵심은 한국전에서 벌어질지 모를 장기전을 방지하기 위해 핵무기를 사용할 수 있으며, 중국 동북 지역 그리고 한반도에 대량의 핵폭격을 수행함으로써 중국이 다시는 한반도와 동북아에서 도발할 수 없게 만든다는 내용이었다(Matthew Jones, 2000: 37-41).

1954년 인도차이나 위기가 불거지자 한국전 재발의 경우로 한정되었던 '뉴 룩' 원칙은 인도차이나전쟁에 중국이 개입할 경우로까지 확대된다. 1954년 1월 14일 승인된 NSC 5405호 문건은 중국 정부가 베트민Viet Minh을 지원할 경우 중국 영토가 공격 대상이 될 수 있음을 명시했다. 1954년 4월 디엔비엔 푸Dien Bien Phu 전투로 인도차이나 위기가 정점에 이르자, 합동참모본부는 중국이 개입할 경우를 대비한 핵공격 작전에 관한 구체적인 계획을 논의했다. 제네바협상이 완결되던 1954년 7월 합동참모본부에 제출한 르 메이의 전략보고서 FEOP 8-54 문건에는 우르무치에서 베이징에 이르는 99개의 도시가 타깃으로 적시되었고, 상하이, 텐진, 창사, 청두, 충칭 등 주요 산업 도시들이 여기에 포함되었다. 이 작전을 수행하기 위해서는 수백 개의 핵무기가 중국의 주요 산업도시에 투하되어야 하며, 이는 수백만의 민간인 사상자와 엄청난 양의 방사능 분진을 수반하는 것이었다(Matthew Jones, 2000: 49-58).

이런 맥락에서 보건대, 제1차 해협위기 중에 등장한 중국에 대한 미국의 핵공세는 결코 돌출적인 것이 아니었다. 진먼섬 포격으로 인해 미국이 중국에 핵공세를 가했다기보다, 오히려 한국전쟁 이후 지속적으로 가해진 미국의 핵공세 속에서 제1차 해협위기가 발생했다고 보는 것이 더 옳다. 1954년 3월 아이젠하워-덜레스의 비밀 계획이 추진되었다. 아이젠하워는 래드포드와 로버슨Walter Robertson을 장제스에게 보내, 진먼과 마쭈에서 국민당군을 철수시킨 다음 대만에 핵무기를 배치하도록 종용했다. 물론 장제스의 거절로 이 계획은 실현되지 못했지만, 이는 당시 대만해협의 상황이 실제로 핵전쟁의 문턱까지 진입했음을 보여준다.

미국의 핵공세는 중국의 핵개발 정책에 정당성을 제공했다. 포모사 결의가 채택되자 「런민르바오」는 미국이 대만에 대한 주도권을 장악하기 위해 핵무기를 휘두르고 있다고 비판했다. 1955년 1월 15일 마오는 중심비서처Central Secretariat 회의에서 중국의 핵 프로그램 추동의 가능성과 필요성을 토론했고, 그 자리에서 "즉각 핵에너지 연구개발을 위한

노력을 경주할 것"을 선언했다.[2]

　흥미로운 사실은 중국이 제1차 해협위기를 이용하여 소련이 핵기술을 중국에 전수하도록 유도해냈다는 사실이다. 1955년 1월 17일 소련 정부는 중국과 다른 동유럽 국가들에 "핵에너지의 평화로운 사용을 위한 연구를 자체적으로 추진할 수 있도록 돕겠다"고 선언했다. 중국은 핵분열 물질과 사이클로트론, 핵원자로 등을 제공받았고, 그 대가로 소련의 평화 캠페인을 적극 지지했다(John W. Lewis and Xue Litai, 1988: 41). 이를 테면, 헨리 키신저Henry Kissinger는 중국이 제1차 해협위기를 일으킨 진짜 동기가 기존의 핵전쟁 리스크를 첨예하게 만들어 소련이 중국의 핵 개발을 지원하도록 압력을 가하기 위함이었다고 분석했다. 소련의 입장에서도 중국의 핵 방어권을 중국의 손에 넘겨줌으로써 가까운 미래에 발발할지 모를 미중전쟁에 말려들지 않을 수 있었다는 것이다(헨리 키신저, 2012: 201). 아무튼 분명한 것은 중국이 미국의 핵공세 압력을 소련을 움직이는 지렛대로 사용했다는 사실이다. 수년 후 불거지는 중소갈등은 이처럼 두 차례에 걸친 대만해협 위기 속에 온양되고 있었다.

4. 미소 냉전에서 미중 냉전으로

제1차 해협위기에 국내적 요소와 국제적 요소, 군사전과 정치전이 뒤섞

2　물론 중국의 핵개발의 기초는 그전부터 다져지고 있었다. 1950년부터 중국 사회과학원 근대물리연구소를 중심으로 원자핵 연구가 진행되었고, 수년간 소련 전문가들의 도움을 받고 있었다. 1955년 1월 중국이 공식적으로 핵에너지 연구 개시를 선포한 시점에, 중국은 이미 첸산창(錢三强), 허저후이(何澤慧), 펑환우(彭桓武) 등 영국과 프랑스에서 핵물리학을 연구한 유수한 학자들을 거느리고 있었나(John W. Lewis and Xuc Litai, 1988: 37-44)

여 있었다면, 1958년 8·23 포격으로 시작된 2차 해협위기는 미소 '평화 공존peaceful coexistence' 체제에 대한 중국의 본격적인 흔들기였다. 제1차 해협위기가 미국을 겨냥한 도발이었다면, 제2차 위기는 미국과 소련 양자에 대한 중국의 도전이었다. 1956년 2월 제20차 소련당대회에서 두 가지 중요한 선회가 일어났다. 대내적으로는 스탈린 비판, 대외적으로는 비공산권 국가와의 '평화공존'이었다. 중국으로서는 둘 다 당혹스러웠다. 특히 대만해협 문제를 두고 미국과 대치하는 상황에서, 소련이 워싱턴 정부와 '평화롭게 공존'하며 양안 분단을 고착화하는 형세로 보였던 것이다. 그러나 내전과 한국전쟁 참전으로 국내 경제가 피폐하여 소련의 지원이 절실했던 만큼, 중국은 처음에는 '평화공존' 방침을 지지했다. 그러나 1957년 봄 미국이 대만에 전략 핵무기 배치를 결정하고, 제1차 해협위기로 개시되었던 중미 대사급 회담이 같은 해 12월에 중단되면서, 중국은 더이상 '평화공존'에 도움을 기대하기 어렵다고 판단했다(Lorenz M. Lüthi, 2008: 47-48). 제2차 진마 포격은 동아시아에서 미소의 공존적 냉전체제가 양안의 분단을 고착화하지 못하도록 중국이 주도면밀하게 계획한 사건이었다.

1) 소련과의 결별

1958년 8·23 포격에 직접적인 정당성을 제공한 것은 1958년 7월의 아랍혁명이었다. 영국의 비호를 받던 이라크의 하세미트 왕가Hashemite monarchy가 혁명세력에 의해 전복당하자, 영국과 미국이 즉각 요르단과 레바논에 군대를 파병하여 진압했다. 이는 중국에 진마열도 포격의 명분을 제공했다. 즉, 아랍에 대한 영미의 패권주의적 군사 개입과 대만해협에 대한 미국의 군사 개입을 같은 맥락 안에 넣음으로써, 중국은 8·23 포격에 제국주의에 대한 세계 약소민족의 저항이라는 의미를 부여할 수 있었던 것이다(吳冷西, 1995: 74).

　여기에는 소련에 대한 도전의 의미도 들어있었다. 제국주의의 아랍 혁명 진압을 묵인하는 소련에 대한 반항이었지만, 더 근본적으로 중국은 소련이 미국과 공모하여 대만해협의 분단을 공동으로 관리하려 한다고 의심하고 있었다. 그 결정적인 계기는 1958년 7월 말 흐루쇼프가 중소연합핵잠수함을 중국 영해에 배치하자고 제안한 사건이었다. 스푸트니크Sputnik 발사(1957. 10)로 소련과의 기술 격차에 예민했던 미국은 한국과 대만에 전략 핵미사일을 배치했고, 이듬해인 1958년 초에는 영국, 이탈리아, 터키에 중거리탄도미사일IRBM을 배치하기로 결정했다. 미국의 이런 행보에 균형을 맞추기 위해 소련은 전략핵무기를 미국 영토에 조금이라도 더 가까운 곳에 옮겨놓아야 했다. 이에 1958년 4월 18일 국방장관 말리놉스키RodionMalinovsky가 펑더화이(彭德懷)에게 연합라디오 송신기를 하이난도(海南島)에, 7월 21일에는 공동 잠수함 함대를 중국 영해에 배치할 것을 제안했던 것이다. 특히 두번째 제안은 마오쩌둥의 격노를 불러일으켰다. 그는 소련대사 유딘Yudin을 중난하이(中南海)에 불러, 소련이 중국의 해안을 통제하려 한다면 중국은 게릴라전을 벌여 소비에트 점령군과 싸울 것이라고 으름장을 놓았다. 난국을 수습하기 위해 다급하게 베이징으로 날아온 흐루쇼프를 마오가 중난하이의 수영장에서 접견하는 모욕을 준 일화는 유명하다. 두 지도자의 회합에서 태평양 핵전략에 대한 아무런 합의도 마련되지 않았음은 물론, 마오는 흐루쇼프에게 진먼 포격 계획에 대해 한 마디도 하지 않았다(Lorenz M. Lüthi, 2008: 91-94).

　중국의 8·23 포격은 흐루쇼프가 베이징을 방문한 지 3주 뒤에 일어났다. 이는 국제사회에 소련과 중국이 공모하여 제2차 해협위기를 일으킨 듯한 인상을 주어(Marian D. Irish, 1960: 151), 워싱턴 정부와 '평화공존'

정책을 추진 중이던 소련에 심각한 타격을 입혔다. 또한, 진먼 포격을 동맹국인 소련에 사전에 알리지 않은 것은 중소우호조약을 위반한 것이기도 했다(Lorenz M. Lüthi, 2008: 99). 심지어 중국은 소련에게 미중간에 핵전쟁이 일어날 경우 소련이 핵무기로 미국에 보복하겠다는 선언을 하도록 압박함으로써 '평화공존' 정책을 뒤흔들었다(키신저, 2012: 222; Lorenz M. Lüthi, 2008: 103). 이 시점부터 소련은 중국에 대한 핵개발 지원을 점차적으로 지연시켰다. 그러나 중국의 핵무기 개발을 멈추기에는 이미 늦은 시점이었다.

이렇게 제2차 해협위기는 1960년대 중소 분쟁의 계기를 마련했다. 키신저가 제2차 해협위기를 두고 미국이 아닌 소련에 대한 중국의 도전이었다고 말한 것(키신저, 2012: 210)은 이런 맥락이다. 동아시아 냉전의 모순이 대만해협으로 집중되는 가운데 불거진 중소 갈등은 동아시아 냉전지형에서 소련의 영향력을 점차 감소시켰다. 동아시아에서 냉전은 이제 미소 냉전에서 미중 냉전의 구조로 전환되고 있었다.

2) 올가미 씌우기

왜 중국은 진먼-마쭈를 점령하지 않았을까. 제2차 해협위기 직후 아이젠하워와 덜레스는 대만해협에서 핵전쟁 위기를 또 한 번 고조시켰지만, 중국은 미국이 마음속으로는 전쟁을 원치 않는다고 믿고 있었다. 오히려 중국이 두려워한 것은 미군이 진먼과 마쭈에서 철수하는 것이었다. 실제로 미국은 국민당 군대를 대만해협에서 철수시키고 싶어했다. 군사적 충돌의 원인인 진마열도를 중립화함으로써 언제 재발할지 모를 중국 내전의 싹을 잘라내고 '두 개의 중국' 상황을 고착화하고 싶었던 것이다(He Di, 1990: 239). 그러나 그것은 중국으로서는 가장 원치 않는 상황이었다. 중국이 진먼과 마쭈를 점령하지 않고 남겨둔 것은 이 때문이다. 진먼과 마쭈를 점령하게 되면 대만해협을 분단 형태로 관리하려는 미국(과 소련)에 말려드는 것이라 판단했던 것이다.

8·23 포격을 전후하여 중국의 이 같은 속내는 당시 신화사(新華社) 사장으로 신화사와 「런민르바오」의 편집 책임을 맡고 있던 우렁시(吳冷西: 1919~2002)의 회고록 『마오 주석을 기억하며』에 상세하게 기술되어 있다. 1958년 8월 17일부터 10월 25일까지 베이다이허(北戴河)와 베이징 등지에서 일어난 수 차례의 회의와 면담은, 8·23 포격이 국제 정세에 대한 전략적인 고려 속에 주도면밀하게 계산되고 있었음을 잘 보여준다. 그 주요 지점들을 짚어보자.

첫째, 1958년 7월 중순에 발생한 아랍혁명에 대한 미국과 영국의 군사적 간섭은 8·23 포격에 직접적인 환경과 정당성을 제공했다. 중국은 푸젠성 전선에 만반의 태세를 갖추고 전국적으로 아랍 인민의 반제투쟁을 지지하는 선전전을 벌였다. 물론 중국이 정말로 영미와 전쟁을 하려고 한 것은 아니었다. 영미 군대의 레바논과 요르단 진군에 대한 UN의 대응과 국제사회의 여론을 주시하면서 마오는 사상전과 물리전 사이에서 줄타기를 하고 있었다. 마오의 전략은 "활시위를 당기되 쏘지 않는"(吳冷西, 1995: 74-77) 것이었다.

둘째, 8·23 포격의 주 목적은 '화력정찰(火力偵察)', 다시 말해 대만해협에 관한 미국의 의중을 떠보는 데 있었다. 8월 25일 마오는 베이따이허에서 류샤오치, 저우언라이, 덩샤오핑, 펑더화이, 왕샹룽(王向榮, 총참작전부장), 예페이(葉飛, 푸저우군구정위), 후챠오무(胡喬木), 우렁시 등을 불러 정치국 상무회의를 열었다. 이 자리에서 그는 진마 포격은 '화력정찰'로서 진먼에 상륙하는 것도 상륙하지 않는 것도 아님을 방침으로 정한다. 미중상호방위조약에 진먼·마쭈에 대한 방위 여부가 모호하게 처리된 점을 주시했던 마오는 미국 역시 진마라는 짐을 떠맡고 싶어하지 않는 것이라 짐작하고 있었다. 그래서 선제공격을 통해 미국의 의중을 떠보고자 했던 것이다. 결국 8·23 포격으로 마오는 자신의 예측이 맞았음을 확신한다. 9월 30일 우렁시와의 대화에서 마오는 이렇게 말한다.

> 우리도 진먼·마쭈를 가져오고 싶지 않은 것은 아니다. 그러나 이 문제는 장제스뿐 아니라 미국의 태도도 고려해야 한다. 결코 경거망동해서는 안 된다. 미국인도 우리와 싸우기를 두려워한다. 우리가 12해리 영해를 선포하자 미국 군함은 처음에는 이를 인정하지 않고 우리 영해선 안을 수차례 침범했지만, 저들이 주장하는 8해리 영해선 안으로는 들어오지 않았다. 후에 우리가 몇 차례 경고를 한 뒤에는 우리 12해리 선을 침범하지 않았다. 툭하면 우리 영공을 침범하던 미국 전투기도 나중에는 해협 중간선 안으로 들어오지 않았다. 한번은 미군함이 탄약과 양식을 진먼으로 운반하는 국민당 수송선을 호위한 적이 있다. 이들 연합 함대가 진먼 항구에 근접했을 때 우리가 맹렬한 공격을 퍼붓자 미군함은 곧바로 회선하여 달아났고 국민당 선박이 우리에게 당하고 말았다. 미국은 결국 종이 호랑이인 것이다(吳冷西, 1995: 81-82).

물론 마오가 미국을 만만하게만 본 것은 아니었다. 그에 따르면 미국은 "종이 호랑이"지만 "진짜 호랑이"이기도 하다. 당시 대만해협에는 미국의 항공모함 두 척과 순양함 세 척, 구축함 40척 등이 들어와 있었다. "공격하되 상륙하지 않고 봉쇄하되 죽이지 않는다(打而不登, 斷而不死)"는 방침은 '종이 호랑이'이면서 '진짜 호랑이'인 미국과의 교묘한 줄다리기였던 것이다.

셋째, 대만해협을 놓고 중국은 국민당과 미국 사이에서 이중 전략을 구사하고 있었다. 내부 회의에서 마오는 대만해협에서 중국이 마주하는 진짜 적은 장제스가 아닌 미국임을 누차 강조했다. 그러면서도 선전전에서는 "진마 포격은 중국 내전의 일환이므로 어떤 외국이나 국제조직의 간섭을 불허한다"는 점을 과장되게 강조할 것을 요구했다(吳冷西, 1995: 85). 중국은 미국의 진짜 의도가 국민당의 '대륙탈환' 포기와 공산당의 '대만수복' 포기를 맞교환함으로써 대만해협에 대한 미국의 지배력을 강화하고 '두 개의 중국'을 고착화하려는 데 있다고 믿었다. 그 단적인 예가 1958년 덜레스와 장제스 회담을 비판한 「런민르바오」의 사설 "자업자득(咎由自取)"(10월 21일자)에 대해 마오와 저우언라이가 편집자를 크게 꾸짖은 일화에서 발견된다. 마오와 저우는 미국과 국민당이 진마 문제를 놓고 내홍을 겪고 있음을 잘 알고 있었다. 진마에서 국민당을 철수시키려는 미국과 이를 거부하는 장제스 간의 불화를 중국이 최대한 이용하기 위해서는, '대만해방'을 잠시 미루고 장제스에게 독립적인 운신의 여지를 주어야 한다는 것이 중국 중앙의 관점이었다. "홀수일 포격, 짝수일 불포격(單打雙不打)" 방침을 선포한 논설 "대만동포에 다시 고함(再告臺灣同胞書)"이 10월 25일자로 발표된 것도 이런 맥락에서였다.

바로 여기서 '올가미 씌우기' 전략이 등장한다. 8·23 포격으로 미국의 의중을 파악한 중국은 이제 진먼과 마쭈 열도를 국민당에 내어줌으로써 미국을 지근거리에서 상대하는 수단으로 사용하기로 한 것이다.

그중 올가미 문제를 논할 때 마오 주석이 말했다. 우리가 진마를 포격하면 미국인은 긴장한다. 덜레스는 진마의 올가미 속으로 뛰어들어 대만, 펑후, 진먼, 마주를 죄다 엮으려는 듯하다. 그래도 좋지. 알아서 올가미 안으로 들어와 주니. 그대로 뒀다가 걷어차고 싶을 때마다 한 번씩 걷어차면 된다. 우리가 주동이고 저들이 피동이다. 장제스가 우리한테 기세를 휘두를 수 있었던 것도 푸젠이라는 구멍이 있었기 때문이다. 진마가 장제스의 수중에 있는 것은 참으로 싫은 일이다. 누가 자기 침대 옆에서 다른 사람이 코 고는 걸 좋아하겠는가. 그러나 진마에 상륙하지는 말고 미국인을 찔러 놀래키기만 하자. 기회가 오면 칠 것이다. 기회가 오면 왜 진마를 수복하지 않겠는가. 사실 미국인도 마음속으로는 싸움을 무서워한다. 그래서 아이젠하워도 공개 담화에서 진마를 "공동방위"하겠다는 말을 죽어도 하지 않고 발을 빼려는 냄새를 풍기는 것이다. 그들이 빠지기 작전을 써도 그만이다. 진마에서 11만 장제스 군대가 나가면 좋은 일이니까. 철수하지 않는다면 장제스 군대를 거기 둬도 대세에 지장이 없다. 미국인을 묶어두는 것이니까 (吳冷西, 1995: 80).

이 부분을 아래 인용문과 이어서 읽어보면, 미국이 대만해협에 남아있기를 바라는 중국의 속내가 역력하게 드러난다.

진마를 장제스 손에 남겨두면 어떨까? 이 정책의 이점은 이 섬들이 대륙에 매우 가까워 국민당과 접촉을 유지할 수 있다는 것이다. 필요하면 포격하면 된다. 긴장이 필요하다 싶으면 올가미를 조였다가 긴장을 풀어야 할 때면 느슨하게 풀면 된다. 죽이지도 살리지도 않고 그대로 두어 미국인들을 요리하는 수단으로 삼을 수 있다. 우리가 포격하면 장제스는 미국에 구원을 요청할 것이고 미국인들은 장제스가 자기들을 곤경에 빠뜨릴까 긴장하게 될 것이다. 우리로서는 진마를 수복하지 않아도 사회주의 건설에 영향을 받지 않는다. 진마에 주둔한 장제스의 군대만으로는 푸젠성에도 큰 위협이 되지 않는다. 그러나 진마를 수복하여 장제스를 진마에서 철수시키면 미국과 장제스를 다루는 수단을 잃게 되고 사실상 두 개의 중국이 형성된다. 모두가 마오

주석의 이러한 제안에 동의했다. 장제스 군대를 진마에 남겨두어 미국이 이 짐을 지게 하자. 심심하면 한번씩 걸어차면서 그들을 조마조마하게 만들자(吳冷西, 1995: 84-85).

중국이 8·23 포격 이후 미중간 국교를 수립하는 1979년까지 20년간 이틀에 한번씩 진마열도를 포격하며 대만해협에 긴장을 유지했던 것은 한마디로 말해 '미국의 목에 올가미 씌우기'였다. 중국측 표현대로 하면 중국이 놓은 올가미에 미국이 스스로 걸려들어온 것이다. 그렇다면 '올가미 씌우기'로 중국은 무엇을 얻었을까. 우선 중국이 강조하듯 양안 분단을 고착화하려는 미국의 정책을 교란하는 효과를 얻었다고 볼 수 있다. 그러나 더 큰 시각에서, 미국을 대만해협에 묶어둠으로써 동아시아 냉전지형에서 미중 대결의 구도가 확고해진 효과를 간과해선 안 된다. 제1차 해협위기에서 조짐을 보이기 시작한 중소 갈등은 제2차 해협위기를 겪으면서 본격적인 단계로 접어들었다. 여기에 대만해협이 동아시아 냉전의 핵심 장소가 되면서, 이 지역에서 소련의 존재감은 급속히 감소해갔다. 제1차, 제2차 해협위기를 통틀어 중국이 얻은 가장 큰 수확은 동아시아 냉전구조를 미소 중심에서 미중 중심으로 온전히 돌려놓음으로써, 사실상의 적수인 소련에 대한 유리한 고지를 확보한 것이었다.

5. 미완의 탈냉전

두 차례의 대만해협 위기를 이용하여 중국은 동아시아의 냉전구조를 자신에게 유리한 방향으로 이끄는 데 성공했다. 그런데 이 과정은 동아시아 냉전에서 중국이 점하는 역설적 지위를 드러낸다.

　우선, 중국이 양안문제에서 미소 두 대국을 요리하며 정국의 주도권을 장악할 수 있었던 데는 판문점과 제네바 정전협정에 참여한 경험이 주효했다. 한반도와 베트남의 분단 형성에 적극 가담함으로써 중국은 다음 수순이 대만해협임을 인지하고 그에 대비하는 국제적 감각을 키울 수 있었다. 동아시아 분단구조 형성의 가담자이자 당사자라는 이중적 성격으로 인해, 중국은 동아시아 냉전의 책임에서 자유로울 수 없다. 결국 한반도의 분단은 북핵문제라는 최대의 난제로 중국에 되돌아왔고, 베트남의 분단은 12년에 걸친 중월전쟁을 그 대가로 요구했던 것이다.

　한편, 두 차례의 해협위기를 거치면서 형성된 중소 갈등과 미중 대결의 구조는 역설적으로 1970년대 미중 데탕트로 가는 길을 열었다. 제2차 해협위기는 악화되고 있던 중소관계의 반증이자 동시에 중소 간의 결별을 알리는 신호였다. 1960년대 중국은 미국보다 소련의 위협을 더 심각하게 체감했고, 결국 미국과 손잡고 소련에 대항하는 '연미항소(聯美抗蘇)'에서 출로를 찾았다. 1958년부터 중미수교가 이루어지는 1979년까지 지속된 '격일제 포격'은 미국을 주 공격 대상으로 설정하면서 동시에 미중대결 구조를 지렛대 삼아 소련을 견제하는, 동아시아 냉전의 역설적 중층성을 담고 있었다.

　가장 중요한 시사점은, 대외적으로 '양안문제는 국내문제'라는 입장을 강조한 것과 정반대로 중국이 양안문제를 철저하게 국제적 차원에서 접근하고 있었다는 사실이다. 양안문제가 동아시아 냉전 정국을 관리하는 데 관건적 문제임을 인지했던 중국은, 미국을 진마열도에 묶어둠으로써 소련을 제치고 정국의 주도권을 잡는 데 성공했다. 그 과정에서 오히려 미국은 중국에 필요한 존재였다. 1958년부터 1978년까지 중국은 미국의 목에 건 올가미를 적절한 수위에서 조이고 풀기를 반복하면서 미국이 올가미를 벗어던지지 않도록 세심하게 관리했다고 해도 과언이 아니다. '대만해방', '조국통일' 같은 국내용 구호들을 십분 활용하면서, 실제로는 대결하는 듯 공모하는 아슬한 이중전략을 구사하며 동아시아 냉전을 경영했던 것이다.

1950년대 두 차례의 대만해협 위기는 동아시아 냉전의 역설적인 중층구조가 형성되는 중대한 기로였다. 미소 간의 대결/공존을 주축으로 하는 지구적 냉전과 연동하면서도 그와 구별되는 동아시아 냉전의 독자적 구조를 형성하는 과정을 진마 포격은 고스란히 담고 있다. 해협위기를 통해 동아시아에는 미소가 아닌 미중 대결을 중심축으로 하는 냉전구조가 형성되었으며, 이는 중국이 소련을 견제하는 결정적인 지렛대로 작용했다. 해협위기 이후 약 20년에 걸쳐 인도차이나에서 벌어진 길고 참혹한 복수의 전쟁들 – 베트남전쟁, 중월전쟁, 캄보디아 전쟁 – 은 미중대결과 중소대결이 뒤얽힌 착종구조가 아시아에서 다수의 하위 모순 구조를 파생시킨 동아시아의 '냉전'이 어느 정도로 뜨거웠는지를 여실히 보여준다(중월전쟁과 캄보디아 전쟁에서 나타난 아시아 냉전의 성격에 대해서는 백지운, 「독백과 망각의 전쟁 – 중월전쟁과 아시아 냉전의 역설성」, 「혁명원조에서 특구건설로 – 시아누크빌을 통해 본 아시아 냉전의 역설」을 참조.). 그런 점에서, 1970년대 미중수교로 시작된 데탕뜨는 진영 간 대결과 진영 내 대결의 교차 속에 무수한 갈등과 원한의 씨앗을 뿌려놓은 아시아 냉전의 유산을 탈냉전으로 그대로 전이시킴으로써, 동아시아 탈냉전을 한층 문제적으로 만들었던 것이다. 그로부터 다시 반세기가 지나 이제는 아시아가 아닌 지구적 차원에서 미국과 중국이 더 크고 격렬한 싸움을 준비하는 지금, 해결되지 않은 채 봉인되었던 아시아 냉전의 상자를 어떻게 열어야 할까. 오늘의 미중관계를 온전히 시야에 담기 위해서는 먼저 탈냉전의 경로에서 회피되었던 아시아 냉전의 복잡다단한 역사적 맥락 속에 그것을 돌려놓는 작업부터 선행되어야 할 것이다.

참고문헌

뉴췬(2015), 『냉전과 신중국 외교의 형성』, 박대훈 옮김, 한국문화사.

吳冷西(1995), 『憶毛主席: 我親身經歷的苦干重大歷史事件偏斷』, 北京 : 新華出版社.

헨리 키신저(2012), 『헨리 키신저의 중국 이야기』, 권기대 옮김, 민음사.

Appu K. Soman(2000), *Double-edged Sword: Nuclear Diplomacy in Unequal Conflicts, The United States and China, 1950-1958*(Westport: Praeger Publishers).

Gordon H. Chang and He Di(1993), "The Absence of War in the U.S.-China Confrontation over Quemoy and Matsu in 1954-1955: Contingency, Luck, Deterrence?," *The American Historical Review*, Vol. 88(5).

He Di(1990), "The Evolution of the People's Republic of China's Policy toward the Offshore Islands," Warren I. Cohen and Akira Iriye ed., *The Great Powers in East Asia: 1953-1960*(New York & Oxford: Columbia University Press).

John W. Lewis and Xue Litai(1988), *China Builds the Bomb*(Stanford: Stanford University Press).

Lorenz M. Lüthi(2008), *The Sino-Soviet Split: Cold War in the Communist Wing*(Princeton, Oxford: Princeton University Press).

Marian D. Irish(1960), "Public Opinion and American Foreign Policy: The Quemoy Crisis of 1958", *Political Quarterly*, Vol. 31(2).

Matthew Jones(2000), "Targeting China: U.S. Nuclear Planning and 'Massive Retaliation' in East Asia, 1953-1955", *Journal of Cold War Studies*, Vol. 10, No. 4.

옥창준(玉昌埈)

서울대학교 정치외교학부 외교학 전공 박사 수료. 1987년생. 지구적 냉전사의 관점에서 한반도 냉전사를 포착하는 일에 관심을 두고 있음. 주요 논저 「경합하는 '태평양' 구상: 1949년 태평양 '동맹'의 재해석」, 「냉전기 북한의 상상 지리와 '평양 선언'」, 「냉전기 한국 지식인의 아시아·아프리카 상상」 등.

• • • •

제5장 **남방정책의 계보학**

옥창준

1997년 제1차 한국-아세안 정상회의가 개최된 이래 매년 11월 즈음 한국-아세안 정상회의가 정기적으로 열린다. 2018년 11월에 제20차 한국-아세안 정상회의가 싱가포르에서 개최되었고, 이 회의에서 문재인 대통령은 한국-아세안 수교 30주년을 기념한 특별정상회의를 제안했다.[1] 이 제안에 아세안 국가들이 호응하며 2019년 11월 25~26일 이틀 동안 한국-아세안의 대화관계 수립 30주년을 기념하는 특별정상회의가 부산에서 열렸다. 아세안 10개국 정상이 모두 참석한 이 회의는 문재인 정부 출범 이후 국내에서 개최된 최대 규모의 다자외교 행사였다.

1　제1차 특별정상회의는 2009년 대화 관계 수립 20주년을 기념하여 제주도에서 처음으로 개최되었고, 제2차 특별정상회의는 5년 후인 2014년에 부산에서 열렸다. 서울이 아닌 한국의 '해양' 정체성을 상징하는 장소인 제주도와 부산에서 특별정상회의가 개최된 것이 눈에 띈다. 2014년 특별정상회의의 결과로 설치된 아세안문화원도 부산에 위치한다.

특히 30주년 기념 특별정상회의는 문재인 대통령이 2017년 11월 제창한 '신남방정책'과 아세안이 본격적으로 연동되었다는 점에서 큰 의의를 지닌다. 제3차 특별정상회의 결과로 채택된 「평화·번영과 동반자 관계를 위한 한-아세안 공동 비전 성명」은 평화와 번영, 사회·문화적 협력을 위한 거시적인 방향과 이를 위한 구체적인 실천 방안을 담아냈다.[2] "통합되고, 평화롭고, 안정적인 공동체"라는 아세안의 비전과 "사람 중심의 평화와 번영의 공동체"를 이룬다는 문재인 정부가 공동의 목표를 도출해낸 것이다.

문재인 정부의 외교전략 구상을 간략히 요약하면 다음과 같다. 그 핵심은 남북한의 화해협력을 중심축으로 한반도 평화지대를 구축하고, 이를 통해 한국이 해양과 대륙을 연결하는 가교(架橋link) 국가로 나아간다는 구상이다. 이를 공간적으로 다시 나누어본다면 한반도에서는 한반도 평화정책을 추진하고, 북방 지역을 향해서는 신북방정책을, 남방 지역을 대상으로는 신남방정책을 추진한다 할 수 있다.[3]

---

2 「평화·번영과 동반자 관계를 위한 한-아세안 공동비전 성명」 국문본은 https://www.korea.kr/news/policyNewsView.do?newsId=148866885에서 열람 가능하다.

3 문재인 대통령은 2017년 11월 취임 이후 첫 국빈 방문으로 인도네시아를 방문했다. 국빈 방문 중 한국-인도네시아 비즈니스 포럼 기조연설을 통해 신남방정책을 공식적으로 천명했다. 문재인, 「한-인니 비즈니스포럼 기조연설」, 2017.11.10. 이 연설의 전문은 https://www1.president.go.kr/articles/1448 에서 열람 가능하다.

1. 남방과 북방

문재인 정부의 '신북방'과 '신남방'은 자연지리적 개념이라기보다는 공간을 바라보는 주체를 중심으로 구성된 지정학적geopolitical 개념이다. 이는 정책의 공간적 범주에도 반영되어 있다. 2017년 9월 러시아 블라디보스토크에서 열린 제3차 동방경제포럼에서 공식화한 신북방정책은 러시아, 중앙아시아 5개국, 카프카스 지역, 우크라이나 등 전(前) 독립국가연합 국가들과 몽골과 중국의 동북 3성을 대상으로 한 경제 협력과 인프라 구축에 주안점을 둔다.[4] 이처럼 문재인 정부의 신북방정책은 한반도와 경제적 관련성이 높은 북방 지역을 모두 포괄한다. 흔히 한국의 주변국인 러시아(의 극동 지역)와 중국(의 동북 3성)도 협력 대상에 들어간다는 점도 눈에 띈다. 반면 신남방정책의 공간적 범주는 한반도 남쪽의 아세안 10개국과 인도를 지향한다. 미국과 일본은 한국의 남방정책의 대상에는 빠져있다.

개념적으로 볼 때 '신북방'과 '신남방'은 서로 대등하다. 그러나 결정적인 차이도 있다. 이는 신북방정책은 30년 전 노태우 정권의 북방정책과의 시간적인 연속선상에서 이해되지만, 신남방정책은 직접적으로 연결되는 기존의 외교정책이 눈에 잘 띄지 않는다는 사실이다. 오히려 한국의 신남방정책은 '기존의 강대국 중심 외교'로부터의 다변화를 모색하는 가운데 제시된 외교정책이었기에 한국 정부 역시도 과거로부터 결별한 일종의 '신노선'으로서 인식하고 있는 듯 보인다. 즉 정책적 계승의 차원에서 본다면 북방과 남방 사이에는 크나큰 불균형이 있는 것이다.[5]

---

4 문재인, 「동방경제포럼 기조연설」, 2017.9.7. 이는 https://www1.president.go.kr/articles/944 에서 열람 가능하다.

5 현재 제도적 차원에 있어서도 신북방정책과 신남방정책의 불균형이 존재한

노태우 정부의 북방정책은 '북방'이라는 새로운 공간적 인식을 제창했지만, 이는 실질적으로는 냉전기 '동구권'을 향한 '동방'정책과 유사했다. 북방정책의 번역어 중 하나가 서독의 동방정책Ostpolitik에 빗댄 'Nordpolitik'이었다는 점은 이를 상징적으로 보여준다. 북방정책은 1990년 한국-소련 수교와 1992년 한국-중국 수교로 그 결실을 맺었다. 이 시기 한국 외교가 북방이라는 새로운 공간 개념은 탈냉전이라는 시대적 변화와 냉전기 한국 외교가 그동안 북방을 의식하지 못했다는 철저한 자기반성을 통해 가능했다.

그러나 탈냉전의 세계적 분위기 속에서 '북방'과 더불어 '남방'이라는 공간도 열리기 시작했다는 점에 주목할 필요가 있다. 1988년 11월 노태우 대통령은 브루나이, 인도네시아, 말레이시아를 방문하여 한국-아세안 간 공식 대화 관계를 수립한다는 대원칙에 합의했다. 이는 외교적 결실을 맺어 이듬해인 1989년 11월에 한국은 아세안과 부분 대화관계Sectoral Dialogue Relation를 시작했다.[6] 1989년 아세안의 대화상대국 지정을 두고 한국 언론은 이를 '남방정책'이나 '남방외교'라 지칭하기 시작했지만, 북방정책과 달리 이는 남방정책이라는 공식적인 이름을 얻지는 못했다.

이와 같은 비대칭 상황은 이후에도 유지되었다. 북방정책의 공식적

다. 신북방정책은 대통령 직속으로 설치된 북방경제협력위원회에서 관할하고 있으며, 신남방정책은 대통령 정책기획위원회 산하의 신남방정책특별위원회가 활동을 총괄한다.

6 당시 한국은 아세안과 '부분 대화상대국'으로서 통상과 투자, 관광 등 특정 분야에서만 아세안과 대화를 할 수 있는 지위를 얻었다. 여기에는 정치나 외교와 같은 민감한 분야는 제외되어 있었다. 당시 아세안과 완전 대화대상국Full Dialogue Partnership은 미국, 일본, 캐나다, 호주, 뉴질랜드, 유럽공동체 총 6개국이었다.

인 표방 이후 북방에 대한 공간적 상상력은 한국의 진보-보수를 막론하고 유유히 이어졌다.[7] 그 내용과 상상력의 수준을 차치하더라도 북한을 포함하여 북방을 바라보는 시선은 시간의 흐름에 따라 축적되었고 이는 정책으로도 계속 구현되었다. 반면 남방은 그러지 못했다.[8] 아세안으로 대표되는 동남아시아는 여전히 한국의 지역 인식에서 주변 4강만큼의 위상을 확보하고 있지 못하다.

하지만 남방정책이라는 표현이 널리 쓰이지는 못했지만, 북방으로의 외교적 진출이 봉쇄되었던 지난날 한국의 외교는 '남방외교 일변도'는 아니었을까.[9] 이 글은 지난날의 한국의 남방정책 구상의 특색을 되짚고 그 역사적 계보를 일람(一覽)하고자 한다. 개별 사례를 외교사적 차원에서 자세히 다루기보다는 냉전기 한국의 남방정책에 공통적으로 드러난 일련의 특징을 스케치하고자 한다. 이를 통해 현재 잊혀져 있는 신남방정책의 역사적 상상력을 보충할 것이다.[10] 이를 본격적으로 다루기 전에 동아시아(이는 동북아시아와 동남아시아를 포괄하는 의미이다)에 수립된 전후/냉전 체제의 특성을 살펴볼 필요가 있다.

7　지금은 하나의 희극적 삽화로 남아있는 2009년 이명박 대통령의 한국-몽골 국가연합 구상과 소설가 황석영의 알타이문화연합론의 합작을 떠올려보라.

8　물론 '남방'이라는 말에는 더 오랜 역사성이 있다. 한국에서 여름철 옷으로 알려진 '남방'은 남방 지역에 사는 사람들이 많이 입는 통기성 좋은 옷에서 그 이름이 유래했다. 이는 제국 일본 시절 당시의 동남아시아 지역과 제1차 세계대전 이후 일본이 위임통치를 맡은 서태평양의 넓은 지역(일본의 남양 군도)을 '남방'(南方)이라고 통칭한 데에 그 유래를 둔다.

9　"북방정책 천명의 참뜻",「경향신문」1983.6.30. 사설.

10　현재 신남방정책의 방향과 지금까지의 30년 간의 한국-아세안 외교에 대해서는 최원기 외(2019)가 자세히다.

2. 전후와 냉전

1945년 8월 15일, 히로히토 천황의 포츠담 선언 수락으로 제2차 세계대전이 종식되었다. 전후(戰後postwar) 체제는 제2차 세계대전의 책임을 어떻게 묻고, 이를 어떻게 종결할 것인가를 두고 논의를 거듭했다. 전후 체제 그 자체가 냉전의 동의어는 아니었지만, 유럽과 아시아의 서로 다른 전후 처리 과정과 냉전이 중첩되면서 아시아와 유럽의 길이 분기한다.[11]

우선 유럽에서는 추축국의 핵심이었던 나치 독일의 제3제국이 붕괴하고, 독일은 연합국에 분할 점령되었다. 독일과 연합국 간의 공식적인 평화조약은 체결되지 않았지만, 서유럽은 미국을 주도로 한 마셜 플랜과 북대서양조약기구, 동유럽은 소련을 주도로 한 바르샤바조약기구의 등장으로, 불안하지만 그야말로 공포에 기초한 '차가운 평화Cold Peace'를 이룩해냈다.

반면 아시아의 전후 처리 과정은 유럽과 달랐다. 아시아 전장에서의 제2차 세계대전을 공식적으로 종결하는 샌프란시스코 평화조약이 1951년 일본과 연합국 간에 체결되었지만, 이는 유럽과 달리 아시아의 지역 통합으로 이어지지는 않았다. 샌프란시스코 평화조약을 통해 공식적으로 해결된 것은 일본과 미국이 충돌한 '태평양전쟁'뿐이었다. 샌프란시스코 회의에서 일본의 조선 식민지화, 일본과 중국의 중일 전쟁, 일본의 대동아공영권의 제창 이후 전개된 동남아시아의 식민 제국의 붕괴 등의 문제 등은 포괄적으로 다루어지지 못했다. 그렇기에 일본이 물러난 자리에 네덜란드, 프랑스, 영국 등 구(舊) 제국주의 세력이 동남아시아 지역에 은근슬쩍 복귀할 수 있었다.

11　이에 대한 좀 더 상세한 논의로는 서재정(2015) 참조.

동북아시아 지역의 추세는 달랐다. 식민지가 아니었고 제2차 세계대전 이후 국제연합 안전보장이사회 상임이사국 지위를 확보했던 중국에서는 국공 내전이 격화되었고 중국공산당이 승리를 거두면서 본토와 대만이 분단되고 말았다. 한반도는 군사적 목적에서 이루어진 38선 분단과 분할 점령이 미국과 소련 사이에 이루어졌지만, 1948년 남북한 단독정부 수립과 1950년 한국전쟁을 계기로 분단이 공고해진다. 역내 강대국인 일본도 식민지나 아시아 문제를 방기한 채 미국 일변도 외교정책을 취하며 아시아의 여러 문제를 방관하거나, 이를 망각한다. 동북아시아의 분단은 이처럼 중국의 분단, 한반도의 분단, 아시아와 일본의 분단이라는 3개의 분단이 서로 얽힌 형태로 이루어졌으며, 이 사이를 냉전의 논리가 강하게 침투한다.

동남아시아 지역의 상황을 살펴보자. 아시아-태평양 전쟁 기간 일본은 대동아공영권이란 미명(美名) 아래 동남아시아의 영국, 프랑스, 네덜란드, 미국의 식민 지배 체제를 일시적으로 무너뜨렸다. 일본의 대동아전쟁은 동남아시아에서 탈식민 해방을 위해 싸워오던 이 지역의 여러 독립운동가들에게는 일종의 기회였다. 이 지역의 독립운동가들은 일본군이 철수한 이후에도 이 기회를 놓치지 않고 독립을 선언하고, 제2차 세계대전 이후 다시 귀환한 제국주의와 맞서 싸우는 치열한 독립전쟁을 시작했다.

동북아시아는 분단과 내전, 그리고 점령을 거치면서 지구적 냉전 체제로 편입되는 길로 나아갔다. 동북아시아가 국공 내전과 한국전쟁을 거치면서 동-서 냉전의 중심지가 되고 각각 동(공산주의)과 서(반공주의)의 논리를 철저하게 수용했다면, 동남아시아는 냉전의 도래에도 불구하고 반제국주의와 탈식민주의를 주장하면서 동과 서를 모두 비판하는 '남(南)'의 논리를 정련해나간다. 동북아시아와 동남아시아의 경험의 차이는 냉전기 한국의 남방정책이 맞닥뜨린 구조적 제약으로 작동한다.

3. 동맹과 연맹

냉전기 한국의 첫 '남방정책'은 1949년 태평양동맹이라 할 수 있다. 한국은 이 구상에 있어 주연이라기보다는 '조연'에 가까웠고 이 구상에서 배제되고 말았는데, 이 과정을 좀 더 자세히 살펴보자.[12]

1949년 3월 중순 필리핀의 키리노Quirino 대통령은 유럽의 북대서양조약기구 창설을 즈음하여 아시아에 북대서양조약기구와 유사한 태평양 조약Pacific Pact을 창설하자는 구상을 언론 인터뷰를 통해 넌지시 내비쳤다.[13] 키리노의 태평양 조약 구상은 유럽과 미국을 연결하는 북대서양조약기구처럼 미국이 태평양 너머의 아시아 지역의 안전보장을 보장하라는 의도를 담은 행위였다. 하지만 미국은 아시아 지역을 포괄하는 태평양 조약에 참가할 의사가 없었다.

뉴욕의 국제연합 본부를 무대로 활동하던 필리핀의 '미국통' 카를로스 로물로Carlos Romulo는 태평양 조약 구상을 바라보는 미국 내의 분위기를 소상하게 파악하고 있었다. 노련한 외교관인 로물로는 필리핀의 태평양 조약 구상이 성공하기 위해서는 반공주의anti-communist보다는 비공산주의적non-communist 노선을 택해야 한다고 주장했다.

로물로는 이에 입각한 구체적인 방책을 제안했다. 로물로는 동맹alliance보다는 좀 더 느슨한 '연맹union' 노선을 주장했다. 여기에는 한국

12　이 절의 내용은 옥창준(2021)의 내용을 일부 요약한 것이다.

13　"The Chargé in the Philippines(Lockett) to the Secretary of State(1949.3.21.)", *Foreign Relations of United States(FRUS)*, 1949, The Far East and Australasia, Vol. 7, Part 2. https://history.state.gov/historicaldocuments/frus1949v07p2/d312

과 필리핀, 태국, 뉴질랜드, 호주, 인도, 버마, 실론 그리고 인도네시아가 포함되어 정치·경제 협력을 이루어나가야 했다. 태평양 연맹의 목적은 자유와 독립을 억압하는 세력을 향한 일종의 연대였다. 그리고 연맹의 목표는 러시아, 중국의 공산주의뿐 아니라 유럽 제국주의와의 투쟁이었다.

1949년 7월 10-11일 키리노가 중화민국의 장제스를 만났다. 장제스와의 회담 이후 발표된 공동 성명은 "극동 국가의 자유와 독립을 위협하는 공산주의의 위협에 맞서, 연대와 상호 지원을 위해 일종의 연맹을 만들 것"에 합의했다. 그리고 연맹 결성을 위한 예비적 회의를 조속한 시일 내에 개최하고, 아시아와 태평양 국가들이 이 연맹에 참여해달라고 호소했다.[14] 바기오 회담 다음 날인 7월 12일 장제스는 이승만에게 개인 전보를 보냈다. 그리고 장제스는 필리핀이 연맹을 주도하는 것이 적절하다고 생각하며 이승만의 의견을 물었다. 이승만 역시 키리노가 연맹에서 주도적인 역할을 맡아주기를 바랐다. 이승만은 장제스와 키리노가 함께 한국을 방문하거나, 둘 중의 한 명이라도 한국을 방문하여 적색 위협에 맞서 싸우는 공동 투쟁 전선을 확립하자고 주장했다(이승만, 1953a: 144).

하지만 이승만의 제안에 화답한 것은 장제스 뿐이었다. 이에 따라 1949년 8월 이승만과 장제스의 진해 회담이 전격적으로 준비되었다.[15] 1949년 8월 7일부터 8일까지 진행된 진해 회담의 결과문에서 장제스와 이승만은 군사적 '동맹' 구상을 공공연히 표현하지 않았다.[16] 오히려 이

---

14 "Joint Statement of President Quirino and Generalissimo Chiang Kai-shek(1949.7.11.)", https://www.officialgazette.gov.ph/1949/07/11/joint-statement-of-president-quirino-and-generalissimo-chiang-kai-shek/

15 1949년 장제스의 방한과정에 대한 상세한 분석은 김영신(2019) 참조.

16 진해 회담 공동성명은 "공동성명 전문", 「조선일보」 1949.8.9.

결과문을 살펴보면 필리핀 주도로 바기오에서 예비회의를 하루빨리 개최하여, 구체적인 안을 마련할 것을 요청하고 촉구하는 수준이었다.

실제로 진해 회담 이후 이승만은 군사적 동맹 차원에서만 태맹(太盟)을 논하지 않았다. "우리가 태맹을 체결하려는 것은 결코 위급에서 벗어나기 위한 것이 아니라 공산 세력을 방어하기 위한 북대서양동맹 제국(諸國)과 보조를 같이하여 동양에서도 각국이 합심하여 방공투쟁을 하려는 것이다. 따라서 나의 주장은 지역상으로나 인종상으로 구별이 있어서는 안 된다는 것이며, 또 군사상 문제에 있어서는 태평양 상의 어느 나라가 침략을 당했을 때, 다른 동맹국이 이를 공동방위하는 것이 아니면 의의가 없다는 것이다. 그러나 앞으로 열릴 태평양회의(太平洋會議)에서 이 동맹을 경제적 문화적인 관계에만 그치게 하자고 결의되면, 그에 따르게 될 것이다."(이승만, 1953b: 145)

그러나 상황은 진해 회담 이후에도 장제스와 이승만의 바람대로 움직이지 않았다. 이승만과 장제스가 연맹을 통해 군사적 협력까지 가능한 '동맹'을 최종적 목표로 두었다고 한다면, 필리핀은 이미 군사적 '동맹'안을 배제한 형태로 자신의 구상을 구체화했다. 1949년 8월 3일 키리노는 로물로에게 내린 훈령에서 태평양연맹Pacific Union이 비군사적인 성격을 지녀야한다고 재차 강조하고, 아시아 국가들의 경제·정치·문화적 협력을 논하면서 연맹이 유엔 아시아극동경제위원회ECAFE와 유네스코와 협력하는 안을 천명했다.[17] 하지만 이와 같은 필리핀의 변화를 두고도 이승만은 끝까지 태평양동맹에 대한 기대심을 품었다. 이에 따라 이승만의 명을 받아 장면 주미 대사는 1950년 4월에 뉴질랜드와 호주를, 5

---

[17] 이 서신의 내용은 국내 언론 보도를 통해서도 알려진다. "군사 의무는 제외, 태맹의 성격", 「조선일보」 1949.8.5.

월에는 필리핀을 방문하여 태평양동맹의 불씨를 살리기 위해 노력했다.

1950년 5월 26일 바기오에서 아시아 및 태평양 제국(諸國) 회의, 이른바 동남아회의가 열렸다. 개최국인 필리핀과 호주, 실론, 인도, 파키스탄, 인도네시아, 태국 총 7개국이 참여했다. 로물로가 1949년 7월 7일 서신을 통해 발표된 계획안과 비교해보면 파키스탄이 포함되고 한국, 뉴질랜드, 버마가 오지 않았다. 버마와 뉴질랜드에는 초청장이 발송되었으나, 버마는 영연방에도 참여하지 않는 강력한 '비동맹' 노선을 취하고 있었기에 필리핀의 초청을 거절했다. 뉴질랜드는 바기오 회의의 의제가 이미 1950년 1월 개최된 영연방 국가 중심의 콜롬보 회의와 겹친다는 이유에서 불참했다.

이승만은 장제스와 진해 회담을 개최하면서까지 필리핀의 연맹 노선에 부응하려고 했지만, 외부에서는 이러한 이승만의 움직임이 '비공산주의'를 추구하는 연맹 노선과는 어울리지 않는다고 보고 있었다. 한국과 대만은 필리핀의 눈에는 '반공주의' 국가로 보였다. 이렇게 태평양동맹에 참여하려했던 이승만의 계획은 실패로 돌아가고 말았다. 한국과 동남아시아의 연결은 후일로 미루어진다.

4. 아시아민족반공연맹과 반둥 회의

한국전쟁을 거치면서 한국은 아시아민족반공연맹Asian Peoples Anti Communist League, APACL을 구상했다. 한국전쟁의 정전과 1953년 11월 27일 한미상호방위조약의 체결 이후, 이승만은 동남아시아 지역까지도 반공동맹의 범위를 확산할 수 있으리라고 판단했으며 아시아민족반공연맹에 동남아시아 국가들을 참석시키기 위해, 세 차례에 걸쳐서 동남아시아에 친선사절단을 파견하는 등 적극적 행보를 보였다.

그 노력은 결실을 맺어 1954년 6월 15일 한국의 진해에서 아시아 민족반공대회가 개최되었다. 이 대회에는 한국, 대만, 필리핀, 태국, 베트남국 포함 5개국과 홍콩, 마카오, 오키나와의 3개 지역의 대표자가 참석했다. 이들은 진해 해군기지 내에 있는 회담 장소에서 회합했다. 아시아민족반공대회의 마지막 날인 1954년 6월 17일에는 「아시아민족반공연맹 헌장」이 채택되었는데, 이 헌장은 아시아민족반공연맹을 중심으로 세계적인 반공기구를 창설하고, 식민주의와 침략주의 사상을 근절하고 배격하는 것을 명시했다.[18]

이 대회를 통해 공식적으로 첫출발을 하게 된 아시아민족반공연맹은 동북아시아와 동남아시아의 반공국가의 외교적 단합을 추구하는 기구였다. 이 명칭 그대로 이 조직은 아시아의 인민을 '반공'이라는 중심 가치로 엮어낸다는 목표를 지녔으며 이는 한국이 주도하여 창설한 첫 비정부 국제기구였다. 아시아민족반공연맹에서도 핵심 국가는 한국, 대만, 필리핀이었다.

그러나 이후 이 세 반공주의 국가의 행보는 상이했다. 냉전기 대만은 대륙 중국과의 투쟁을 의식하면서 '반공'의 길을 일관되게 유지했다. 1954년 아시아민족반공연맹을 결성하는 데 참여했지만, 대만은 아시아민족반공연맹에서 한국과 줄곧 주도권 경쟁을 벌였다. 이후 1967년에 접어들면서 대만은 세계반공연맹World Anti Communist League, WACL이라는 세계를 대상으로 하는 상위의 조직을 만들어 아시아민족반공연맹을 그 아래의 지역 단위로 배속시켰다. 이처럼 대만은 세계를 반공주의

---

18   이 헌장은 현재 https://digitalarchive.wilsoncenter.org/document/1183 33에서 원문을 열람할 수 있다.

로 엮어내고자 했다.[19] 대만은 외교적 고립 속에서 반공의 지역적 범위를 아시아에 한정하지 않고, 그 지리적 경계를 계속 확장하고자 했다. 이를 통해 대만은 아시아만이 아닌, 세계 반공 진영의 '중추'로 자리매김하려는 목표가 숨어 있었다.

또 대만은 아시아 반공연합체를 구성하는데 있어 일본을 줄곧 이 기구에 포함시키고자 했다. 이와 같은 대만의 입장은 일본의 식민지 지배를 받았기에, 강력한 반일/방일(防日) 의식을 지니고 있었던 이승만의 구상과 대립했다(왕은미, 2013). 오히려 대만은 일본을 아시아민족반공연맹에 포섭하여 대만과 일본의 관계를 개선하고, 대만이 중국 전체를 대표하는 '정통' 정부라는 외교적 인정을 얻어내고 싶어했다.

필리핀의 길은 또 달랐다. 필리핀은 반공과 더불어 반식민의 깃발을 내건 동남아시아 국가로서도 정체성을 지니고 있었다. 1949년 태평양 조약을 제창했다가 이를 1950년 동남아시아회의로 바꾸어냈던 필리핀은 한국, 대만과 달리 1955년 반둥 아시아·아프리카 회의에 참여했다. 반둥 회의에서 필리핀은 서구 제국주의뿐만 아니라 동유럽에서의 소련 '제국주의'를 함께 비판하기도 했다. 이는 반둥 회의를 주도한 인도, 인도네시아의 반식민 중립주의 노선과 다른 결을 지닌 의견이기도 했지만, 반둥 회의 국가들과 반식민주의를 공유했다.[20]

----

19 냉전의 해체 이후 1990년 세계반공연맹은 명칭을 세계자유민주연맹 World League for Freedom and Democracy으로 바꾸었고, 본부는 타이베이에 위치한다. 반공이라는 가치가 '자유민주'로 바뀌었지만, 여전히 지역을 넘어서 세계를 시야에 넣어두고 있다. 1989년 탈냉전의 흐름 속에서 한국반공연맹 역시 '자유총연맹'으로 이름을 바꾸었다.

20 반둥 아시아·아프리카 회의는 흔히 '반식민' 노선으로 단순하게 이해되고 있지만, 탈식민 국가들의 다양성과 복합성을 이해하기 위해서는 필리핀의 미묘

　　마지막으로 한국은 아시아민족반공연맹을 통해 반공주의 연합을 적어도 아시아 지역 내에서 최대한도로 확대하고자 했다. 특히 한국은 대만을 경유하여 동남아시아 국가들, 그리고 자유 진영의 적극적인 지원 역시 바라고 있었다. 다만 대만과 차이가 있다면, 한국은 기본적으로 반공 정체성이 가장 강했지만 이승만 대통령부터 일본을 상대로 해서는 강한 반식민 의식을 지니고 있었다. 그렇기에 이 시기 한국은 아시아민족반공연맹을 통해서 '반공 아시아'를 통합하고 이를 통해 한국의 외교적 지위를 높이는 동시에, 아시아 지역의 반공 지도국으로서 역내 강대국인 일본을 견제하고자 했다.

　　아시아민족반공연맹을 주도해야 할 이 세 국가의 의도와 욕망이 모두 달랐기에 아시아민족반공연맹이 한국이 의도했던 것만큼 끈끈한 지역외교의 장이 되기란 쉽지 않았다. 한국과 대만이 '남방정책'의 핵심으로 내걸었던 반공 의식은 동남아시아 국가들의 입장에서 그렇게 매력적인 구호가 아니었다. 반대로 한국과 대만은 동남아시아 국가들의 반식민주의, 그에 기초한 비동맹, 중립주의 노선을 이해하기 역시 쉽지 않았다. 특히 한국은 동남아시아 국가 중 가장 강경한 반공 노선을 취하던 필리핀 수준의 외교 노선을 취하기도 어려웠다.

　　한국은 대부분의 아시아·아프리카 국가들과 달리 영국, 프랑스, 네덜란드와 같은 서구 제국주의의 지배가 아닌 일본의 지배를 받았기 때문에, 한국만의 반일-반식민 노선은 동남아시아의 반서구-반식민 노선과 공유점을 찾기 쉽지 않았다. 한국의 입장에서 더 중요했던 것은 자유 세계와 공산 세계라는 '두 세계의 대립'이었다. 1955년 인도네시아 반둥에서 개최된 아시아·아프리카 회의를 두고 "아시아는 하나가 아니

한 입장 역시 좀 더 논의될 필요가 있다.

라"고 일갈한 한국 신문의 사설은 이를 상징적으로 보여준다.

"아시아는 하나가 아니다. 아프리카 역시 결코 하나가 아니다. 이것
은 논리 이전의 사실로서 설명을 필요로 하지 않는다. 아시아와 아프
리카는 지리학적 개념이기는 하지만 공통한 문화권도 아니요, 단일한
정치적인 단위도 아니며, 하물며 통일된 경제 블록도 아니다. 그럼에
도 불구하고 이것을 지리학적 개념 이상으로 생각하고 아시아의 공동
의 운명, 아프리카의 공동의 운명 내지는 두 지역을 합해서의 공동의
운명이 있으리라고 생각하며, 아시아, 아프리카가 단결하여 주체적
인 역량을 형성해서 독자적인 진로를 개척할 수 있다고 생각하며, 나
아가서는 그렇게 함으로써, 자유공산 두 진영의 냉전 대립을 완화하
고 세계평화에 도움을 줄 수 있으리라고 생각하는데 시대착오적인 아
시아, 아프리카관이 있는 것이다. 아시아나 아프리카에 속하는 민족
들이 거의 전부가 서방 열강의 무서운 중압 하에 놓여 있었던 과거의
시대에는 그래도 하나의 아시아, 하나의 아프리카를 이루어보자는 이
상이 여러 민족의 공명을 얻을 수 있었으나 이런 시대는 어언 간에 종
식을 고해버렸고 이제 와서는 그런 이상 자체가 하나의 향수적 관념
에 불과하게 되었다. 아시아, 아프리카 제국과 비아시아, 비아프리카
제국, 특히 서구 열강과의 모순 대립은 결코 완전히 소멸한 것은 아니
요, 시급히 해결을 요하는 문제도 적지 않다. 그러나 그것은 이 지역
내에서의 자유공산의 대립에 비하면 극히 비중이 적은 문제이다. 두
진영의 싸움에 있어서 어느 쪽이 승리하느냐에 따라서 아시아, 아프
리카 제국의 운명과 진로가 결정되는 것이지 그 반대로 아시아, 아프
리카 제국의 공동보조가 냉전을 해소할 수 있는 것이 아니다. 바로 이
근본 제약 때문에, 아시아, 아프리카 제국은 단합할 수도 없으며 함께

움직여 나갈 수도 없는 것이다."[21]

이처럼 당대 한국의 맥락에서 자유-공산의 대립을 넘어서는 제3의 노선에 대한 공명이 나오기는 쉽지 않았다. 아시아가 하나가 될 수 없다면, 한국이 추구했던 '반공 아시아'도 성공하기 어려운 기획이었다. 그렇기에 한국이 주도하려 했던 아시아민족반공연맹은 민간 외교 차원의 기능을 대폭 상실하고, 오히려 국내 사회를 규율하는 제도로서 그 기능이 변모한다.

1963년 아시아민족반공연맹 한국 지부는 '한국반공연맹'으로 그 명칭을 바꾸었다. 1964년 한국의 유명 건축가 김수근이 설계한 자유센터가 남산 중턱에 자리를 잡았으나, 이미 아시아민족반공연맹의 시대는 저물고 있었다. 반공을 주제로 국제적 교류는 간간히 이어졌지만 한국반공연맹은 기본적으로 아시아가 아닌 한국 사회를 반공주의적으로 재편하는 데 초점을 맞춘 조직이었다.

1960년대 박정희 정권이 등장한 이후 한국을 중심으로 둔 남방외교의 새로운 구상이 등장했다. 1966년에 박정희가 주도했던 아시아태평양각료협의회Asian and Pacific Council, ASPAC이 그 대표 사례이다. 아시아태평양각료협의회는 한국, 대만, 베트남공화국, 말레이시아, 필리핀, 태국, 호주, 뉴질랜드, 일본 등 9개국을 회원국으로 하고 라오스, 인도네시아를 옵저버로 두었다. 이 조직을 통해 한국은 회원국 상호 간의 유대와 결속을 강화하고, 정치 · 경제 · 사회 · 문화 등 여러 분야에서 협력을 증진하여 자유와 평화 그리고 새로운 아시아태평양 '공동사회'를 건설할

---

21 "아시아는 하나가 아니다", 「동아일보」 1955.4.20. 사설. 일부 단어는 현대어에 맞게 필자가 수정했다.

것을 목적으로 두었다.[22]

　아시아태평양각료협의회는 아시아뿐만 아니라 태평양을 지역공간으로 설정하면서 일본, 호주, 뉴질랜드를 포함하는 넓은 지역 공간을 상정했다. 주로 한국과 대만이 양분해서 회의를 개최하던 아시아민족반공연맹과 달리, 아시아태평양각료협의회는 1966년 서울에서 1차 회의를, 2차 회의는 방콕(태국), 3차 회의는 캔버라(호주), 4차 회의는 일본, 5차 회의는 웰링턴(뉴질랜드), 6차 회의는 마닐라(필리핀), 1972년 서울에서 7차 회의를 개최하는 등, 비교적 균등하게 회원국들 사이에서 회의를 개최했다. 1973년에는 서울에 아시아태평양각료회의 문화센터가 서울에 설치되어 여러 문화행사를 주관했다.

　하지만 아시아태평양각료협의회는 기본적으로 닉슨 행정부 출범 이후 미국의 베트남 철군을 대비하여, 아시아태평양 지역의 집단안전보장기구를 창출하고자 하는 의도가 더 강했다. 박정희 정부는 이 기구를 통해 미국의 베트남 전쟁 수행 및 대 동아시아 정책을 보조하고자 했다. 그렇기에 1972년 이후 데탕트가 시작되며 미중 관계의 정상화, 중일관계 정상화 등이 이루어지고 동북아시아의 분단 구조가 근본적으로 요동치는 현실 속에서 아시아태평양각료협의회의 총회 개최는 무기한 연기될 수밖에 없었다. 뒤늦게 한국 정부가 아시아태평양각료협의회의 성격을 '안보적' 성격을 탈각하고 경제적 협력을 중시하는 기구로 전환하고자 노력했지만, 이 역시 1973년 3월에는 말레이시아와 호주의 공식적인 탈퇴 선언으로 그 기능을 상실하고 말았다.

22　이에 대해서는 조양현(2008), 박태균(2011) 참조.

5. 아세안과 한국

냉전기 한국이 추진했던 일련의 남방정책들이 기능저하에 빠지는 동안 1967년 동남아시아 지역에서는 거대한 변화가 시작되고 있었다. 반둥 회의 이후 동남아시아에서 반식민주의의 깃발을 강하게 내걸었던 인도네시아의 수카르노 정권이 1965년 쿠데타로 붕괴되었다. 이후 인도네시아에 등장한 수하르토 군부정권은 국내 공산주의 세력을 탄압하면서 친서방 노선을 주창하기 시작했다. 역내에서 가장 큰 규모를 자랑하는 국가인 인도네시아의 노선 변화는 동남아시아 정세에 큰 변화를 가져왔다. 동남아시아의 역내 통합이 가속화되기 시작한 것이다.

이후 베트남이 통일되고, 라오스 공산화, 베트남의 캄보디아 침략으로 대륙 동남아시아가 공산화되는 일련의 과정 속에서 태국, 말레이시아, 싱가포르, 인도네시아, 필리핀 5개국은 방콕에서 모여 아세안을 출범시켰다. 아세안은 반공군사동맹을 명시적으로 표방했던 미국 주도의 동남아시아조약기구Southeast Asia Treaty Organization, SEATO의 직접적인 후신은 아니었지만, 1967년 창립 당시부터 베트남을 '공동의 적'으로 암암리에 설정하고 있었다. 베트남의 공산화는 역설적으로 아세안의 결속을 강화했다. 이에 따라 1976년 2월 아세안 최초의 정상회담이 개최되었다.

하지만 아세안은 단순한 반공 조직이 아니라, '반둥 정신Bandung Spirit'을 창조적으로 흡수한 조직이기도 했다. 이는 1976년 아세안 가입국 5개국 정상이 모두 승인한 「동남아시아우호협력조약Treaty of Amity and Cooperation in Southeast Asia, TAC」에 반영되어 있다. 「동남아시아우호협력조약」은 총 6가지의 원칙을 내걸고 있었는데 이는 반둥 회의로 표출되었던 동남아시아의 반식민주의 요구를 계승하고 압축한 결과

물이었다. 이 조약은 1) 모든 국가의 주권, 영토 보존, 평등의 상호 존중 2) 외압으로부터 자유롭게 국가로서 존재할 수 있는 권리 3) 당사자 상호 간의 내정 불간섭 4) 분쟁의 평화적 해결 5) 무력에 의한 위협, 행사의 포기 6) 당사자 간의 효율적인 협력을 표방했다.[23] 이는 지금까지도 아세안 방식ASEAN Way라는 아세안만의 독특한 의사결정 방식의 원천이다.

정리해보자면 아세안을 중심으로 한 동남아시아 지역은 냉전기에도 그 내부에 존재하는 다양성과 차이를 '동남아시아'라는 새로운 정체성 하에 담아내는 데 성공했다. 동남아시아라는 말 역시 그들의 자기인식이라기보다는 외부자들이 붙인 명칭이었지만, 이들은 전후/냉전 체제 하에서 여러 우여곡절을 겪으며 다양성 안에서 합의점을 찾아내고 자신들만의 협력 방식을 만들어냈다. 탈식민 독립 투쟁을 거치면서 이들이 합의한 최대공약수는 결국 주권의 존중이었다.[24]

반면 냉전기 한국은 '남방정책'을 통해 지속적으로 이 지역과 연결

23　1955년 반둥 회의를 통해 결정된 10개의 원칙은 다음과 같다. 1. 기본적인 인권과 국제연합 헌장의 목적과 원칙을 존중 2. 모든 국가의 주권과 영토 보전을 존중 3. 모든 인류의 평등과 크고 작은 모든 나라의 평등을 승인 4. 타국의 국내 문제에 대한 개입과 간섭의 금지 5. 국제연합 헌장에 합치되게 단독이나 집단적으로 스스로 방어하는 개별 국민의 권리에 대한 존중 6. 어떤 강대국의 특정한 이익에 봉사하는 집단적 방어 제도의 불용, 또 한 국가가 다른 나라에 압력을 가하지 않을 것을 약속함 7. 어떤 국가의 영토 보전이나 정치적 독립에 반하는 공격 행위나 위협 혹은 힘의 사용을 금지함 8. 국제연합 헌장과 합치되게 당사자들이 선택한 여타 평화적 수단은 물론 협상, 조정, 중재, 사법적 해결과 같은 평화적 수단을 통한 모든 국제 분쟁의 해결 9. 상호 이익과 협력의 증진 10. 정의와 국제 의무에 대한 존중. 이는 이동기 편저(2013: 111-112) 참조.

24　2021년 미얀마 쿠데타를 '국내 문제'로 바라보고 이에 대한 불개입 원칙을 천명하는 아세안의 입장과 더불어 이 원칙을 고민해볼 필요도 물론 존재한다.

고리를 찾고자 노력했으나 '반공'이나 안보기구화를 목표로 두었던 한국의 구상은 모두 결과적으로 실패했다. 한국의 지향점을 강조했던 나머지 동남아시아 국가들과의 접점을 찾지 못했기 때문이다. 이는 다양한 아시아의 경험을 하나의 동일한 원리로 통합하고자 하는 시도의 실패이기도 했다. 한국이 주도한 아시아 협력 체제의 실패와 맞물려 아세안이 강화되어 나가는 상황을 두고 당시의 언론은 다음과 같은 기록을 남겼다.

> "아시아 협력체제 기구가 실효를 거두기 위해서는 정치 이데올로기, 군사적 성격이 탈각되어야만 할 것이다. 만약 이러한 성격이 앞서게 된다면 애당초 동기구의 발족 자체가 어렵게 될 것은 물론 설사 발족이 됐다고 하더라도 그 존속이 의문시 되지 않을 수 없을 것이다. 따라서 동 기구는 역내 국가들이 그와 같은 체제 속에서 서로 혜택을 보고 번영을 이룩할 수 있는 공통분야의 사업에게 역점이 주어져야만 할 것이다. 물론 가령 지역국가 간의 경제협력이나 문화교류 등에 있어서도 막상 정치색을 완전히 배제하기란 현실적으로 어려운 일이긴 하지만 가능한 한 그러한 정치적 측면을 전면에 내세우지 않도록 자제하는 노력이 있어야만 하겠다."[25]

지역 바깥의 국가와 협력하는 동시에, 지역 내 통합 모델을 순차적으로 만들어낼 수 있었던 동남아시아 지역과 달리, 북한과 중국, 일본을 이웃으로 둔 한국은 동북아시아에서 이와 같은 경험을 축적하지 못했다. 그렇기에 한국이 주도한 지역기구는 동남아시아 그 자체에만 집중하지 못하고 줄곧 미국이나 태평양 지역의 다른 국가들을 폭넓게 포괄하는

---

[25] "아시아협력체제의 진로", 「동아일보」 1973.4.17.

방식으로 진행되었다.

　　문재인 정부의 신남방정책의 경우는 어떨까. 신남방정책 위원장을 맡았던 김현철 청와대 경제보좌관은 문재인 대통령의 신남방정책을 상세하게 설명하면서 다음과 같은 말을 남긴 바 있다.

> "우리한테는 남방이지만 이건 우리 중심 발상입니다. 더군다나 남방이라는, 'south'라는 건 전 세계적으로 못사는 국가, 제3세계 국가라는 부분이 있기 때문에 우리한테는 신남방이라는 말이 피부에 와닿는 용어이지만 이들 국가한테는 신남방이라는 표현보다는 새로운 아세안 전략, 아세안 정책, 아세안 구상 이런 식으로 표현하면서 이들 국가들한테 다가갈 예정입니다."[26]

　　김현철 보좌관은 '남방'이라는 개념이 지닌 한국 중심주의를 지적하고 있지만, 그가 오히려 놓치고 있는 지점도 존재한다. 'South'와 '제3세계'는 비단 못 사는 국가만을 의미하는 것이 아니라, 냉전기에 자신의 목소리를 내고 그들 간의 다양성이 존중되는 협력 체제를 만들어냈다는 적극적인 의미도 있다(비자이 프리샤드, 2015). 이를 단순화해서 파악하는 것 역시 한국 중심적 시각일 수 있다. 신남방정책의 성과를 위해서도 '남방'이 오랫동안 구축해온 협력과 공존의 정신을 우리 역시 익힐 필요가 있다. 2019년 11월의 합의가 그 출발점이 되기를 희구한다.

26　「김현철 경제보좌관 겸 신남방정책 특별위원장 브리핑」, 2018.11.7., 이는 https://www1.president.go.kr/articles/4773에서 열람 가능하다.

참고문헌

김영신(2019), 「1949년 장제스 방한의 유래와 의의」, 『전북사학』 56권.

박태균(2011), 「박정희 시기 한국 주도 동아시아지역 집단안보체제 구상과 좌
　　　절」, 『세계정치』 14호.

비자이 프리샤드(2015), 『갈색의 세계사』, 박소현 옮김, 뿌리와이파리.

서재정(2015), 「한반도와 아시아: 식민, 냉전, 전 지구화의 중첩과 지역화」, 『황
　　　해문화』 89호.

옥창준(2021), 「경합하는 '태평양' 구상: 1949년 태평양 '동맹'의 재해석」, 『역사
　　　연구』 40호.

왕은미(2013), 「아시아민족반공연맹의 주도권을 둘러싼 한국과 중화민국의 갈
　　　등과 대립」, 『아세아연구』 56권 3호.

이동기 편저(2013), 『20세기 평화 텍스트 15선』, 아카넷.

이승만(1953a), 「바귀오 회담에 대하여」(1949.7.12.), 『대통령이승만박사담화
　　　집』, 공보처.

이승만(1953b), 「태평양동맹에 대하여」(1949.08.13.), 『대통령이승만박사담화
　　　집』, 공보처.

조양현(2008), 「냉전기 한국의 지역주의 외교」, 『한국정치학회보』 42권 1호.

최원기 외(2019), 『한-아세안 외교 30년을 말하다』, 국립외교원 아세안·인도연
　　　구센터.

이일영(李日榮)

한신대학교 사회혁신경영대학원 교수. 서울대학교 경제학과 졸업, 동 대학원에서 「1980년대 중국의 농업개혁」을 주제로 한 논문으로 박사학위를 받음. 한국농촌경제연구원(KREI) 책임연구원 역임. 『창작과비평』『동향과 전망』의 편집위원으로 활동. 우리 사회의 대안적 지역경제 모델로 '한반도경제론'을 제기하고 연구하는 한편, 청년과 함께하는 '사회혁신' 운동에 관심을 기울이고 있음. 주요 저서로는 『코로나19, 동향과 전망』(공저, 2020), 『뉴노멀 시대의 한반도경제』(2019), 『혁신가 경제학』(2015), 『새로운 진보의 대안, 한반도경제』(2009), 『중국농업, 동아시아로의 압축』(2007), 『북한 농업개혁의 현황과 전망』(2004), 『중국의 농촌개혁과 경제발전』(1997) 등이 있다.

• • •

제6장 한반도경제론에서 본 남북연합

이일영

1. 한반도체제 대변동

지금 우리는 거대한 전환의 시대를 지나고 있다. 필자가 제기한 한반도
경제론의 틀에 따르면, 2010년대는 한 덩어리로서의 '한반도경제' 체제,
즉 세계체제–분단체제–국내체제가 총체적 변동을 겪어온 시기였다.[1]

---

1 '한반도경제' 또는 '한반도체제'라는 개념에 대해서는 이일영(2019: 제1장,
제6장) 참조. '한반도경제'는 '한반도체제'와 같은 의미이지만, '한반도경제'는
경제정책이나 국가전략의 측면을 부각할 때에, '한반도체제'는 한 덩어리로서
의 체제 인식을 강조할 때에 사용한다. 백낙청 교수는 분단체제 안에 세계체제
가 작동하는 것으로 본다. 분단체제는 두 분단국가만으로 구성된 완결된 체제가
아니고 '세계체제가 한반도를 중심으로 작동하는 양상'인 것이다. 이에 대해 필
자는 한반도 공간에 세계체제–남북분단체제–국내체제의 3개 층위, 정치군사–
경제의 2개 부문이 상호작용하고 있으며, 특정 시기에 특정 요소가 전체 체제에
규정적인 영향력을 미칠 수 있다고 본다.

세계체제는 2008년 세계경제 위기 이후 구조적 전환기에 들어섰다. 중국은 2010년에 일본을 제치고 GDP 2위국이 되었고 미국은 '아시아로의 회귀' 정책을 공식화했다. 이후 전 세계적으로 군사적·경제적 동맹의 재편 또는 재균형이 시작되었으며, 미국과 중국은 이전의 적대-협조 관계에서 이제 적대-비협조 관계로 전환하고 있다.

남북관계는 격렬하게 변동했다. 남북관계는 노태우 정부에서 김대중 정부 시기에 이르는 동안 진전을 보이다가 이명박·박근혜 정부 시기에 들어 적대적 관계로 다시 전환했다. 북한은 지금까지 6차의 핵실험을 실시했다. 제2~3차 핵실험(2009.5, 2013.2)은 이명박 정부 시기에, 제4~5차 핵실험(2016.1, 2016.9)은 박근혜 정부 시기에 실시되었다.[2] 특히 2016년의 제4차와 제5차 핵실험은 미국, 중국, 한국 사이에 사드 배치를 둘러싼 갈등이 격렬하던 시기에 전격적으로 강행되었다. 남북관계는 완전히 단절되었다.

분단체제가 요동치는 가운데, 국내에서는 2016년 4월의 20대 총선, 2016년 가을부터 2017년 봄까지 이어진 촛불혁명을 거치면서 박근혜 정부가 붕괴했다. 그리고 2017년 1월 미국의 트럼프 정부가 출범했고, 2017년 5월에는 문재인 정부가 출범했다. 이 시기에 북한은 2017년 4월과 8월 한미 합동 군사훈련에 대응해 2017년 9월의 제6차 핵실험, 11월의 대륙간 탄도미사일ICBM 실험을 진행했다. 여기에 트럼프 미국 대통령은 북한을 '완전 파괴'할 수 있다고 발언했고, UN의 제재는 유류 공급 제한, 해외 노동자 송환으로까지 강화되었다.

북미 갈등의 격화와 전쟁 위기를 반전시킨 것은 2018년 2월의 평창 올림픽이 계기가 되었다. 이 시기의 접촉 이후 2018년에는 남북정상회

---

2 제1차 핵실험(2006.10)은 노무현 정부 시기에 이루어졌다.

담과 북미정상회담이 연속적으로 이루어졌다.[3] 아직 평화체제가 제도화된 것은 아니지만, 국내의 촛불혁명으로 2010년대를 통해 이어져 추세를 전환시키려는 노력이 이루어지고 있다. 문재인 정부는 남북 적대관계를 협력관계로 전환하려 하고 있다.

문재인 정부의 남북관계 개선 노력은 그간 시민사회와 지식사회에서 제기되어온 남북연합론과 일맥상통하는 측면이 있다. 그러나 남북연합은 남북한이라는 두 개 국가 사이의 협력관계에 국한되는 것이 아니다. 필자는 남북연합이 한반도체제 대변동에 대응하는 총체적 제도혁신의 과정이라는 관점을 지니고 있다. 남북연합 형성 과정을 통해 세계체제-분단체제-국내체제가 연동하는 대변동에 적응하고 나아가 이를 혁신해가자는 것이다.[4] 필자는 이러한 남북연합론의 핵심 요소가 시민참여, 체제혁신, 지역적 민족주의라고 생각한다. 본고에서는 이러한 관점에서 남북연합의 요소를 논의하고 현실에서의 전략적 의제를 제시해보기로 한다.

---

3 평창올림픽 기간에 한미 합동 군사훈련과 북한의 핵·미사일 실험을 함께 중단하는 이른바 '쌍중단'에 합의했고, 이것이 이후 남북정상회담과 북미정상회담의 기반이 되었다. 구갑우 교수는 2017년 12월에서 2018년 4월까지를 '평창임시평화체제'의 시기라고 부른다. 구갑우(2018: 33-34) 참고.

4 백낙청 교수는 남북 국가 차원에서 "남북연합 건설은 진행중"이라고 하면서, 남북연합은 2000년 6·15선언에서 '남측의 연합제'가 언급된 이래, 2007년 10·4선언으로 시작되었고, 2018년 판문점선언으로 재개되었다고 본다. 백낙청(2018: 18-20) 참고. 남북연합이 일종의 제도적 장치이기는 하지만, 필자는 그것이 한반도체제 혁신과 제도조정의 과정이라는 점에 더 주목하고자 한다.

2. 남북연합과 시민 참여

1) 남북 협력의 전개과정

한국전쟁 이후 완전히 단절된 남북관계에 전환점을 마련한 것은 노태우 정부 시기이다.[5] 노태우 정부는 1988년부터 남북한 경제관계의 새로운 장을 열게 되는 국가 차원의 조치들을 취했다. 1988년 7월 7일에 노태우 대통령은 '민족 자존과 통일 번영을 위한 대통령 특별선언'을 통해 "남과 북은 분단의 벽을 헐고 모든 부문에 걸쳐 교류를 실현할 것"을 천명했고, 10월에는 '남북경제 개방조치'를 발표하여 북한과의 교역을 공식적으로 허용했다. 이에 따라 40년 만에 남북한 공식교역이 재개되었다. 이어 1990년 8월에는 '남북교류협력에 관한 법률'과 '남북협력기금법'이 제정되었다.

1988년부터 시작된 남북교역은 이명박 정부 출범 전까지 양적으로 크게 성장했다. 이 때 주목할 점은 2000년 남북정상회담 이전까지 남북경협은 민간협력을 중심축으로 삼고 있었다는 점이다.[6] 김대중 정부 시기에는 민간차원의 경제교류와 함께 정부차원 혹은 민관합동의 공적 경

---

5 경제협력을 중심으로 한 남북관계 진전 과정에 대해서는 이일영·양문수·정준호(2016: 51-56) 참조.

6 1988년 남북경협이 공식 개시된 직후 단순 물자교역에서 출발했지만, 1992년부터는 위탁가공교역이라는 새로운 경협 형태가 등장했다. 1992년 9월 코오롱상사가 최초의 위탁가공교역 물품을 국내에 반입시켰다. 1996년부터는 한국 기업의 대북 직접투자 협력이 시도되었다. 당시 ㈜대우는 남포공단에 북한의 삼천리 총회사와 합영회사를 설립키로 합의한 바 있다. 또한 1995년에는 북한에 대해 최초의 인도적 지원을 개시했다.

제협력으로 진전했다. 1998년에 금강산 관광 사업이 시작되었고, 2000년 8월에는 남북이 개성공단 개발 사업에 합의했다.

개성공단, 철도 및 도로 연결, 금강산관광 등 3대 경협사업은 김대중 정부 시기에 추진된 것이다.

김대중 정부 시기에 확대된 남북협력에는 시민사회의 기여와 참여가 존재했다. 그러나 전체적으로 평가할 때 남북협력의 진전에는 일정한 제약이 있었다. 노무현 정부 시기의 남북경협도, 김대중 정부로부터 물려받은 이른바 3대 경협사업 수준 이상으로 발전하지 못했었다. 또한 남북 교류에 장기간 지속적으로 참여했던 민간 기업은 그다지 많지 않았고, 금강산관광 사업과 개성공단 사업을 제외하면 수익성을 확보한 사업은 거의 없었다고 할 수 있다.

김대중 정부 시기에 구축된 민간협력 및 공적협력의 틀은 이명박 정부, 박근혜 정부 시기에 와해되었다. 이명박 정부 시기 들어서면서 민간협력은 급감했고 2010년 천안함 사건과 5·24 조치에 의해 남북경협은 개성공단사업을 제외하고는 모두 중단되었다. 박근혜 정부 출범 후 2013년에는 개성공단 사업이 6개월 가까이 중단되었다가, 2016년 2월부터는 개성공단 가동이 전면 중단되었다. 이에 따라 남북경협은 '제로 시대'에 돌입했다.

2) 남북연합 구상의 기원

남북관계의 새로운 틀을 만든 것은 김대중 정부 시기이다. 여기서 특히 주목할 것은 6·15 남북공동선언에 남북연합의 구상이 등장했다는 점이다. 이는 정상회담의 결과이기도 하지만, 시민참여형 교류에 힘입은 바이기도 하다. 시민참여형 남북협력 추진의 원형은 1989년 문익환 목사 방북에서 기원을 찾을 수 있다. 문 목사의 방북은 당시 실정법 위반으로 논란이 되었으나, 다른 한편에서는 '통일논의의 정치사회 독점'을 무너뜨리기 위한 실천적 결단으로 보기도 한다. 통일 논의가 정치권의 전유물일 수 없다는 '민의 독립선언'이라는 평가도 있다(이승환, 2015: 96).

남북연합 구상의 등장과 관련하여 문익환-허담 사이의 '4·2 공동성명'에 주목할 필요가 있다. 9개 항의 합의 중에서 주목할 부분은 7·4 공동성명을 재확인한 제1항, 그리고 문익환과 김일성 사이의 정치군사회담과 다방면의 교류 병행추진 합의와 남북연합 연방제의 점진적 추진 합의를 담은 제3항, 제4항 등이다. 이는 2000년 6·15 공동선언의 골격을 형성했다고 볼 수 있다(이승환, 2015: 105).

2000년 6·15 공동선언 제3항은 "남과 북은 2000년 8월 15일에 즈음하여 흩어진 가족, 친척 방문단을 교환하며", 제4항은 "남과 북은 경제협력을 통하여 민족경제를 균형적으로 발전시키고 사회, 문화, 체육, 보건, 환경 등 제반 분야의 협력과 교류를 활성화하여 서로 신뢰를 도모한다"고 되어 있다. 이 두 조항은 결국 4·2 남북공동성명의 제3항과 같은 내용이라 할 수 있다.

3) 남북연합에서의 시민참여 역할

남북연합의 발상은 남북관계가 전면적으로 진전시키기 어려운 제약조건이 있고 이에 따라 시민참여를 통한 개입과 조절, 점진적 진전이 필요하다는 관점을 반영하고 있다. 국가간 관계에 입각한 평화질서와 평화경제의 진전도 추진해야 하지만, 그것만으로는 새로운 한반도체제로 이행할 동력이 부족하다. 추진력을 보충하고 지향성을 갖추기 위해서는 시민참여의 힘이 필요하다.[7]

---

7 필자는 시민참여의 지향을, 기존의 자유주의·신자유주의와는 구분된 '시민

첫째, 북한의 국가체제 문제가 있다. 북한이 당면한 경제난과 경제발전 문제를 해결하기 위해 한국과 교류할 필요가 있지만, 또 다른 한편에서 한국과의 경제관계 심화는 체제불안 요인의 증대를 의미하기도 한다. 북한의 경우 남북협력에서 톱다운 방식을 선호하는 경향이 있다. 그러나 남북관계에 시민사회 참여가 이루어지지 않는다면 공식적 남북관계의 제도적 경직성을 개선할 동력이 약화된다. 또한 시민사회의 참여는 남북연합 형성의 국제적 여건을 개선할 수 있다.

둘째, 한국 내부의 국가적 분열 문제가 있다. 지금까지 한국에서는 정권의 교체에 따라 대북정책이 극단적으로 변동해왔다. 남북관계가 정쟁의 대상으로 전락하면서 대북지원에 대한 비판적인 목소리들이 끊이지 않게 되었고, 평화질서와 평화경제 담론도 정치적으로 이용될 수 있다는 의심을 받고 있다. 시민사회의 참여를 통해 국론 통합과 장기적이고 일관된 정책기조를 형성해야 한다.

셋째, 남북관계는 남북 양측에 국한되지 않는다. 남북관계의 성격 자체가 국제환경에 구속되어 있는 세계체제 문제라 할 수 있다. 여기에서 핵심적 요소는 북한과 미국의 관계라 할 수 있다. 남북 정부차원의 관계는 북미관계에 연동되어 있다. 시민참여 요소는 국제환경에 상대적으로 덜 영향을 받기 때문에 남북관계의 변동성을 완충해줄 수 있다.

적 자유주의'로 개념화할 수 있다고 본다. 이는 시민의 자유와 개인존중, 시민의 동등성, 법적 절차에 대한 중시, 국가의 공적 역할과 제한적 개입, 다자 외교적 국제질서 등을 상대적으로 강조하는 진보적 가치를 의미한다.

3. 남북연합과 체제혁신

1) 6·15 선언 이후의 경제통합 논의와 남북연합

6·15 선언 이후 남북 경제협력은 남북 경제통합에 관한 여러 가지 논의를 촉발시켰다. 남북 경제협력이 양적, 질적으로 한계가 있었지만, 경제통합 과정으로 이행, 통합된 경제체제의 조직과 제도에 관한 논의들이 이루어졌다. 이 과정에서 이행과정으로서의 경제공동체 개념이 자주 등장했다.

통일부는 경제공동체 형성과 관련하여 남북 경제공동체 구축단계, 심화단계, 완성단계 등 3단계로 구분했다. 박순성 교수는 화해기, 협력기, 공동체 형성 준비기, 공동체 형성기, 경제통합기 등 5단계의 과정을 제시했다(박순성, 2002). 백영철 교수는 한반도 평화프로세스에 따라 평화기반 조성 단계, 평화·협력 심화 단계, 평화정착 단계 등 3단계로 나누었다(백영철 외, 2005: 256-257). 이러한 경제공동체 개념은 별개의 주권국가 사이에 형성되는 지속적 경제관계의 제도화를 의미한다는 점에서 남북연합 거버넌스의 한 요소로 볼 수 있다.

경제통합 과정을 명시적으로 남북연합 및 연방제와 연관하여 논의한 것은 최신림·이석기 박사이다. 여기에서는 통일의 과정을 화해협력 단계, 남북연합 단계, 연방제 단계, 완전통일 단계 등 4단계로 구분하고 이러한 과정이 단계적·점진적으로 이루어진다고 보았다. 각 단계에 따라 진행되는 구체적 통합 내용은 경제협력에 의해 채워진다(최신림·이석기, 2000: 180-181). 이에 따르면, 남북연합 단계에서는 북한경제의 체제전환, 남북 자유무역지대 및 관세동맹 결성, 상품과 자본의 자유로운 이동, 남북 공동의 대외통상정책 실시 등이 이루어진다. 연방제 단계에서는 공동시장, 경제동맹, 통화 통합, 완전한 경제통합으로의 진행, 노동력

의 자유로운 이동 등이 이루어진다. 이 논의에 의하면, 경제공동체는 남
북연합 단계에서 이루어지는 것으로 볼 수 있다.

남북간 통합 논의들에서 주목할 점은 연합 단계의 공동체의 체제원
리가 무엇인가 하는 것이다. 대부분의 연구는 이 대목을 깊이 파고들지
않지만 암묵적으로 자본주의체제를 전제로 한 교류·협력, 직접투자를
논의하고 있다고 볼 수 있다. 최신림·이석기 박사는 보다 명시적으로
남북연합 단계에서 북한의 체제전환이 진행된다는 점을 언급했다.

2) 분단체제론과 양국체제론의 체제 인식

분단체제론은 1980년대 사회구성체 논쟁과 민족문학론이 대립하는 과
정에서 형성되었다. 사회구성체 논쟁의 연장선에서 제시된 '민중적 민족
문학론'과 '민주주의 민족문학론'은 1970년대 민족문학론을 시민적·소
시민적·지식인적 민족문학론으로 비판한 바 있다. 이에 대하여 백낙청
은 당시의 사회구성체 논쟁 수준에서 분단문제와 민족문학을 논의하는
것은 한계가 있다는 문제의식을 제기했다(백낙청, 1990).

1990년대 들어서면서 현실 사회주의의 붕괴와 함께 식민지반봉건
사회론과 신식민지국가독점자본주의론을 축으로 한 이전의 사회구성체
논의는 더 이상 발전하지 못했다. 이후 경제체제 대안은 남한 내에서의
민주주의 진전의 일환으로서 경제민주화 내지는 유럽식 사회민주주의
경제대안 수준에서 전개되었다.

1990년대 이후 사회구성체 논쟁의 후계 논의로 이어진 것은 분단체
제론이라 할 수 있다. 분단체제론은 1980년대 사회구성체 논쟁의 두 축
이 모두 암묵적으로 전제한 자본주의 대 사회주의의 체제의 구도를 넘
어서려는 문제의식에서 출발했다. 남북한 각각의 내부 사회구성에 영향
을 미치는 남북 전체 차원에서의 체제적 작동방식이 존재한다는 것이다.

분단체제의 한 축인 소련동구 또는 북한 경제체제의 확대판은 비현실적이고 바람직하지 않고, 북한 지역을 자본주의 세계시장 속에 통합해가는 길도 분단체제의 극복에는 미흡하다는 것이다.

특히 사회과학 분야에서는 남북한 체제를 각각 분리해서 사고하는 전통이 강하다고 할 수 있다. 김상준 교수는 이러한 흐름에 대해 분단체제론을 비판하고 양국체제론을 제시했다. 즉 일국적 관점을 일부 수용하면서 한반도-한국 현대사는 물론 동아시아사와 세계사에 대한 견해를 종합하여 양국체제론으로 제시한 바 있다. 분단체제론과 양국체제론이 공유하는 핵심 부분은 통일의 과정에는 중간단계가 필요하다는 것이다. 남북간 교류에는 정부간 교류뿐만 아니라 민간교류가 큰 의미를 지니며, 근대적 국가체제의 존재적·인식적 기반의 변화가 동행한다는 것도 공통점에 해당한다.[8]

분단체제론과 양국체제론의 결정적 차이는 평화통일로 가는 중간단계가 남북연합인가 양국체제인가 하는 것이다. 한반도 문제를 해결하기 위한 경로로 분단체제론에서는 남북연합 발상을 본격적으로 제기했고, 양국체제론에서는 양국체제가 성립하기 이전의 남북연합은 양국 수교 이전의 사전 접촉 성격을 지니는 것으로 인식한다.

3) 한반도경제론과 남북연합의 경제체제

필자가 제기한 한반도경제론은 일국(양국)적·부문적 시각에서 벗어난 체제적 인식을 강조한다. 분단체제론의 핵심적 문제의식은 분단이 체제적 문제이며, 이는 세계체제 및 국내체제와 유기적으로 연결되어 있다는

---

8 양국체제론과 분단체제론 사이의 논쟁에 대해서는 이일영(2019: 제2장) 참조

것이다. 여기에서 좀 더 나아가 필자는 한반도경제·한반도체제는 세 개의 층위와 두 개의 핵심 부문으로 구성되어 있는 것으로 개념화했다.

한반도체제의 세 개의 층위는 세계체제, 분단체제, 일국적 국내체제(남한, 북한)로 구성되며 세 개 층위는 상호 연동하는 결합체이다. 또 각각의 층위에는 정치·군사적 영역과 경제적 영역이 존재하지만, 이는 독자적 영역이 아니라 각 층위에 통합적으로 연결되어 있다고 본다. 즉 세계체제-분단체제-국내체제의 세 개 층위와 정치·군사-경제의 두 개 부문이 상호작용하는 '하나의 체제'를 논의하자는 것이다(이일영, 2019: 17-18).

한반도경제론 관점에 의하면 남북연합도 하나의 체제이다. 즉 남북연합은 세계체제-분단체제-국내체제에 대응한 적응과 혁신의 프로젝트로 구성되는 것이며, 주요하게는 동아시아·태평양 네트워크, 남북 네트워크, 네트워크 정치·경제의 확대 과정을 포함한다고 할 수 있다. 남북연합에서 남북한 간 경제관계의 핵심은 통합과 개혁을 연계하는 것이다. 평화·긴장 상태와 경제가 상호작용하는 것은 맞지만, 양자간에 단선적 인과관계를 설정하기는 어렵다.

남북한 간의 경제통합과 내부개혁은 서로 연계되면서 점진적·단계적으로 진행된다고 할 수 있다. 물론 평화 정착의 과제는 북한의 개방과 직접적으로 연결되어 있다. 북한 자체적으로 특구와 개발구를 설치하고 있지만, 이들이 외부와 연결되지 않으면 동력을 갖출 수 없다. 한국과 북한 특구 개발구 사이의 교류협력을 보장하는 제도적 틀을 마련하고 이를 남북한 자유무역지대로 발전시키는 방안을 추진해야 한다. 이 때 인력이동 등 급격한 충격효과가 있는 분야에서는 특별한 예외조치를 두어야 한다. 개방조치가 이루어지면 북한 내부에서의 분권화와 인센티브 개혁이 가속화될 것이고, 점차 재산권 제도개혁과 남북한간 제도 조화의

문제를 해결해가야 한다.[9]

　　남북연합은 이러한 통합과 개혁의 연계 과정을 추동하고 조절하는 것을 핵심적 역할로 삼고 체제혁신의 과정을 포함하는 것이다. 토지, 노동, 상품을 전면적으로 시장화해서 통합하는 것은 새로운 체제원리로 진화해나가는 방향이 아니다. 특히 생산요소 부문의 시장화는 공공성을 확보하는 개혁과 병행하여 이루어져야 한다. 자본주의 체제도 질적으로 개선될 필요가 있다. 이러한 전제하에서 남북 양측에서 혼합적 재산권 제도의 비중을 확대해가는 개혁이 추진될 필요가 있다.

4. 남북연합과 지역적 민족주의

1) 동아시아 담론과 남북연합

1990년대와 2008년 세계경제 위기 이전 시기는 19세기말~20세기초의 시기에 비견될 수 있는 글로벌화의 시대였다. 2008년 세계경제 위기 이후 글로벌화의 파도는 주춤해졌으며, 최근에는 전 세계에서 자유주의가 후퇴하고 있다. 미국, 유럽, 중국, 일본 등 거대 국가들 사이에서 민족주의와 포퓰리즘 경향이 고조되고 있다. 사드 갈등, 한일 무역분쟁을 계기로 한국에서도 민족주의가 새롭게 부상하는 형국이다. 그러나 글로벌주의와 민족주의는 배타적인 개념이 아니고 근대 이후 서로 영향을 주면서 병행적으로 발전해왔다. 동아시아 지역주의 역시 양자의 상호작용 속에서 등장한 것이다.

---

9 남북한 간의 경제통합과 내부개혁의 연계 과정에 대해서는 이일영(2009: 제9장) 참조.

한국의 시민사회 또는 비판적 인문학에서 제기된 동아시아 담론은 "동아시아를 비롯한 일련의 지역명을 사용해 한반도와 세계 사이에 중범위 수준에서 지역상을 설정하고 그로써 특정한 담론효과를 이끌어내려는 언어적 실천"으로 정의된다(윤여일, 2018: 24). 여기에는 1989년 이후 세계적인 탈냉전과 국내의 민주화의 상황에 부응하여 새로운 사회적 비전과 문명적 가능성을 모색하려는 동아시아 대안체제론과 지역적 상호의존의 현실(지역화)에 입각한 지역협력의 제도화(지역주의)를 추구하는 정책적 시각이 포함되었다(백영서, 2009: 76-77; 윤여일, 2018: 25-26).

동아시아 담론은 글로벌주의와 민족주의의 상호작용 속에서 등장했으며, 거대 국가들 속에서 성장한 동아시아 국가·지역들이 적극 호응했다고 볼 수 있다. 시민사회에서 제기된 동아시아 대안체제 담론과 정부 주변에서 이루어진 정책학 연구는, 뿌리를 달리 하면서도 국가와 지역에 대한 상상력을 공유하기도 한다. 냉전체제하에서는 언급되기 어려운 교량국가, 중견국가, 거점국가, 협력국가 등과 같은 국가상이 제출되었다. 종래의 제국(주의)적 기원의 맥락과는 차별화된 동아시아 지역, 글로벌화의 일부이면서 글로벌화에 응전하는 개념으로서의 동아시아 지역을 상정하려는 경향이 있다. 이는 민족과 국가를 일체화하는 대신 민족과 지역을 융합하는 '지역적 민족주의'를 형성하려는 시도로 볼 수 있다.[10]

---

10 앤서니 스미스는 민족을 "그 구성원들이 공유된 기억, 상징, 신화, 전통, 가치를 배양하고, 역사적 영토나 고토(故土)에 거주하고 거기에 애착을 느끼며, 독특한 공공문화를 창조 및 전파하고, 공유된 관습과 표준화된 법률을 준수하는, 이름과 자기인식을 지닌 인간 공동체"라고 정의한다. 이런 이상형의 민족들은 거의 대부분 족류공동체ethnic community, ethnie에서 발전되어 나온 것으로 보면서, 현실의 민족주의는 족류민족주의와 시민민족주의로 분류한다(앤서

이와 관련하여 지금까지의 동아시아 협력 논의는 북핵 문제 및 북한 인식을 포함하지 못해 현실성을 담보하지 못했다는 문제점이 지적된 바 있다(윤여일, 2018). 남북한 분단체제를 우회하여 동아시아 지역을 형성하기는 어렵다는 점에서, 북한 문제를 적극적으로 포함한 동아시아 대안체제 구상을 진전시킬 필요가 있다. 개방적인 동아시아 분업체계와 북한의 개혁·개방이 병행적으로 진전될 수 있고, 이는 완전 통합된 단일국가 상태와는 구분되는 과정으로서의 남북연합 형성과 잘 부합된다.

동아시아 차원에서 보면, 북한의 경제모델은 동아시아 발전모델의 한 변형이라 할 수 있다. 한국전쟁을 경과하는 과정에서 일본의 산업정책과 발전모델이 정비되었으며, 한일 수교와 함께 국제분업 체계 속에서 한국의 성장모델이 만들어졌다. 중국과 북한은 한국전쟁 이후 급속한 사회주의화를 거치면서 중공업 우선 전략을 수립했다. 1990년대 이후의 글로벌 자유화 속에서 새롭게 중국 모델이 형성되었으며 국제분업 체계를 확보하지 못한 북한은 군사화 일변도로 나아갔다.

냉전체제하에서 한국은 한·미·일 전략적 삼각관계 속에서, 북한은 북·중·소·전략적 삼각관계 속에서 성장과 안정을 도모했다. 남북한 모두 태생적으로 국제정세에 민감할 수밖에 없었다. 1990년대 이후를 거치면서 한국은 중견국가로 성장했고 북한은 약소국가로 후퇴했다. 북한으로서는 북·중·미 전략적 삼각관계를 새롭게 형성하고 그 속에 들어갈 수 있는가가 핵심적 국가전략이라 할 수 있다. 한국으로서는 한·미·일간의 전략적 동맹관계와 한·중·일의 동아시아 협력관계를 조화시키는 것이 중요하다. 남북연합의 진전은 한·미·일, 한·중·일, 북·중·미

니 D. 스미스, 2016). 본고에서 제기한 '지역적 민족주의'는 이 양자의 중간형태로 볼 수 있다.

  1919와 1949: 21세기 한·중 '역사다시쓰기'와 '다른 세계'

관계와 병행하면서 새로운 지역적 민족주의의 공간을 확보하는 과정이
라고 할 수 있다.

2) 민족경제론과 남북연합 경제권

자본주의 또는 사회주의의 양자택일식의 체제 선택 대신 민족주의 관점
에서 남북 경제체제를 논의한 예외적인 존재가 고(故) 박현채 교수의 민
족경제론이다. 박현채 교수는 1980년대 사회구성체 논쟁에서는 국가독
점자본주의론을 전개하기도 했으나 또 다른 한편에서는 1960~1980년
대를 통해 민족경제론을 꾸준히 제기한 바 있다.[11]

  1950~1960년대의 진보적 민족주의는 남북한 분단이 생산·재생산
체계를 파괴했다는 점에 주목했다. 그러나 분단체제가 굳어지면서 남북
한 모두 각각의 국내 경제체제와 그와 연계된 국제분업체계에 연결되었
다. 특히 1990년대 이후의 글로벌화를 거치면서 남북한의 분업관계 회
복에 의한 자립적 민족경제, 남북한만의 경제통일만을 당위로서의 민족
경제로 상정하기는 더 어려워졌다. 현 시점에서의 남북연합은 세계경제
속에서 생존과 발전을 담보할 수 있는 재생산권을 남북이 어떻게 함께
만들어 갈 것인가를 과제로 삼아야 한다.

  남북연합에서의 민족경제는 단순한 통일경제가 아니라 새로운 체

---

11 박순성·김균 교수는 1960년대 중반에서 1970년대 후반까지의 "민족경제
론1", 1970년대 말에서 1980년대 중반까지의 "민족경제론2", 1980년대 후반 이
후의 "민족경제론3"으로 구분한 바 있다. 박순성·김균(2001) 참고. 류동민 교수
는 1960년대 중반까지의 자립적 민족경제론(제1기), 1970년대 전반의 대중경
제론(제2기), 1980년대 중반의 국가독점자본주의론(제3기), 1980년대말의 민
족적 생활양식론(제4기)으로 나누어 본다. 이는 류동민(2015) 참고.

제원리에 의해 형성되는 새로운 재생산체계라고 할 수 있다. 여기에서 중요한 것이 민족적 생활양식 개념이다. 생산력 측면에서는 자본운동의 범세계성이 구현되지만, 생산관계 측면에서는 물질적 기초가 민족적 차원으로 나타나며 이것이 민족적 생활양식을 구현한다는 것이다(류동민, 2002: 237). 즉 민족적 생활양식은 "계급적인 것의 민족적 프리즘을 통한 발현"으로 나타나는 민중의 일상적·비일상적 체험이다. 이 때 민족은 종족이나 유기체가 아니고 생활상의 모순이 인지되고 공동체적 요구가 제기되고 해결되어 할 장소라는 개념이다(류동민, 2015: 125).

특히 글로벌 시대의 민족은 국민국가 영역 내에서만 생활하는 것이 아니다. 민족적 생활양식을 구현하는 한반도경제권이라는 개념은 단순한 지리적 공간이 아니고 민중의 생활상 요구가 실현되는 장소의 의미를 지닌다. 이는 박현채 교수의 표현을 빌리면, "민족공동체를 기초로 한 재생산권의 실현", "분단된 조국의 체제적 한계를 넘어선 상호보완관계의 확립"(박현채, 1986: 92)을 지향하는 공간이라고 할 수 있다. 즉 한반도경제권은 지역적 민족주의의 물질적 기초이다.

한반도경제권은 남북한의 국가간 네트워크와 동아시아 지역 네트워크가 중층적으로 결합하는 개념이다. 남북연합의 경제관계는 글로벌 네트워크의 구조 속에서 존재하는 남북한의 기존 발전모델과 경제체제를 개선하는 속에서 만들어 가는 것이다.

현재의 글로벌경제 네트워크 중심부에는 미국이 있고, 중국은 아시아·아메리카 네트워크에서 중심적 위치에 있다. 한국은 아시아·아메리카 네트워크의 반주변부에 있고, 북한은 네트워크의 외곽에서 고립되어 있다. 미국을 중심으로 한 네트워크 속에서 중국을 중심으로 한 네트워크가 확대되고 있으며, 이러한 상황에서 미중간 갈등이 전면화되고 있다. 이러한 조건하에서 미중간 갈등 관계에 적응하면서 남북 네트워크와

동아시아·태평양 네트워크를 복합하는 것을 한반도경제권 형성의 기본 전략으로 삼아야 한다.[12]

남북한이 연결되고 동남아와 연결되는 네트워크 공간을 형성하여 발전의 성과를 기대할 수 있다. 또한 태평양 지역 국가와 사람 대 사람의 연결을 강화하면 기존의 동아시아 발전모델을 개선하는 효과를 기대할 수 있다.

5. '신한반도체제'와 남북연합

지금까지 한반도경제론의 관점에서 논의한 남북연합론은, 시민참여, 체제혁신, 지역적 민족주의를 주요 구성요소로 하는 새로운 체제 형성의 구상이다. 한반도경제론과 남북연합론을 토대로 해서 최근 문재인정부의 '신(新)한반도체제' 구상을 점검해볼 수 있다. '신한반도체제'는 문재인정부가 내놓은 최상위 국가전략 구상에 해당하는 것이다.[13]

문재인 대통령이 언급한 '신한반도체제'는 평화질서와 평화경제의 두 축으로 구성되어 있다. 평화질서는 남북한 정상의 적대행위 종식 선언, 북한과 미국은 비핵화 및 관계정상화를 위한 대화를 통해 이루어진다고 본다. 북미대화로 완전한 비핵화와 북미수교가 이루어지고 정전협

---

12 상세한 논의는 이일영(2019: 제6장) 참조.

13 문재인 대통령은 2019년 3·1절 100주년 기념사에서 "신한반도체제로의 담대한 전환"을 선언했다. 이어서 지난 5월 7일에는 독일 「프랑크푸르터 알게마이네 차이퉁」에 기고한 "평범함의 위대함: 새로운 세계질서를 생각하며"라는 글에서 '신한반도체제'를 다시 언급했다.

정이 평화협정으로 대체된다면 냉전체계가 평화체계로 전환된다는 것이다. 평화경제는 평화가 경제발전으로 이어져 평화를 더 공고히 하는 선순환적 구조를 의미한다고 한다. 그러면서 남북한의 철도와 도로 연결에서 시작하는 남북 경제교류 활성화, 남북한과 러시아 사이의 가스관 연결, '동아시아철도공동체', '신북방정책'과 '신남방정책'을 제시했다.

'신한반도체제' 구상에서 긍정적으로 평가할 점은 '체제'를 언급함으로써 종합적·체계적 국가비전의 지향성을 드러냈다는 것이다. 그러나 또 한편으로는 구체적 정책 의제를 보면 여전히 파편적 대응책을 평면적으로 나열하고 있다는 점을 문제로 지적할 수 있다. '신한반도체제' 구상은 남북연합론이 제기하는 한 덩어리로서의 체제론을 결여하고 있다.

평화질서와 평화경제는 양국간 관계로 추진될 수 있는 과제가 아니라 세계체제-분단체제-국내체제에 적응하고 그것을 혁신하는 과정이자 결과이다. 한 덩어리의 체제를 혁신하기 위해서는 각 부문을 연계하여 개선하는 중도적 방식을 취해야 한다. '신한반도체제'의 향방을 결정하는 데 가장 근본적인 영향을 미치는 환경은 미·중 갈등의 세계체제이다. 이러한 환경에 적응하면서 새로운 공간을 만드는 것이 중요하다.

1990년대 이후 진전된 글로벌화의 흐름은 이제 매듭이 지어지고 있다. 2008년의 세계경제 위기, 러시아의 팽창주의, 중국의 부상은 미국의 트럼프 대통령 당선이라는 구조적 흐름으로 이어졌다. 그리고 2018년에는 미·중 무역전쟁이 가시화되었다. 미·중 갈등은 중·러 협력, 미·일 협력의 전략적 중요성을 강화시켰다. 미·중 갈등이 한·미·일 진영과 북·중·러 진영 간의 신냉전 구도로 체제화되면, 평화질서와 평화경제의 '신한반도체제' 구축은 어려워진다.[14]

----

14 미중간 무역분쟁은 단순한 무역 문제가 아니라 기술 및 군사부문을 포함하

　　동아시아에 미·중간 신냉전 체제의 구축을 막고 남북연합 평화체제를 형성하는 돌파구는 무엇일까? 필자는 남·북·일 협력과 신남방정책의 결합이 핵심 전략이 되어야 한다고 생각한다. 남과 북 모두 미국과 중국 사이에서 양자택일을 해야 하는 상황이 되면 '신한반도체제'는 성립 불가능해진다. 동아시아에 다자주의적 질서를 형성하는 지렛대가 있어야 한다. 남북연합과 한일 협력은 대체관계에 있는 것이 아니라 보완관계에 있다.

　　평화경제를 가능케 하는 핵심 전략은 남북연합과 신남방정책을 연계해서 진행하는 것이고 한일 협력관계는 이를 뒷받침하는 환경이다. 현 단계에서는 시민적 자유주의와 지역적 민족주의의 지향을 가다듬으면서 한일 분쟁을 남북일 협력의 틀로 전환하는 것이 필요하다.

는 패권경쟁의 성격을 지니고 있다는 점이 분명해지고 있다. 미국의 인도태평양 전략에 맞서 중국·러시아가 군사협력을 강화해가고 있는 가운데, 러시아 군용기가 동해에 출현하여 한국 방공식별구역KADIZ을 침범하는 초유의 사태가 일어났다. 미국은 중동의 호르무즈 해협을 통해 원유를 수송하는 나라들에 호송을 위한 직접 파병을 요구하는 한편, 중국을 겨냥한 아시아 내 중거리 미사일 배치 의사를 나타기도 했다.

참고문헌

구갑우(2018), 「평창 임시 평화 체제에서 판문점 선언으로 : 북한의 개혁·개방 선언과 제3차 남북정상회담, '연합적 평화'의 길」, 『동향과 전망』 103호.

류동민(2002), 「민족경제론의 형성과정에 관한 연구」, 『경제와사회』 56.

류동민(2015), 「박현채의 민족경제론 : 민족의미학을 넘어」, 『진보평론』 64.

박순성(2002), 「민족경제공동체의 전망과과제」, 『남북한 '실질적 통합'의 개념과 추진과제 : 민족공동체 형성을 중심으로』, 통일연구원.

박순성·김균(2001), 「정치경제학자 박현채와 민족경제론-한국경제학사의 관점에서」, 『동향과 전망』 48.

박현채(1986), 『한국경제구조론』, 일월서각.

백낙청(1990), 「민족문화론과 분단문제」, 『민족문학의 새 단계』, 창작과비평사.

백낙청(2018), 「어떤 남북연합을 만들 것인가」, 『창작과 비평』 181호.

백영서(2009), 「동아시아론과 근대적응, 근대극복의 이중과제」, 이남주 엮음, 『이중과제론』, 창비.

백영철 외(2005), 『한반도 평화프로세스』, 건국대학교 출판부.

앤서니 D. 스미스(2016), 『족류-상징주의와 민족주의』, 김인중 옮김, 아카넷.

윤여일(2018), 「동아시아 담론의 이후, 이후의 동아시아 담론」, 박경석 엮음, 『연동하는 동아시아를 보는 눈』, 창비.

이승환(2015), 「탈냉전의 선지자, 문익환 통일사상의 현재성」, 『진보평론』 64.

이일영(2009), 『새로운 진보의 대안, 한반도경제』, 창비.

이일영(2019), 『뉴노멀 시대의 한반도경제』, 창비.

이일영·양문수·정준호(2016), 『동아시아 생산네트워크를 고려한 남북경협방안』, 통일부 연구과제 보고서.

최신림·이석기(2000), 『남북한 경제 협력 방안』, 을유문화사.

백원담(白元淡)

성공회대 중어중국학과/국제문화연구학과 교수, 동아시아연구소장, 中國 上海大學文化硏究學系 해외교수, 『황해문화』 편집위원, 臺灣 『人間思想』 편집위원. 한국냉전학회/한국문화연구학회 회장 역임, 논저로는 『열전 속 냉전, 냉전 속 열전』(2017), 『신중국과 한국전쟁』(2013), 『냉전아시아의 문화풍경 I · II』(2008, 2009) (공저), 『동아시아 문화선택 한류』(2005), 주요논문으로 「아시아가 만드는 세계; 38미터의 관계학에서 신시대 평화연대로」(2018), 「The 60th anniversary of the Bandung Conference and Asia」(2016) 등이 있다.

이 연구는 한국연구재단 인문한국플러스HK+사업(과제번호 2018S1A6A3A01080743)의 지원으로 이루어졌다

• • •

제7장 **인터 코리아, 인터 차이나, 인터 아시아**

백원담

1. **격동하는 한반도 정세**

다시 돌파구는 열릴 것인가.

문재인 대통령은 2017년 베를린선언으로 한반도 평화프로세스의 계기를 열었다. 이에 대해 2018년 김정은 위원장이 반응함으로써 북한의 비핵화와 한반도 평화문제를 둘러싼 도저히 풀릴 것 같지 않았던 교착 상황이 타개되었다. 이어진 판문점선언, 북미회담과 평양선언은 전후체제의 마지막 유물인 한반도 냉전분단체제가 종전선언을 거쳐 평화체제로 돌입할 수 있는 가능성을 열어내는 듯 했다. 세계가 한반도의 평화경로를 통해 1951년 미국 주도의 전후체제인 샌프란시스코 체제 재편[1]의 계

---

1 1951년 미국은 공산화된 중국과 결집하는 아시아를 견제하고 아시아·태평양 지배체제를 구축하고자 일본과 샌프란시스코강화조약Treaty of San Francisco, Treaty of Peace with Japan(日本國との平和條約)을 체결, 패전국 일본

기를 맞고 나아가 복수의 자본주의 문명이 아닌 그야말로 새로운 문명
사적 전환이 이루어질 수 있으리라는 기대감도 팽만했다.

그러나 북미 하노이회담의 패착과 G2 무역전쟁의 파고는 평화한
반도의 미래나 세계사의 전환은커녕 종전선언조차 결코 쉽지 않은 과정
임을 적시하였다. 한국정부는 2018년 한해 어떻게든 종전선언을 이루
고 한반도평화체제의 교두보를 마련하고자 했다. 그러나 종전선언은 미
국의 군사패권이 한반도 분단질서에 미치는 장력이 크다는 점에서 쉽게
이루어지기 어려운 것도 사실이다.

하노이 회담 결렬 이후에도 북미 간에는 여전히 전운이 감돌았다.
북한은 먼저 미국이 '계산법'을 바꾸라고 촉구하면서 단거리 미사일 발
사를 지속하며 '새로운 길'을 찾아나서겠다고 위협하고 미국 또한 최종
적이고 완전히 검증된 비핵화FFVD를 요구하며 북한의 입장 변화를 다
그쳤다. 이런 경직된 분위기 속에서 한국의 중재자적 위상과 역할은 축
소될 수밖에 없었다. 그러나 북중 간의 변화 움직임 속에서 G20 직전 시
진핑 주석의 전격적인 북한방문, 그리고 G20 이후 대화의 진전 속에서
북미 간 판문점 회담이 현실화되었다. 올 초부터 다각적으로 가동되는
북·중, 북·러, 중·러의 밀착국면,[2] 북·중 정상회담이 이루어지면서, 미

을 동맹으로 격상시켰다. 이로써 오늘날까지 동북아 안보질서의 기본적인 틀을
이루는 샌프란시스코 체제가 구축된다. 한반도 정전체제 역시 샌프란시스코 체
제의 연장선상에 있다. 한반도 비핵화는 북한에 대한 체제보장을 포함한 한반도
평화체제 구축을 요구하며, 동북아 안보질서의 근본적 변화를 지향한다. 이것이
바로 샌프란시스코 체제의 전환, 곧 전후체제의 전환이다.

2 한반도 문제와 관련해 시진핑 주석과 푸틴 대통령은 기존의 입장을 재확인
했다. 2017년 양국이 함께 제시한 한반도 공동 로드맵(단계적·동시적 해결 구
상)을 계속해 이행하겠다는 것이다. 이는 비핵화과정에 대북제재 해제를 포함

국이 주도권을 놓치지 않기 위한 행보와 한국정부의 외교적 노력에 힘입어 역사적인 판문점 회동을 단행한 것이다.

그런데 북미회담에 대한 기대도 잠시, 일본이 발동한 한일 경제전쟁은 한반도 프로세스는 물론 모든 이슈를 잠식해버렸다. 지난해 한국 대법원은 일제 징용노동자에 대하여 외교협정으로는 개인 청구권이 소멸하지 않는다는 입장에서 일본 전범기업이 피해를 배상하라고 판결했다. 이에 일본은 1965년 한일기본조약의 한일협정 배상과 청구권 소멸 관련 내용을 꺼내들고 이미 해결된 문제로서 한국 대법원이 국제법을 위반했다고 강변하며, 반도체와 관련된 첨단소재 화학제품에 대해 한국 수출을 규제했다. 또한 대법원 판정에 대해 제3국에 의한 중재위원회 설치로 해결할 것을 요구해온 일본은 한국정부가 이를 무시하자 2차 카드로 경제제재를 감행했다. 일본이 전략물자로 규정한 1,100여 개 품목을 수출 규제 대상으로 하는 화이트리스트(백색국가)에서 한국을 제외한 것이다.

한편 미국우선주의America First와 중국몽(中國夢China Dream)의 격돌국면, G2의 세계 지배권을 둘러싼 갈등은 무역전쟁에 이어 환율전쟁과 군사안보분야까지 확전일로에 있다. 2008년 미국의 금융폭풍으로 노정된 신자유주의 파행 이후 세계는 일원에서 다원적 질서로의 다양한 개진이 이루어져 왔다. 거기서 중국은 유라시아 경제협력네트워크로서 일대일로 이니셔티브The Belt & Road[3]와 다자간 체제의 구축을 통한 새

하는 방안으로, 비핵화에 앞선 제재 해제는 없다는 미국측 구상과는 상반된다.

3 2019년 4월 25일 중국 베이징에서는 일대일로 국제협력 정상포럼이 37개 국가 정상과 국제기구 수장들의 참여로 열렸다. 정책 소통, 무역 원활화, 인프라 연결, 자금소통, 민심 상통 등 일대일로의 공건(共建)원칙에 따른 12개 분과 논단과 900여 명의 전 세계 최고 경영자들이 참여하는 기업가 대회가 개최되었다. 일대일로는 2019년 3월 현재 125개국 및 29개 국제기구와 173건의 협력문건을

로운 세력권의 강화를 추동해왔다. 미중 무역전쟁의 초점은 바로 중국의 유라시아 확장기획에 있다는 점에서 중국과 미국의 전방위적 대립은 제 2차 세계대전 이후 전후질서, 1951년 미국이 주도한 미·일 중심의 샌프 란시스코 체제의 지속과 이에 대한 재편 문제로 접근할 필요가 있다.

> 세계 경제의 전략적 초점은 아시아·태평양 지역으로 계속 이동하고 아시아·태평양 지역은 강대국 게임의 초점이 되어 지역 안보에 불확 실성을 가져 왔다. 미국은 아시아·태평양 군사 동맹을 강화하고 군사 배치 및 개입을 확대하며 아시아·태평양 안보에 복잡한 요소를 추가 했다. 미국의 "사드(THAAD)" 미사일 방어체계 배치는 한국의 전략적 균형을 크게 약화시키고 지역 전략적 안보 이익을 심각하게 훼손시 켰다. 일본은 군사 안보 정책을 조정하고 투자를 늘리고 "전후 체제" 를 깨고 군대의 외향성을 강화하려고 노력했다. 호주는 미국과의 군 사 동맹을 계속 강화하고 아시아·태평양 지역에 군대의 참여를 강화 하며 안보 문제에 더 큰 역할을 하려고 노력한다(中華人民共和國國務院 新聞辦公室, 2019).

최근 중국은 2019 국방백서(『新時代的國防白皮書』)를 제출하고 아·태 지역에서 군사적 균형질서가 깨지고 있음을 우려하며 특히 한국이 미국 의 사드배치로 전략적 균형을 크게 약화시키고 지역 전략적 안보 이익 을 심각하게 훼손시켰다고 명시하였다. 전후체제 재편은 중국이 아닌 미 국과 그 전통적 동맹국들에 의한 것임을 분명히 하고 강력한 대응을 천 명한 것이다.

체결했다.『一帶一路共建思路; 進展·貢獻·展望』, 報告書, 2019.4.22.

그렇다면 작금의 남북한, 북미, 한미, 한중, 한일의 경제적 군사안보적 복잡다기한 상황은 어떻게 이해해야 할까? 이는 미국 주도의 제2차 세계대전 전후 혹은 더 장기적 시점으로 보면 제1차 세계대전 이후 서구 중심의 자본주의 문명 혹은 미국 중심의 자유주의 질서가 쇠퇴하는 구조적 전환의 징후로 보아야 할 것이다. 여기에 지난 한미정상회담에서 한국이 미국의 인도-태평양전략에 린치핀linchpin(핵심축)으로 나섰다는 것은 한·미·일 공조체제의 재편을 겨냥했다고 하더라도 한반도의 앞날을 가늠할 수 없는 위험천만한 선택이 아닐 수 없다.

이 글은 이러한 세계사적 전환 문제를 포스트지구화 개념으로 접근하며 그 위기적 상황의 교착국면, 모순의 중첩과 착위dislocation(錯位), 경합의 경관을 드러내고자 한다. 이를 위해 제반 현상에 인터 코리아, 인터 차이나, 인터 아시아의 시좌를 투사하고자 한다. 이는 일국적 시야가 아닌 관계적 세계상을 위해 인식의 문턱을 넘는 작업에 해당한다. 그리고 문제의 집점에서 주체적 극복지향을 위한 다양한 동력을 포착하고 관계성의 전진을 모색해나가는 작업의 일환이다.

2. 포스트지구화와 중첩적 모순의 경관

1) 포스트지구화라는 개념

역사문제나 영토문제 등 현재 아시아를 가로지르는 불행한 관계상은 식민의 유산이자 포스트식민의 현재성을 드러내준다. 한·일 간 위안부, 징용 문제 등은 식민지시대 유산인데 그것이 경제전쟁의 발화지점이 되는 것이 그 명징한 실례이다. 또한 2017년 '북핵 위기'에서 지난 해 한반도 평화프로세스로 급진전된 한반도와 동북아 정세는 냉전의 유산이자 포

스트냉전의 역동적 현실을 목도하게 한다. 이러한 중층적 모순의 표출
정황은 포스트지구화라는 개념으로 접근할 수 있다.

포스트지구화란 어떤 한 시대가 완전히 지나가고 다른 새로운 시대
가 도래한 것이 아니라, 새로운 시대가 확립되지 않은 상태에 과거의 시
간들이 복잡하게 교착되고 구성되며, 그것이 현재를 부단히 추동해가
는 양상을 의미한다. 한편 포스트지구화는 모순의 중첩 속에서 이데올로
기·담론·언어로는 포착되기 어려운 신체와 정동의 정치를 포착해낸다.
남북한이 냉전의 분단선을 넘어 새롭게 만난 광경, 미국대통령이 북한
최고통치권자의 손을 잡고 최초로 북한땅을 밟은 사태, 그것이 실현되는
판문점이라는 역사적 분단의 장소는 이념이나 언어가 아니라 만남의 정
동을 신체가 매개하는 가운데 새로운 결연의 정치가 이루어지는 공간으
로 전화한다.

그런데 국가수반들의 관계적 행보만 포스트지구화의 수행성을 갖
는 것은 아니다. 전 세계인의 이목을 삽시간에 끌어모았던 판문점이란
장소성은 분단체제에 속박되어 있었던 한반도의 운명을 평화체제의 그
것으로 구도해낼 수 있는 가능성을 다양한 층위에서 수행적 실천으로
전현해내는 것이다. 따라서 한반도와 그 주변 혹은 아시아라는 장역을
가로지르는 중층적 관계의 선들을 정시하고 포스트지구화를 살아가는
대다수 사람의 삶의 입지에서 그 창조적 신체들이 만들어내는 한반도
분단모순의 극복태를 '정동정치'의 경관으로 주목할 필요가 있다.

2) 인터 코리아, 인터 차이나, 인터 아시아

이 글은 시간적으로는 모순의 중층적 구성과 그 전화의 가능성을 읽는
개념으로 포스트지구화를 가져왔다면 공간적으로는 '인터'라는 개념이
자 관점을 채택한다. 인터적 시좌란 세계에 대한 재인식과 극복지향을

해나갈 수 있는 주체의 소재와 동력을 파악하기 위해 상호참조체계의 틀을 세우고 중층적 모순을 넘어 새로운 관계성을 함께 구성해나가는 의미를 가진다. 인터적 시좌는 포스트지구화라는 세계적인 규모의 정치변동의 구조가 국민국가나 지역과 같은 로컬 현지에 어떻게 작동하는가를 파악하는 공간화 실천의 양상을 드러내는 분석틀이다. 그리고 격변하는 아시아 지역에 대한 관계론적 구성과 다층적인 접근의 경로를 찾아내는 방법론이다.

그렇다면 인터적 시좌는 포스트지구화시대 폭주하는 사태에 어떻게 작동하는가?

우선, 국민국가라는 일국의 경계 안에 머무르는 시각으로는 변화하는 새로운 현상을 설명하지 못한다는 점에서 국민국가를 분석단위로 간주하는 기존 주류 지역학에 대한 비판적 성찰을 요구한다. 더욱이 한반도의 경우 남북한 분단체제가 각기 다른 사회구성체를 이루며 각축·경합·절합의 과정을 겪고 있다. 뿐만 아니라 식민-냉전-전지구화의 중첩적 진행 속에서 다양한 이주와 정주, 코리안 디아스포라와 탈경계적인 노동과 결혼에 의한 이주와 이산의 양상들이 다른 코리아의 정체성을 구성해가고 있다는 점에서 인터 코리아적인 시각은 절실하다.

중국의 경우에도 마찬가지이다. 중국은 홍콩과는 일국양제 관계에 있으며, 대만과는 양안관계에 있다. 그리고 대륙 중국은 '하나의 중국'을 표방하고 있다. 그러나 '하나의 중국'을 건설해나가는 과정은 결코 쉽지 않다. 홍콩에서 우산혁명에 이어 작금의 '범죄인 송환법 반대(反送中)'나, '범중국pan-Chinese 경제의 보편주의'의 문제를 노정한 '해바라기운동'에 이어 대만 정권의 일국양제 거부 등은 그 중요한 예징이다. 전 세계에 산재해있는 화교(화인) 네트워크 또한 오늘의 중국을 구성하는 중요한 요소 중 하나이다. 그리고 중국 내 다양한 소수민족들의 독립 요구는 물

론, 포스트지구화 시대 중국이 일대일로 이니셔티브라는 유라시아 경제
협력네트워크를 가동하고 있다는 점에서 인적·물적·문화적 교통의 광
범위하고 중층적인 과정의 구성성 또한 '하나의 중국' 기획에 인터 차이
나 혹은 인터 아시아적인 시각과 방법론을 요구한다.

둘째, 국민국가단위에 의거한 기존 국제관계틀에 시각의 전환을 요
구한다. 동/아시아라는 지역은 한·중·일 국가 간 관계만 중요한 것이
아니라 국경을 가로지르는 다양한 선들과 관계의 위상학을 통해 새로운
동/아시아가 구성되고 있다는 점을 간과해서는 안될 것이다. 예컨대 작
금의 일본이 자행한 한일 간 경제전쟁에서 규제대상인 반도체 부품의
경우 국제분업체계 안에서 상호 복합적 의존성을 가지고 있는 사안인데,
일본이 그 생산과 유통메커니즘을 봉쇄한 것이다. 그 대응책은 중국이나
동남아시아 러시아 유럽까지 포괄적 범주에서 마련되고 있다.

셋째, 인터의 개념은 공간의 장소화, 부단히 구성되는 장소성을 적
시하고 로칼적 전환의 가능성을 문제화한다. 인터 아시아 개념은 동/아
시아라는 시공간 범주를 변화하는 현실 속에서 부단히 해체되고 재구성
되고 있는 가변체로 파악하는 것이다. 전지구화를 거치면서 한반도가 자
리한 동/아시아는 비(非)아시아 지역 뿐만 아니라 다른 지역들과의 관계
속에서 움직이고 있다. 일류에 이은 한류와 같은 대중문화의 지속적 교
통은 동/아시아에 국한되어 전개되고 있지 않으며 구미유럽에 이르는
광범한 권역들을 가로지르고 있다. 이주노동이나 결혼이주의 경우도 동
남아시아와 중앙아시아, 남아시아를 포괄한다.

문재인 정권도 신한반도체제를 구도하며 남북과 북미, 한중일 관계
만으로는 해결될 수 없다는 점에서 신남방정책과 신북방정책을 제출했
다. 그것은 중국의 일대일로 이니셔티브와 직접적 연계를 가지고 있고,
미국의 아시아태평양전략의 전환으로서 인도태평양전략과도 맞물리는

문제이기 때문이다. 따라서 전지구화와 지역화의 과정의 전환으로서 유
라시아 혹은 다른 아시아를 잇는 새로운 관계들의 열림을 포착할 수 있
는 시각이 절실한 시점이다.

3. 포스트지구화의 경관들과 전환의 공간들

1) 인터 코리아

하노이 북미회담 결렬, 판문점에서 북미의 극적인 회동, 북·중·러의 한
국에 대한 무력과시, 한일 경제전쟁, 중국과 미국의 무역전쟁에 이은 환
율전쟁과 군사안보 방면으로의 확전으로 한반도 평화프로세스는 그 자
취가 실종상태에 가까운 답답한 형국이다. 여기서 눈여겨볼 지점이 세
가지 있다.

　　우선 문재인 대통령의 동남아에 이은 북유럽 행보이다. 헬싱키 프
로세스[4]에 대한 1.5 트랙의 가동[5]과 싱가폴 북미회담 1주년을 맞은 즈

4　서독의 헬무트 슈미트 총리, 동독의 에리히 호네커 서기장은 권력수반으로
서 1975년 7월 30일과 8월 1일 핀란드 헬싱키에서 미국·소련과 유럽 35개국
정상이 모인 유럽안보협력회의CSCE에 참석했다. 이 회의는 1972년부터 시작,
1975년 최종 협정에 서명하였다. 헬싱키협정이 그것이다. 사후 회의는 1980년
대에 걸쳐 마드리드, 스톡홀름, 빈 등지에서 열렸다. 유럽냉전의 종식경로를 밟
은 것인데, 1975년 헬싱키에서 탄생한 CSCE는 1994년 유럽안보협력기구OSCE
로 바뀌어 빈에 본부를 둔 국제기구가 됐다. 1975년 당시 동서독 정상은 가족상
봉과 여행관련 협정 개정 논의로 헬싱키 프로세스를 추동, 1990년 전후 동구권
붕괴, 소련 해체, 냉전 종식에 이르기까지 15년간 각 분야에서 긴장완화 과정을
이끌었다. 헬싱키 협정은 포괄적 안보comprehensive security 실현을 목표로

음, 문재인 대통령이 오슬로선언을 통해 '국민을 위한 평화'라는 한반도 평화프로세스의 의지와 그것이 형식적 관계가 아니라 국민적 삶의 문제이고, 주변국들과 세계평화를 위한 필연적 경로임을 천명한 것은 매우 중요한 행보라 하겠다.

둘째로 북미 정상의 판문점 회동이라는 역사적 '벙개'에 가려진 한미정상회담의 결과이다. 한·미 정상은 공동기자회견에서 "한국의 신남방정책과 미국의 인도-태평양전략 간 조화로운 협력을 추진하기로 했다"고 밝힌 바 있다. 이와 관련하여 미국 국무부가 배포한 자료에 따르면 문제의 정도가 심각하다. "미국의 '인도-태평양전략'과 한국의 '신남방정책'의 협력 심화를 위한 방안을 모색"하면서, "한미 정상은 강력한 한미동맹이 인도태평양 지역 평화와 안보의 린치핀이라는 점을 재확인한다"고 한 것이다. 그리고 한·미는 태국, 미얀마, 베트남, 캄보디아, 라오스 등 메콩강 지역 국가들The Lower Mekong Initiative의 경제적 독립과 주권을 위한 약속을 재확인하고, 메콩강 지역의 개방되고 혁신적인 디지털 경제를 촉진한다는 목표를 공유했다. 미국과 동남아국가연합ASEAN 스마트시티 파트너십 등을 통한 사이버 보안 역량 강화 협력 등이 그것

안보, 경제·환경·과학·기술, 인도적 협력을 3대 분야로 채택했다. 전쟁, 분쟁 등 전통적 '안보'를 넘어 재난과 생활안전까지 넓어진 개념이 포괄적 안보다. 우르호 케코넨 핀란드 대통령은 1969년부터 미국 등 세계 각국에 서한을 보내 동참을 호소, 핀란드는 양극단 사이에서 중재와 소통공간을 자임했고, 소련과 서유럽에서 자국 생존을 모색한 과정으로 평가되기도 한다.

5 2018년 판문점회의에 앞선 3월과 평양 정상회담 이후 10월, 남·북·미 3국 반관-반민 전문가들이 니니스퇴 핀란드 대통령이 주선으로 헬싱키에 모여 이른바 1.5트랙(2트랙)을 협의했다.

이다.[6]

또한 정상회담에서 트럼프는 한국이 40대의 F-35A 합동 타격 전투기를 인수, 한미 동맹을 보강하는 등 강력한 군사판매협력관계를 통해 복합 방어시스템을 강화할 수 있게 되었다고 강조하며, 한국의 첨단 군사 자산 인수 및 개발을 통해 동맹 방어 및 억제력의 지속적 강화 계획을 확약했다.[7] 한미 양국은 이를 위한 군사훈련 프로그램의 중요성을 인정, 한반도의 평화와 안정에 대한 군사적 준비와 지원, 한미 간 정보 공유, 고위급 정책 자문, 합동연습 등 안보협력에 관해 일본과도 협조할 것에 동의했다.

세 번째로 한일 역사문제가 경제전쟁으로 확전된 상황에서 문재인 정권의 강한 대응 기조이다. 거기에는 어떤 전략적 판단이 있었을 것으로 판단된다. 요컨대 한·미·일 수직계열화의 틀을 깨는 독자적 경로를 모색일 수 있는 것이다. 그런데 중국과 관계가 더 문제적이다. 중국과는 한반도 사드배치 이후 불편한 관계에도 경제문제나 한반도 평화프로세스를 위해 협력기조를 유지해왔다. 그러나 신북방정책을 표방하고 신북방위원회를 대통령직속으로 설치하고도 미국의 눈치를 보느라 일대일로 이니셔티브의 동북아경제회랑에 선뜻 나서지 못했다. 그리고 급기야 미국의 '인도-태평양전략'에 '린치핀'이 되었으니, 이로서 일본과의 경

---

6 "美 "한미동맹이 인도태평양전략의 린치핀"… 中견제 공조 시사", 「동아일보」. 2019.7.4; THE DEPARAMENT OF DEFENSE(USA), "President Donald J.Trump and President Moon Jae-in Reaffirm the United States'and Republic of Korea's Ironclad Alliance", *Office of the Spokesperson*, July 2, 2019.

7 한국의 향후 F-35B기 도입과 경항모와 핵잠수함 확보 가능성에 대한 문제에 대해서는 다음 기사 참조. 박수찬, "박순찬의 軍: 동북아 해양패권 경쟁…불붙은 '항모 보유론'", 「세계일보」, 2019.8.10.

제전쟁을 돌파할 수 있을지는 모르겠으나 미국은 중재는커녕, 호르무즈 해협 파병과 중거리미사일 배치 요구, 방위비 인상 등의 안보 고지서를 시도 때도 없이 들이밀고 있는 상황이다.

트럼프는 최근 중국의 중거리미사일 개발을 빌미로 삼아 한·일 경제전쟁에는 개입하지 않으면서도 한·일에 중거리미사일 배치를 요구하고 중국을 환율조작국으로 규정, 무역전쟁을 전면전으로 전화하면서 세계와 동아시아를 그야말로 군사적·경제적 전장으로 몰아가고 있다. 이로서 한반도의 긴장은 더없이 고조되고 있는 와중이다. 이러할 때 미국의 아태전략에 대한 한국의 적극적 편승은 어떤 파장을 나을 것인가.

한국은 한·미·일 동맹관계와 한·중 경제협력 관계, 그리고 북·중·러의 전통적 '불회변(不會變, 변할 수 없는)'의 동보(同步)관계[8] 속에서 남북한 관계로만 풀리지 않는 한반도 평화프로세스를 '신남방정책'과 같은 접근구도로 동력화하고자 한다. 따라서 주변 국가사회의 다각적인 지지와 관계개선이 절실하다. 그러나 신남방정책은 1994년 리덩후이(李登輝)[9]총통의 신남진정책을 모델로 한 것이다. 당시 대만 지식사회는 이를 '준제국을 지탱하는 남진욕망'으로 비판했다. 그리고 차이잉원(蔡英文) 정권이 들어면서 신남방정책은 '신남향정책'으로 재정향되었다.[10]

---

8 관련논의로는 백원담(2018) 참조.

9 1994년 리덩후이가 음력 연말연시에 동남아시아 여러나라를 남순(南巡, 덩샤오핑(鄧小平)의 1992년 남순과 대비)한 뒤, 대만을 동남아의 경제부흥을 매개하는 위치에 놓은 신남방정책을 제기했다. 이에 대해 중국의 자유주의파나 대만 본토 좌파들이 호응하여 신남방담론을 제기하며 국가주의에 순응한 바 있다. 천광싱은 이에 대해 준제국을 지탱하는 남진욕망이 국가-사회에 만연한 현실을 개탄하며 비판했다(천꽝싱, 2003: 99-100).

10 관련논의로는 陳新行(2016) 참조.

차이잉원 정부의 신남향정책은 중국에 대한 경제의존도가 대만 내부의 경제구조를 바꿔냈을 정도로 크다는 점에서 대만이 남방(동남아 혹은 서남아)을 향해 이른바 '제국의 눈'으로 아제국주의적 몽상 속에서 하위체제적 먹이사슬을 가동한다고 해도 얼마나 그 실효성을 거둘 수 있을지는 의문이다. 차이잉원은 오히려 중국에 대한 거부의 언설이나 행보만으로도 국제정치적 돌파의 출구가 열릴 수 있다고 하는 정세적 판단에서 신남향정책을 제출한 것이고, 그런 점에서 '미제국을 패주로 하는 신식민구조의 틀 속에 타이완을 끼워넣는' 책략적 측면이 큰 것으로 볼 수 있다. 최근 차이잉원은 미국의 한 대학강연에서 홍콩의 최근 사태를 거론하며, 일국양제와 '하나의 중국' 기획을 전면거부했다.

한-아세안관계와 중·몽·러의 경제회랑(일대일로 6개 경제회랑 중 동북아경제회랑)을 신남방정책과 신북방정책으로 연계하고자 하는 문재인 정부의 신한반도체제기획은 이제 겨우 면모를 드러낸 선언적 수준이다. 그것은 적극적으로 이해하면 실제적인 한반도 평화프로세스의 경로를 평화질서와 평화경제로 가시화한다는 점에서 '포스트지구화'의 시간성을 표징한다. 이에 대한 아세안국가들의 동의와 지지, 최근 중·러의 5G 결속과 한반도에 상공을 가로지른 무언의 군사시위 등은 아시아 냉전의 역사성과 신자유주의적 통치성의 체현을 보여주면서도 다른 한편 미·중에 의존하는 구조가 아닌 중층적 관계역학으로 포스트냉전이 이루어지는 경로를 예시한다. 따라서 한반도 평화프로세스가 북미관계에 의해 주도되는 것이 현실이지만, 그 교착상태에서 인도적 지원대책이나 헬싱키 프로세스와 같은 1.5 트랙 등 다자간 관계에서 유연한 대응전략을 조직해나가는 움직임이 의미가 있을 것이다.

그러나 신한반도체제구상은 본질적으로 한국의 경제침체 타개를 위한 출구전략이라는 점에서 그것에 내재한 신자유주의라는 자본의 광역화 전략을 성찰하지 않으면 안된다. 신자유주의는 노동의 유연화, 소득 양극화, 가계 및 국가부채, 공동체 파괴, 생물다양성 파괴, 지구온난화, 난민 등 오늘의 세계에 심대한 문제들을 야기하였다. 현재 자본의 전 지구화 체제는 곳곳에서 급속한 균열과 이완의 징후를 나타내고 있으며 미중무역전쟁 또한 그 한 양상이다. 한반도 평화프로세스의 곤경은 본질적으로 신자유주의적 확장이나 인터 코리아의 평화체제를 실현하여 자본주의에 대한 대안화를 이루어가느냐 정확히 그 선택적 맥락 위에 있는 것이다.

그러면 인터 코리아적 시각에서 한반도 평화 프로세스는 어떻게 가능할 것인가.

우선 촛불혁명에 의한 정권창출에 의해 가능했다는 점에서 사회적 기대치를 다시 점검할 필요가 있다. 촛불혁명에서 제기된 한국사회의 가치지향의 실현기획을 세우는 다양한 노력을 한반도 평화프로세스로 구체화해나가는 광범한 사회적 논의의 활성화가 요구되는 것이다. 촛불 이후 한국사회는 국민청원의 폭발적 증가 등 '국민'의 정치, 국민의 정치수행성이 강하게 표출되고 있다. 그러나 이는 촛불의 헌신이 새로운 정권에서 '재분배'와 '보상'으로 돌아오지 않는 데서 오는 박탈감을 해소하는 차원에서 분출되고 있는 측면이 크다. 그리하여 분노와 불안의 정서는 사회적 불안과 이를 해결해주지 못하는 정치권에 대한 문제제기를 파상적으로 난민이나 이주자 등 '사회적 외부자들이나 약자들'에게 대리하게 하는 난민포비아 같은 혐오정치 또한 표출해내고 있다. 촛불혁명으로 정권을 창출했지만 세대, 지역, 성별, 계급 불평등 문제는 엄존해 있는 것이다. 그런 가운데 젊은 세대들이 고용불안에 시달리면서도 젠더전쟁이나 새로운 정동정치의 공간을 열어내고 있는 것은 고무적인 일이 아닐 수 없다.

문재인 정부는 오슬로선언에서 '국민을 위한 평화'의 경로를 제시했지만 이러한 국가 주도의 선언적 추동만으로는 전환의 국면을 열어가기 어렵다. 지금 한반도 평화 프로세스는 철저히 국가주도로 이루어지고 있다. 무엇보다 그것이 궁극적으로 어떤 한반도를 지향하는지에 대한 사회적 합의도 없고 '남북연합론'이라는 현실정치논리 외에 한반도 평화프로세스의 사상적 기초, 미래지향과 주체적 경로에 대한 사회적 논의는 전혀 이루어지지 않는 상황이다. 따라서 힘의 논리에 의한 국제정치질서의 파행 속에 한치도 나아가지 못하는 교착국면을 열어내는 다른 경로를 모색해야 할 것이다. 그것은 한반도 평화체제를 향한 다양한 사회적 행보들을 주목하고 문제해결 경로를 열어내는 다층적인 통로의 마련을 의미한다. 어쩌면 한반도 평화프로세스의 교착국면을 풀 열쇠는 '국민'의 정체성정치에 갇혀있는 다양한 구성원들이 진정한 공동선의 실현을 위한 뜨거운 광장의 정치를 다시 한번 감행함으로써 찾아야 할 지도 모르겠다.

두 번째로 한미일 군사동맹체제의 재편 의지와 실현구조가 필요하다. 김정은 위원장은 최근 신형전술유도탄 위력시위 발사를 누차 감행하며 6·30 남·북·미 판문점 회동 이후에도 지속된 '한미합동군사연습'에 반발, 미사일 기술 고도화라는 실리를 챙기며 군사행보적 운신의 폭을 넓혀가고 있다. 그리고 문재인 대통령에 대해서도 신랄한 언어포격을 서슴치않았다. "남조선 당국자들이 세상사람들 앞에서는 '평화의 악수'를 연출하며 공동선언이나 합의서 같은 문건을 만지작거리고 뒤돌아앉아서는 최신공격형 무기 반입과 합동군사연습 강행과 같은 이상한 짓을 하는 이중적 행태를 보이고 있다"(2019.7.25.)는 것이다. 문재인 정부는 한반도 평화프로세스를 추동한다면서 미국의 인도-태평양 전략에 핵심축 역할을 약속하고, 스텔스 전투기의 도입과 한미연합훈련을 강행했다. 그리고 미국으로부터 중국을 겨냥한 중거리미사일 배치를 요구받는 실정이니 분단체제를 평화체제로 이행하겠다는 신한반도체제의 구상은 북한은 물론 중국과 러시아에도 이해를 구하기 힘든 것이 아닐 수 없다.

세 번째로 한반도 평화경제의 상을 제시하고 이를 사회적으로 공론화하여 진정한 신한반도 체제의 구상을 실현해나가야 할 것이다. 신한반도체제란 '수동적인 냉전질서에서 능동적인 평화질서로의 전환을 의미'하는 한편 '평화경제를 의미한다'. 그것은 '평화가 경제발전으로 이어져 평화를 더 공고히 하는 선순환적 구조'로서 '남과 북은 항구적 평화정착을 촉진하기 위해 함께 번영할 수 있는 길을 고심'한 결과이자, 그로서 '한반도를 넘어 동아시아와 유라시아의 경제회랑으로 거듭날 수 있다'는 것이다.[11] 그렇다면 당장 북한에 대한 경제제재를 가능한 지점에서부터 해결해나감으로서 판문점선언과 평양선언의 실현의지에 대한 남북 간 신뢰부터 회복해나가야 할 것이다. 아울러 남북경제협력에 대해서도 햇볕정책부터 박근혜 정권의 5·24 조치 이후 현재의 피해양상까지 실제적인 조사와 평가, 사회적 공론화를 통해 그 성과와 한계를 공유하고 새로운 '평화경제'의 상과 경로, 추진주체의 문제를 논의해나가야 할 것이다. 신한반도체제구상은 '평화경제'를 표방한다고 하지만 실행경로는 결국 권력과 자본의 이해관계에 따라 이루어질 공산이 크다. 그렇다면 그것은 진정한 '평화경제'일 수 없다는 점에서 남북한의 일하는 노동자, 대다수 사람들의 삶의 입지에서 상생의 경로를 찾아나가는 광범위한 사회적 논의부터 시작해나가야 할 것이다.

---

11 문재인, "'평범함의 위대함'-새로운 세계질서를 생각하며", 「프랑크푸르터 알게마이네 차이퉁」, 2019.5.7.

2) 인터 차이나와 중국의 복수화

2017년 중국은 신시대 중국특색의 사회주의 사상이라는 시진평의 지도
사상을 중국공산당 당장에 명기했다. 그리고 사회주의 현대화 강국건설
을 표방하고 '인류운동공동체'를 지향하며 미국 주도의 패권적 세계질서
에 대한 이데올로기와 체제 경쟁을 구도하기에 이르렀다. 아시아개발은
행AIIB, 보아오포럼, 일대일로 경제협력네트워크의 6개 회랑(回廊), 상하
이협력기구와 같은 다자간 협력체제의 구축을 통해 새로운 문명질서를
실현해내겠다는 것이다. 그 후과는 바로 미국의 경계와 미중무역전쟁이
라는 힘겨운 도정을 야기했다. 하지만 중국이 스스로 자처한 경제적 곤
경에도 불구하고 '특색' 사회주의의 깃발을 세우고 일로매진하는 것에
대하여 국내용 통치행위라거나 경제부진을 타개하기 위한 신제국주의
로 매도할 수는 없는 측면이 있다.

예컨대 2018년 북중관계는 김정은 위원장의 4차에 걸친 방중과정
에서 확인되었듯이 중국은 사회주의 국가간 국제주의와 당제Inter Par-
ty(黨際)라는 전통적 관계틀을 고수하고 변함없는 지원과 지지의 입장을
확인하였다. 그리고 하노이회담의 결렬 이후 경색된 국면에서 시진평 주
석은 북한방문을 통해 한반도 문제의 정치적 해결을 할 수 있는 역사적
기회가 마련된 점을 중시하며 지역의 항구적 안정을 위한 원대한 계획
을 만들어가겠다는 의지를 천명했다.

중조 양국과 양국 인민들은 다같이 고난을 헤치며 걸어온 것으로 하
여 그 누구보다 평화의 귀중함을 잘 알고 있다. 우리는 김정은 위원장
의 올바른 결단과 해당 각측의 공동의 노력에 의하여 조선반도에 평
화와 대화의 대세가 형성되고 조선반도문제를 정치적으로 해결할 수
있는 쉽지 않은 역사적 기회가 마련됨으로써 국제사회의 보편적인 인

정과 기대를 획득한 데 대해 기쁘게 보고 있다. 중국측은 조선동지들
과 함께 손잡고 노력하여 지역의 항구적인 안정을 실현하기 위한 원
대한 계획을 함께 작성할 용의가 있다.[12]

이것은 우선 한·미·일 동맹구조에 대응되는 북·중·러의 사회주의
동맹체계의 현재성을 실감하게 한다. 중국의 일대일로 이니셔티브와 그
에 대응하는 미국의 인도-태평양전략의 대립구도는 무역전쟁만이 아니
라 환율전쟁과 군사안보적 대립으로 본격화하고 있다. 샌프란시스코 조
약에서 제외되었던 북·중·러의 이러한 21세기적 결집은 전후 체제와
한반도 분단체제를 뒤흔드는 실제적 힘으로 작동하고 있기 때문이다. 예
컨대 북한은 북미회담을 통해 경제제재완화와 핵보유국의 인정을 통해
경제안정과 체제번영을 이루어가고자 하지만, 미국은 북중러 관계에서
북한을 한반도차원으로 묶어서 미국의 편제에 두고 동북아 균형질서를
주도하고자 한다. 이에 러시아가 조기경보통제기로 한국 영공을 무단 침
범했으며, 중국 또한 러시아 공군과 함께 연합 훈련비행을 펼치며 카디
즈KADIZ를 넘나든 것이다. 미국은 더욱 한국의 입지를 압박했다. 인도-
태평양전략에 린치핀으로 내세운 것은 물론 존 볼턴 국가안보보좌관과
마크 에스퍼 국방부장관을 파견, 방위비 분담금 증액과 호르무즈해협 파
병을 촉구하고 있는 것이다.

따라서 이 엄중한 상황을 돌파하자면 원칙과 방향을 분명히 하지
않으면 안된다. 우선 이웃한 중국과 역사적이고 현실적인 과정에서 관계

---

12 시진핑, "중조친선을 계승하여 시대의 새로운 장을 계속 엮어가자(傳承中
朝友誼續寫時代新篇章)", 「노동신문」, 2019.6.19. 시진핑 주석은 북한방문 전 북
한의 「노동신문」에 위 문장을 기고했다.

성을 재정립하는 일이 중요하다. 올해(2019년)는 3·1운동이 100주년이고, 중국도 5·4운동 100년을 맞았다. 그 한 세기의 시간성은 반근대적 근대성의 기획의 역상(逆像)을 이루기도 하고 한국과 중국은 자본의 전 지구화시대 전지구적 지역화의 주된 동력으로 국제분업체계에서 경제협력을 통한 상호관계성을 형성해왔다. 그러나 한국의 사드배치로 인한 중국의 경제제재가 심각하게 이루어졌고, 이로서 국가 간 관계나 시민사회의 갈등구조는 쉽게 풀리지 않은 상황이다. 한반도 평화프로세스의 중요한 기초토대로서 동북아경제협력이 절실한데 한국은 미국의 눈치를 보느라 일대일로의 6개 경제회랑 중 중·몽·러 경제회랑의 확산구조인 동북아경제회랑에 선뜻 발을 들이지 못하고 있다.

군사안보적으로나 경제적으로 중국과의 관계가 이처럼 순행하지 못하고 있는 것은 한국정부의 애매하고 어정쩡한 자세에서 비롯된 측면이 많다. 게다가 최근 한국은 이미 미국과의 공조를 강화하는 전략적 선택을 한 것으로 보이는 행보가 두드러진다. 따라서 중국의 국방보고서가 적시한 바와 같이 중국의 경고를 분명하게 인지하고 평화한반도와 평화아시아의 미래지향을 위해 주체적 경로를 열어나가는 선택이 절실히 요구되는 시점이다.

최근 중국 매체들은 「삼팔선에서[三八線上]」(1960) 등 항미원조전쟁(抗美援朝戰爭, 중국에서 한국전쟁의 명명) 주제 전쟁영화를 다양하게 파송하고 있다. 그것은 중미 무역전쟁의 확전 속에서 항미의 기치를 고조하며 전사회적으로 이데올로기적 동의를 구하는 과정의 일환으로 볼 수 있다. 이는 5·4운동 100주년을 맞아 시진핑 주석의 언설과 맥을 같이 한다. 시진핑주석은 5·4운동을 '중화민족 5,000여년의 문명사, 중국인민의 근대 이후 170년 투쟁사, 중국공산당 90년 분투의 역사 속에서 인식하고 파악할 것'을 역설, 이러한 역사인식이 총집결된 연구 속에서 신시대 중

국특색사회주의의 네 가지 자신감(道路自信·理論自信·制度自信·文化自信)을 이끌어낼 것을 제기했다.[13]

그런데 돌이켜보면 1972년 마오(毛澤東)는 소련-사회주의가 아니라 미국-자본주의와의 동보 속에서 중국사회주의의 위기를 돌파하고자 했다. '하나의 중국' 표방도 1972년 닉슨의 중국방문과 중·미공동선언인 상하이 코뮤니케[14]에서 인정된 것이다. 중국은 1971년 유엔 안보리 상임이사국이 되었다. 1964년 핵개발에 성공한 중국이 NPT 조약으로 공인화되고, 닉슨 독트린(미국의 아시아 팽창활동 자제)으로 미국과 중국의 동아시아 역할배분이 이루어졌다. 당시 미국은 베트남전쟁의 패착으로 아시아에서 중국의 역할을 인정하는 선에서 동아시아에서의 패권을 유지하고자 중국과 공조하며 소련에 대응한 것이다. 그리고 1972년 닉슨의 중국방문으로 전격적인 관계정상화가 이루어졌다. 이때 양안해협에 있는 대만도 중국의 한 부분으로서 수용하고 하나의 중국을 인정한 것이다. 미국은 중국인들 스스로 대만문제를 평화적으로 해결할 것을 표명하고, 대만에 있는 미국의 무장역량과 군사시설의 전면 철수를 최종목표로 확인했다. "중국은 미국과 '공진화'하는 존재이고, 진정한 태평양 세기를 열어가려면 미국과 중국은 충돌하지 말고 반드시 협력해야 한다"는 것이다. 미국은 1979년 카터 대통령 당시 중국과 외교관계를 수립하면서 대만과 단교하며 '하나의 중국' 원칙을 수용했다. 이후 중국은 신자유주의 체제로 스스로 걸어들어가는 개혁개방의 시대를 맞게 되고, 오늘날

---

13 習近平, 「五四運動的歷史意義和時代價值」, 中共中央政治局第十四次集體學習, 2019.4. 19.

14 "中華人民共和國和美利堅合衆國聯合公報", 「上海公報*Shanghai Communique*」, 1972.2.28.

세계경제의 견인차로서 G2로까지 성장하기에 이르렀다.

그러나 트럼프 정부에 들어서면서 '하나의 중국' 원칙은 도전을 받고 있다. 최근 트럼프는 대만을 국가로서 인정한다는 입장을 표명하고, 대만에 22억 달러의 무기를 판매, 중국정부는 강하게 반발했다. '미국은 중국의 내정에 난폭하게 간섭했으며 중국의 주권과 안보 이익을 훼손했다'는 것이다. 그런데 미·중 무역전쟁의 격화에서 확인되지만 세계적으로도 이제 중국의 발전을 세계경제발전의 추동력으로 환호하고 그 높은 경제성장률을 시지하던 시대는 지나갔다. 중국은 이제 중국의 발전을 찬미하고 부응하는 세계가 아니라 중국 굴기를 경계하는 세계에서 신시대 중국 특색의 사회주의를 표방한만큼 서구제국주의와는 다른 호혜적 경제발전모델을 만들어가지 않으면 안되는 것이다.

2019년 중국 근대의 기점인 5·4 100주년, 중화인민공화국 건국 70주년을 맞이하여 중국 사회주의는 '아직 사회주의 깃발을 내리지 않고 자본주의와의 경합과 절합 속에서 오류와 실패를 넘어 자기전화를 거듭하며 새롭게 구성되는' 과정에 있다. 그리고 미국 등 자유주의에 대한 체제와 이데올로기적 경합에 나섰다, 그렇다면 중국은 정말 세계를 자본주의 바깥으로 이끌어낼 수 있을 것인가,

이 지점에서 인터 차이나적 시좌가 필요하다. 중국은 중·미 무역전쟁의 파고 속에서 미국 주도의 전후질서를 재편하고자 냉전적 '항미'를 고양하고 있지만 정작 홍콩과 대만에서는 반미나 항미가 아니라 오히려 반중전선이 강화되고 있는 것이 현실이기 때문이다. 홍콩과 대만에서 '중국요인'은 북·중 관계에서의 긍정적인 '중국요인'과는 상반된다. 2014년 대만과 중국 대륙의 서비스 무역 협정에 반대하여 대만에서 입법원 점거 행동을 최고점으로 일어난 해바라기운동에서 '중국요인'은 대만에 대한 중국의 경제 및 정치적 영향이 점차 높아져가는 문제를 의미

했다. 그리고 현재진행중인 홍콩의 '범죄인 인도법안 반대' 항쟁은 중국의 일국양제에 대한 문제제기로 '중국요인'은 곧 간접통치형식의 문제로 부정적이고, 중국이 강경입장을 취할수록 반중전선은 격화되는 실정에 있다.

우선 대만은 구성되는 중국의 매우 중요한 성분이다. 그러나 2014년 중국과의 서비스 무역 협정에 대한 대만 학생들의 반대투쟁은 중국이 사회주의국가임에도 불구하고 대만의 독점재벌, 다름아닌 국민당지배세력의 이해관계에 복무함으로써 대만사회의 경제구조를 변화시켰고, 그로서 대다수 대만인들의 삶의 기반을 무너뜨렸다는 실상에 근거한 것이다. 이는 중국사회주의의 변모의 오늘을 가늠하는 잣대가 되고, 중국이 추동하는 일대일로의 경제협력네트워크가 어떤 원칙과 경로에서 이루어져야 하는지를 성찰하게 한다.

한편 홍콩 또한 일국양제 체제에서 중국을 구성하는 중요한 수행주체이다. 2014년 홍콩에서는 중국 정부가 지도자 직선제 입후보 자격을 제한한 결정에 대한 반발로 홍콩 행정장관의 완전 직선제를 요구하며 민주화시위가 폭발적으로 일어났다. 공교롭게도 중국 정부가 일대일로로 대국굴기의 화평노선을 제기한 지 1년만에 대만과 홍콩에서 반중국 궐기가 경제적·정치적 차원에서 각기 대두한 것이다. 그리고 5년 뒤, 범죄인 중국 송환법 반대 투쟁(反送中)의 파고는 200만이 넘는 시위대의 양적 숫자가 입증하듯이 대다수 홍콩민의 일국양제에 대한 문제인식을 거세게 표출하고 있다. 일단 법안 자체는 무효화되었지만 항쟁은 홍콩정부와 중국정부의 강경대응기조 속에서 해결의 실마리는 보이지 않고 국제공항의 점거로 여행기 운항이 전면 중단되는 사태에 이르기까지 더욱 고양되고 있는 와중이다.

홍콩에서의 정치투쟁은 일국양제라는 형식적 정치봉합 틀이 갖는 문제에서 비롯되었다. 여기서 홍콩이라는 장소성을 일별할 필요가 있다. 홍콩은 식민적 지배가 한 세기 반에 걸쳐 지속된 위에 냉전상황이 중첩되며 그것이 대다수 홍콩민의 삶의 곤경을 야기해왔다. 그런 점에서 뤄융성(羅永生)은 주변 아시아로서의 홍콩이라는 장소를 다양한 난민의 삶터로 각인하기도 하였다(뤄융성, 2009). 홍콩은 국민당과 공산당 그리고 영미 세력의 각축장이었으며, 1945년 이후 이들 각 세력들 간의 상호 충돌과 상호 용인 과정에서 수많은 정치 난민, 경제 난민, 지식인 난민을 양산하고, 그 다양한 난민들의 집합 지대라는 점에서 홍콩은 주변적 시야가 생성되는 장소로서 특유의 지식체계를 이루어왔다는 것이다. 그런 점에서 홍콩의 반중국 정서는 난민담론들의 오랜 경합 과정에서 정치적 선택을 해왔던 경험의 소산일 가능성이 크다.

홍콩인들이 중국보다 우위에 있다고 자부하는 법치에 의한 사회시스템, 비폭력·평화의 가치 등은 기실 오랜 식민통치의 산물이고, 우산혁명을 전개하는 과정에서 그것은 '비폭력 평화질서'의 가치지향으로 견지되었다. 그러나 우산혁명의 실패로 그 공고한 가치체계는 질의를 받았다. 그리고 홍콩경제의 침체와 대륙과 일원화되는 일상의 홍콩적 살이에 대한 불안감이 팽배하면서 절망감은 가중되었다. 그리고 직접 민주주의의 실현이라는 정치이상이 중국정부에 의해 거절된 문제가 범죄인 중국인도라는 계기를 통해 반중국 정서를 다시 조성하며 폭발적인 시위로 터져나온 것이다. 그것은 비폭력시위 평화시위로부터 점거와 대응폭력의 형태로 격화되었는데 이는 비단 정치중국에 대한 강력한 문제제기인 것만은 아니다. 오히려 홍콩이라는 장소의 역사성과 그속에서 익숙하게 이데올로기적 동의를 이루었던 신념과 삶의 질서들을 정시하고 새로운 전화를 촉구하는 과정이기도 하다. 그것은 포스트지구화의 새로운 정치 사회를 창출해가는 인터 차이나, 중국이 복수화해가며 재구성되는 표징이 된다.

확실히 대만과 홍콩의 반중국 정서에는 왕후이(汪暉)가 제기한 중국의 탈정치화문제, 사회주의 중국이 그 이념적 기능을 더이상 가동할 수 없는 문제가 있다(汪暉, 2014). 중국은 일국양제로 홍콩을 하나의 정치 실험에 올려놓았다. 그러나 '하나의 중국'이라는 원칙과 그 당위적인 체제화논리 외에 어떤 사상적·이념적 지향을 공통으로 추구해나갈 수 있는 정치사상적·사회문화적 동력을 일으키는 '소비에트 사회주의' 혹은 '코뮨 사회주의'의 21세기적 전화를 이루지 못한 근본문제가 큰 것이다. 그것은 아직 다른 소수민족문제에 대한 폭력적 대응과 체제내화 과정에서 드러난 강권통치의 양상은 아니지만 중국정부가 격화되는 홍콩사태를 '폭력적 불법행위'로 간주, 무력진압의 가능성도 시사하고 있다는 점에서 세계의 이목이 집중되고 있다.

여기서 중요한 것은 해바라기운동과 우산운동이 한국의 촛불항쟁으로 점화되고 다시 홍콩의 '반송중' 송환법 반대 항쟁으로 재점화되었다는 것이 이에 동참하고 동의하는 젊은 세대의 보편 시각을 이룬다는 점이다. 그 21세기 정치화 경험의 탈경계적 연쇄가 갖는 의미망에 대해서는 본격적으로 문제화할 필요가 있는데, 무엇보다 21세기 아시아에서 부단히 새로운 정치의 장소들이 구축되고 있다는 사실은 주목을 요한다. 대만의 경우 해바라기운동의 후과는 젊은이들이 한편으로는 작고 확실한 행복(小確幸)이라는 소극적 반자본주의의 추구로 나타나고 있고, 다른 한편 제도정치에 수렴되어감으로써 지방선거에서 두각을 나타내고 있다. 홍콩에서는 우산운동 이후 젊은층이 광범위한 사회운동의 전개와 직접 정치에 뛰어드는 정치적 주체화과정이 이루어져 왔다. 그리고 해바라기운동이나 우산운동 과정에서 이동민주교실이나 거리로 나온 문화예술의 동력, 이번 홍콩 사태에서 세대를 넘는 '함께 나아가기(一齊走)'의 움직임은 탈정치화의 식민무간도(植民無間道) 홍콩을 새로운 정치의 장소로 탈바꿈시켰다. 홍콩 항쟁은 국제공항 점거에서 확인되듯이 새로운 미디어 시대의 메커니즘을 최대한 동력화하면서 자기문제의 지역화와 세계화를 꾀하며 탈경계적 연대를 촉구한다. 그 파장은 대만 대학가에서도 홍콩의 연의장(連依墻)[15]과 같은 유사한 공론장을 여는 연대의 정동정치 공간을 열어내기에 이르렀다. 이는 젠더·난민·성소수자·생태환경 등 전통적 좌우 이념 구분으로 접근하기 어려운 사회문제가 복합적으로 제기되는 현실에서 통치행위나 문화정치의 고전전략들이 무력화되는 포스트지구화시대에 인터 차이나의 경관이기도 하다. 이들은 사회적 경제와 소확행 등 대안경제와 대안적 생활방식에 익숙하고, 어떤 이념으로도 포섭되지 않는 파생적 생활윤리에 기초하여 언설과 행위를 해나간다는 것이 문제적이다.

그런 점에서 '하나의 중국' 원칙은 위로부터의 정치적 통합이나 경제적 복속이 아니라 중국의 다른 21세기적 변주·복수화 과정을 거친 아래로부터의 정치적 선택으로서 가능한 일이 아닌가 한다. 그것은 기왕의 중국식 연방주의를 확장하는 형식일 수도 있고, 일국양제 혹은 일국다제의 정치체일 수도 있으며, 21세기 제국 중국의 전혀 다른 다원적 질서일 수도 있다. 따라서 무엇보다 오늘의 중국은 이데올로기·담론·언어로는 포착되기 어려운 포스트지구화가 배태해낸 신체/정동의 대면이 열어내는 새로운 결연의 장소들로서 홍콩과 대만, 그리고 중국 내 노학연대운동을 아래로부터의 새로운 정치사회의 수렴과정으로 주목하고 성찰하

---

15 대만 대학 옆 일반적인 지하통로이지만 여기에 포스트잇을 연이어 붙이는 일종의 항의공간을 말한다. 체코 프라하의 존 레논John Lennon 벽에서 유래되었으며, 2014년 우산혁명당시와 현재 범죄인 송환반대 항쟁에도 등장한다.

며, 생산적인 소통의 경로를 열어내야 할 것이다.

4. 한·일 경제전쟁과 인터 아시아의 미래지향

아베 정권은 징용이라는 역사문제를 경제규제로 대응할 만큼 개헌과 재무장화에 사활을 걸었다고 해도 과언이 아니다. 이에 한국 정부는 발본적인 일본 정부의 사죄와 보상을 촉구하며, 일본의 일방적 경제규제는 국제적인 분업체계하에서 자유무역질서를 흔드는 경제전쟁이라 규정짓고, WTO에서 문제 해결을 촉구했다. 그러나 일본이 한국을 화이트리스트에서 제외하는 경제전쟁을 불사하였고, 한국 정부는 한국의 화이트리스트(수출절차 우대국)에 해당하는 전략물자수출입고시상 '가'지역에서 일본을 제외하기로 했다. 무역분야에서 사상 처음으로 일본에 맞대응을 하는 양상이다. 아울러 한미일 삼각안보체제에 중요한 한일정보보호협정 GSOMIA의 재연장을 검토, 한미일 삼각동맹이라는 기러기 편대는 내부의 모순에 의해 미-한, 미-일의 새로운 편제를 이루는 과정에 있다고 볼 수 있다.

아베 정권은 한반도의 평화적 전환국면에서 일본 패싱에 대한 위기의식 속에서 역사문제에 대한 한국측 요구에 대한 강경대응으로 개헌열기를 조성, 국면 주도와 트럼프 정권에 인도-태평양전략을 관철시킨 만큼 중국굴기에 대응한 신대동아공영의 욕망을 실현하고자 한다. 이에 한국은 국가와 시민사회가 총궐기했다. 일반 국민들은 일본상품에 대한 전국적인 불매운동을 일으켰고, 한국에 들어와있는 일본상품의 소재를 미세한 지점까지도 색출해내며 반일, 반 아베의 횃불을 높이 밝히고 있다. 이 과정에서 한·일 갈등을 주도한 일본의 우익세력 일본회의의 면모가

밝혀졌다. 일본회의는 우파정치세력의 패권욕망만이 아니라 식민지배와 제국주의전쟁에 대한 성찰은커녕 패전국으로 일본의 피해양상을 재생산해온 일본시민사회에 깊게 뿌리내린 국가주의의 실체였던 것이다.

한일경제전쟁은 세가지 문제를 요체로 한다. 우선 한국정부가 3·1운동 100주년과 임시정부 성립 100년을 맞이하여 그 반제국주의 민족해방운동으로부터 근대국민국가적 정통성을 세우고 평화한반도의 미래를 구도하고자 한반도 평화프로세스를 추동하는 가운데 일본에 의해 자행되었다는 점에서 의미심장하다. 한일 경제전쟁은 역사문제에서 비롯되었지만 21세기 현재 경제전쟁을 야기했다는 점에서 포스트지구화시대 식민-냉전-전지구화가 중첩된 문제의 심도를 정시하게 한다.

한일 경제전쟁은 1965년 국민적 저항에도 불구하고 일본의 사토 내각과 박정희 정권이 체결한 한일협정에 발화지점이 있다. 전후 20년 동안 달러·파운드체제로 세계경제를 주도해온 미국은 군산복합체의 요구에 따라 한편에 베트남전쟁과 다른 한편으론 한일관계의 재편을 통한 한미일 군사안보동맹의 강화를 통해 동아시아에 패권적 질서를 구축하고자 했다. 박정희 정권은 이에 주도적으로 편승, 한편으로는 월남전쟁에 참전과 다른 한편 한일협정이라는 일본과의 관계개선을 통해 경제적으로나 군사안보적으로 미국의 우산 아래 편제되었다. 따라서 한일협정 체결과정 자체, 한·일·미 간의 정략적 식민지청산과 냉전적 공조를 문제삼아야 한다. 일단 한일협정에 명기된 '한·일청구권협상종결'에 관한 해석문제는 그것이 국가 간 관계에서 체결된 것으로 징병 당사자의 개별적 피해보상요구는 달리 해결되어야 한다. 그러나 보다 근본적으로는 전후 미국이 강행한 샌프란시스코강화조약과 이후 미·일 중심의 전후체제 구축, 거기에 한국이 편제되온 관계모순의 핵심고리를 깨는 것이 진정한 해결경로이다.

한 세기를 가로지른 미국과 일본의 세계를 향한 패권적 경합과 공조의 역사는 한반도와 아시아의 불행한 근대역정을 관통하고 있다. 1905년 미·일 간의 태프트-가쓰라 밀약과 러일전쟁의 승리로 인한 한일합방, 제1차 세계대전과 1917년 미·일 간 일본의 21개조 요구에 대한 이시이-랜싱 협정Ishii-Lansing Agreement, 1919년 1월 파리강화회담, 1921년 워싱턴회의 등이 그것이다. 1919년 한국과 중국에서 3·1운동과 5·4운동은 제1차 세계대전 전후 제국주의 세력의 공모관계에 대한 강력한 항거였으며, 제2차 세계대전 발발까지 반제항일민족해방운동은 지속되었다. 그러나 미·소의 개입과 일본의 패전으로 아시아 민족해방운동은 서구제국주의와 일본의 식민지배에 대한 철저한 청산 속에서 근대적 국민국가 건설경로로 나아가지 못하고 냉전의 체제화과정을 강요받았다. 중국공산당의 국공내전 승리와 중화인민공화국 건설, 그리고 한국전쟁 참전은 샌프란시스코 체제의 형성에 결정적 요인이었다. 그로서 세계적 냉전의 중심축은 아시아로 이동하였다. 1965년 한일협정은 바로 그 미국의 아시아태평양 냉전전략의 연장선상에 있으며, 동아시아 대분단체제와 한반도냉전분단체제를 유지·온존해온 장본이라고 할 수 있다. 따라서 한일경제전쟁은 미·일 중심의 강고한 전후체제, 그리고 그에 종속적으로 편제된 한미일의 군사안보적 경제적 종속체제를 극복하는 끈질긴 항쟁을 요구한다.

두 번째로 한일 경제전쟁은 전지구적 지역화의 추동 속에서 더이상은 아시아나 한국이 피해양상이 아니라 자본의 위기적 공간화실천에 가담한 신자유주의의 중요한 구성성분이라는 점에서 자본전쟁의 연장 혹은 확장선상에서 파악해야 한다. 한국이 미·중 무역전쟁과 연동되는 양상에서 어느 한쪽에 편제되어야 하는 어려운 선택을 요구받고 있는 것도 그 때문이다.

한일 경제전쟁을 자본전쟁의 차원에서 접근해야 하는 이유는 그것이 결국 누구를 희생양으로 만드는가하는 문제를 관건으로 하기 때문이다. 이는 한국 정부가 '일본 수출규제 대응 장관회의'에서 마련한 몇가지 대책에서 확인해볼 수 있다. 한국 정부는 우선 부품·소재 R&D 사업에 대한 예비타당성 조사의 면제와, 일본의 규제대상에 오른 불화수소 등 3가지 화학물질에 대한 규제 완화 조치를 취한다고 하였다. 또한 국산화 실증 테스트 등에 대한 특별연장근로의 인정에 대한 적극 검토와, R&D 연구진 등에 대해 재량근로제 활용을 지원한다는 입장이다. 또한 문재인 대통령은 재벌들과 간담회에서 재벌의 요구를 수렴했는데, 핵심은 삼성이 제기한 52시간 노동제의 완화, 예외인정과 탄력근로제 도입문제이다. 한일 경제전쟁은 제국일본이 피식민노동자를 강제 징용한 폭력에 정당한 피해보상을 요구한 것이다. 그러나 그 해결이 결국 이 땅 노동자의 희생을 댓가로 해야 한다니 이는 징용노동자나 오늘의 노동자민중 모두를 사지에 몰아넣는 역사적 참살에 해당한다.

한편 한반도 평화프로세스의 경제적 토대를 구축하는 신한반도체제의 신남방정책이나 신북방정책 또한 해당지역에 대한 경제적 대상화도 문제적이다. 문재인 정부는 국민을 위한 평화를 표방하며 호혜경제를 지향한다고 역설하지만 그것이 '전지구적 자본주의 구조 속에서 열등한 위치에 처해있는 지역의 노동력과 생태 및 자원을 착취하는' 아제국주의의 기획이 아니라는 증거는 어디에도 없다. 그 댓가는 모두 해당 국가사회의 대다수 노동자민중이 치루어야 한다는 사실을 외면해서는 안될 것이다.

세 번째, 한일 경제전쟁은 한반도 평화프로세스를 비롯한 모든 중요한 이슈를 삼켜버렸다. 그것은 일본이 바라 마지않던 상황이거니와 가장 큰 문제는 문재인 정권이 미국 편대에 들어서는 전략적 판단을 감행했다는 것이다. 따라서 총체적 난국을 초래한 장본으로서 판문점선언과 평양선언을 이행할 수 있는 진정한 전략적 선택이란 무엇인지 국가와 사회가 광범위한 논의를 추동하고 한반도와 아시아의 오늘을 살아가는 대다수 사람들의 삶의 입지에서 한반도 평화프로세스를 재정향하는 것이 촉구되는 시점이다.

5. 맺음에 대신하여

상허 이태준은 1952년 중화인민공화국 건국 3주년 국경절에 중국을 방문, 도시 전체가 환희의 폭죽놀이로 물들어 있는 베이징의 하늘을 보면서 다음과 같은 문명사적 회고를 한다.

> 저 화약을 세계에서 먼저 발명한 것이 중국이다. 중국은 화약을 먼저 소유했으나 건설과 경사를 위해 썼을 뿐 살인에 먼저 이용하지는 않았다. 그런 중국이 늘 저렇게 굉장하고 찬란한 불놀이로 경축하는 이 승리야말로 앞으로는 인류가 화약을 살인에 쓰지 않고 그 발명한 본래 중국에서처럼 건설과 경축 오락으로만 쓰는 항구 평화세계를 위해 의의 깊은 전 인류적 승리인 것이다(이태준, 1952).

중국에서 사회주의 국가의 탄생을 기리며, 그것이 향후 세계를 밝은 빛으로 전화할 수 있는 가능성의 장소로서 중국을 바라보는 시선은 '의의 깊은 전 인류적 승리'라고까지 미화된다. 그런데 상허가 사회주의 중국을 방문한 시점은 1952년 한국전쟁 와중이고, 베이징에서 열리는 아시아태평양지역평화회의Asia Pacific Rim Peace Conference(1952.

10.2.~10.12)에 참석하여 그곳에서 파블로 네루다를 비롯한 세계작가들을 만나게 되었다는 점에서 시사하는 바가 크다. 김재용은 이태준의 이러한 행보와 문제인식을 아시아적인 것의 발견으로서 의미화하는데(김재용, 2004), 그러나 이태준이 정확하게 어떤 회의에 참석하고 있는지는 모호하게 설명된다.

그것은 한국전쟁 과정에 아시아태평양지역평화회의로서 쑹칭링(宋慶齡), 궈모뤄(郭沫若), 펑전(彭眞) 등 11인을 중심으로 세계 각국에 초청장이 보내지고 이에 37개국의 367인의 대표들이 참석하였다. 이 회의에서는 '세계인민에게 고하는 글', 'UN에 보내는 글', '일본문제에 관한 결의', '조선문제에 관한 결의', '문화교류에 관한 결의', '아시아 및 태평양 지역 평화연결위원회를 건립할 것에 관한 결의' 등을 채택하였다. 회의는 특히 미국의 전후처리로서 일본과 단독으로 샌프란시스코조약을 체결한 것에 대한 엄중한 항의와 세계적 냉전의 세계화에 대한 평화의 기치로서 반대의 입장을 결집했다. 그리고 한반도에서 전쟁이 발생한 것에 대한 미국의 책임에 대한 비판과 평화적 해결을 촉구하였다. 한국전쟁에 참전 중인 중국 베이징에서 이러한 회의가 열렸다는 것도 놀랍지만 중요한 것은 이 회의가 반둥에서 열린 아시아-아프리카 회의의 3년 전에 이미 중국에서 1947년 네루에 의해 소집된 아시아 관계회의에 이어 한국전쟁 중에 아시아 태평양 지역의 평화를 위한 세계적인 동력을 결집함으로써 미·소 냉전이라는 거시권력에 대응하여 탈냉전의 구도를 가시화했다는 점이다.

다시 1919년 아시아적 근대의 기점을 회고하면, 100년의 시간성은 식민-근대-지구화의 중첩된 모순을 돌파해온 사상사적 진경을 충분히 내함하고 있음에도 아직 복수의 자본주의 문명이 아닌 새로운 문명사의 전환을 열어내는 회심의 경로를 펼쳐내지는 못했다. 오히려 한반도, 중국, 아시아는 역사문제와 경제전쟁, 군사안보적 긴장으로 더욱 꼬인 형세이니 진정 이 일촉즉발의 전세를 돌파하고 포스트지구화의 전환을 이룰 동력은 진정 불가능한 것인가.

샌프란시스코 체제의 전환을 논했지만 실상 아시아에서 전후는 유럽에서는 불가능했지만 아시아에서는 가능했던 중층적 '동방'체제의 형성과 그 전개과정에 의해 추동되었다. 따라서 미국 중심의 반쪽의 세계상이 아니라 아시아가 세계사의 지평에 자신을 등재하고 세계사의 구성을 주도한 아시아의 전후를 민족해방운동과 다른 근대를 위한 열전과 그 전후의 지속으로 점철된 시간성으로 전취하는 가운데 그 곳곳의 역사적 경험들을 사상적 자원화하여 오래 꿈꿔온 새로운 문명세상의 전도를 열어갈 때가 되었다.

그리하여 대만, 홍콩, 한국, 다시 홍콩. 쟈스민혁명, 해바라기운동과 우산운동이 한국의 촛불항쟁으로 점화되고 다시 홍콩의 '반송중' 투쟁과 한국의 항일로 재점화되었다. 포스트지구화시대 아시아에서 부단히 연쇄되는 새로운 정치의 장소들은 인터 코리아, 인터 차이나는 물론 인터 아시아적 견지에서 담론이나 이데올로기가 아니라 몸에 각인된 젊은 정동의 정치로 3·1운동과 5·4운동 100년의 육중한 역사과제를 총결하고 있는 와중이다.

김재용(2004), 「한국전쟁기의 이태준 :『위대한 새 중국을 중심으로』」, 『상허학보』 13.

뤄융성(2009), 「변동하는 중국의 문화민족주의: 홍콩 문화냉전의 충격들」, 성공회대학교 동아시아연구소 편, 『냉전 아시아의 문화풍경: 1960~1970년대 II』, 현실문화연구.

백원담(2018), 「아시아가 만드는 세계-38미터의 관계학에서 신시대 평화연대로」, 『황해문화』 가을호.

汪暉(2014), 『탈정치화시대의 정치』, 김진공·성근제·이현정 옮김, 돌베개.

이태준(1952), 『위대한 새 중국』, 역락.

中華人民共和國國務院新聞辦公室(2019), 『新時代的國防白皮書』, 人民出版社

陳新行(2016), 「대만 정부의 '비중국 요인' 조절과 양대국 사이의 '신남향정책'」, 연광석 옮김, 『황해문화』 가을호.

천꽝싱(2003), 「탈식민과 문화연구」, 백지운 외 옮김, 『제국의 눈』, 창작과비평사.

출처

머리말 **한 · 중 '역사 다시쓰기'와 '다른 세계'**

계간『황해문화』통권104호 2019년 가을호에 일부 게재

제1장 **동아시아 단절의 담론구성체 형성의 맥락에서 살펴본 3 · 1운동의 사상사적 전환의 공백**

〈3.1운동 100년, 한국 사회전환의 시공간 지평〉 학술대회(사회사학회와 3 · 1운동 및 대한민국임시정부 수립 100주년 기념사업추진위원회 공동 주최, 2018년 11월 2일 고려대에서 개최)에서『사회와 역사』(구 한국사회사학회논문집) 121권 0호, 2019년에 게재

제2장 **5 · 4 100년의 등하만필(燈下漫筆): 복수(複數)의 역사들을 위하여**

성균중국연구소(2019),『중국사회과학논총』제2호에 게재

제3장 **20세기 중국역사의 시각에서 본 아시아 평화 항미원조전쟁(6 · 25)을 다시 보며**

계간『황해문화』2014년 여름호에 게재

제4장 **진먼섬 포격과 동아시아 냉전의 역설적 중층성**

계간『황해문화』통권104호 2019년 가을호에 게재.

제5장 **남방정책의 계보학**

계간『황해문화』통권104호 2019년 가을호에 게재

제6장 **한반도경제론에서 본 남북연합**

계간『황해문화』통권104호 2019년 가을호에 게재

제7장 **인터 코리아, 인터 차이나, 인터 아시아**

계간『황해문화』통권104호 2019년 가을호에 게재

한국냉전학회 정기학술대회 기조발제(「포스트지구화 시대 한반도 평화
와 아시아 관계상」, 성균관대학교, 2019. 6. 14.)에 기초

Inter Asia Cultural Studies 2019International Conference(Philiphine
Silliman University, 2019. 8. 2.)에서 발표된 'Inter Korea, Inter Chi-
na, Inter Asia'을 수정·보완.